日本冷戦史

1945-1956

下斗米伸夫

講談社学術文庫

はじめに

本書は、冷戦という角度から日本政治史を読み直す試みである。

冷戦とは何か。「一九四五年から一九九一年にかけての米国とソ連邦とのグローバルな紛争」[一一七3] という簡便な定義を借りるなら、始点とされる一九四五年、その八月に旧日本帝国が崩壊し、その空間をいかに管理するかをめぐる同盟国間の対立が激化していくことに、冷戦、とりわけアジア冷戦の起源があるという認識から、本書は出発する。

連合国という同盟関係は、枢軸国という敵の消失とともに内部での齟齬《そご》が拡大し、一九四五年一二月のモスクワ外相会議において形式的にも終焉を迎えた。そして同時に、のちのサンフランシスコ条約の規定にいう、旧日本帝国が「放棄」した台湾、朝鮮半島、千島、それに満洲国といった地域の主導権をめぐって、英米ソ中の各国による主導権争いが始まる。モスクワのケナン米国臨時大使が、冷戦の開始を告げる著名な電文を送る二ヵ月前のことである。帝国崩壊後の日本列島やポスト帝国空間の管理をめぐる対立こそ、広島への核兵器投下が核時代への移行を告げたことと並んで、冷戦の文字どおりの第一頁となったのである。

米ソを中心とした東西冷戦という角度から終戦後の日本の政治および対外関係を見ること

は、不思議なことに最近まで学界において注目されることはなかった。仮にあったとしてもそれは日米関係というプリズムからだけのことであった。

冷戦の起源は、ヨーロッパをめぐる米ソ対立にあるというのが、欧米と日本いずれの歴史学界でも自明とされてきた。この場合の冷戦とは、戦後国際政治の中で米ソが覇を争った状況を指している。しかしながら、米ソだけがその過程に関わったわけではない。グローバルな冷戦の起源において日本こそは枢要な現場であり、そしてアジア冷戦においては終始重要な舞台であり主題であり続けた。そうした視角から、本書の論考は展開される。

目次

日本冷戦史

凡例

本書に頻出する参考文献は一覧化し巻末に掲載した。本文中では外国語文献は漢数字の番号を［一〇47］のように略記し、これは外国語文献一覧の一〇に掲載したFillipov, S.G., *Rukovoditeli tsentralinyikh organov VKP (b) v 1934-1939*, Rosspen, 2018の、四七頁を指す。同様に、邦語文献は［高田50］のように略記し、これは邦語文献一覧の高田万亀子『静かなる楯——米内光政』原書房、一九九〇年の、五〇頁を指す。

それら文献に加えて、ロシア連邦および英米各国の外交史料館史料を利用している。それらについては以下のように略記して示した。

・第一のロシア外務省史料、**Архив Внешней Политики Российской Федерации** AVPRF,f.0146,op.29,papka,269,delo.3. は、最初の0146が日本を指すのでこれはすべて省略して［A29/269/3］とした。ここに引用されている史料のなかでも一九四五年から一九五二年にかけての米ソ関係に関しては、ペレストロイカの父、アレクサンドル・ヤコブレフらが中心となってまとめた史料集 **Советско-Американские отношения** 1945-1948,M.,2004：1949-1952,2006,M.,Fond Demokratiya（以下FD）,2004が、上述の史料の多くを採録している。このシリーズは一〇〇冊以上の史料集が刊行され、現代ソ連史研究の宝庫であるが、本書は一九三九年以降の米ソ間のやりとりなどの関連文献が紹介され［五七］、日本占領をめぐる米ソ関係も収録されている。この史料集からの引用は、史料集番号をとって〔五七〕と略記している。一九四五—四八年は〔五八〕一九四九—五二年をカバーする版は〔五九〕となる。

・第二に、ロシア現代史史料館蔵（Российский Государственный Архив Новейший Истории）のマイクロ史料は〔RGANI〕と略称。このフォンド5、オピシ28は外国共産党関係部資料であるが略し、delo.441の史料は〔RGANI441/〕と表記する。

・第三に、ロシア現代政治史資料館 Российский Государственный Архив Современной Политичекской Истории（RGASPI），ф.82,оп. 2, дело 1062, л.19. は〔R82/2/1062/19〕と記載する。このうちでも多用したモロトフ関連文書番号（ф.06,ф.82）は〔M1062/19〕と表記している。

・第四に、英国公文書館 British Public Record Office の PRO/FO371（外務省関連史料）も利用した。この PRO/FO371/83806,p.21. は前半を省略し、〔P83806/21〕と略記した。

・第五に、米国の外交資料集 FRUS（Foreign Relations of the United States）は〔F/〕と略した。

同一資史料の引用が続く時は、〔同11〕といったように表記する。

また、引用者による補足は〔 〕でくくって示す。

日本冷戦史　1945―1956

序　章

一　一九四五年・崩壊する帝国

外交官マリクの日誌

第二次世界大戦末期のソビエト社会主義共和国連邦（以下、ソ連と略）の駐日本大使として、広田弘毅らによるスターリン相手の終戦工作に関与したヤコフ・アレクサンドルビッチ・マリク（一九〇六―八〇）の日誌がロシア外務省史料館の外交文書のなかにある[A29/269/3][1]。マリクはウクライナのハリコフに生まれ、一九三九年からは東京のソ連大使館参事官、一九四二年から四五年八月九日のソ連の対日参戦時までは、ソ連大使として東京に駐在した[2]。正式には四六年三月までは外務人民委員と呼ばれたビャチェスラフ・モロトフ外相（一八九〇―一九八六）がもっとも信頼した外交官として、とりわけ日本政治に深く関与した[3]。

大使離任後は外務次官となり、一九四六年二月から対日理事会ソ連代表部、つまり占領期日本での政治顧問兼務で東京に戻り、その後は一九四八年から一九五二年まで国際連合（以下、国連）大使として朝鮮戦争期の米ソ冷戦の最先端に立った。その間に、スターリンの指示を受けて国連安全保障理事会（以下、安保理）をボイコットしたことでも知られる。中国代表権問題をめぐってのことだが、このため朝鮮戦争が始まった一九五〇年七月、ソ連は国連で拒否権を行使することができず、マッカーサー指揮下の英米主体の軍が国連軍の旗を使うこととなった。もちろんその責任はスターリンにあり、マリクは指示に従っただけのことではあるが。

スターリン体制下の超中央集権的決定機構においては、外交官も単なる執行者でしかなかった。その後一九五三—六〇年には駐英国大使として、同地での松本俊一大使（後に衆院議員）との日ソ国交回復交渉にも関与し、歯舞・色丹の「二島」提案を行うなど冷戦中に日本と深く関わったことは第六章で触れる。その後も国連代表部代表（国連大使）などを兼務しながら外務次官を一九八〇年まで務め、最長老クラスの外交官として活動、ソ連共産党中央委員会候補の肩書きも持っていた。部下の外交官で中国学者セルゲイ・チフビンスキー（一九一八—二〇一八）によれば、マリクは基礎的な日本語についてなら、語感まで分かっていたという(4)。

一九四四年一二月から四五年六月末までの業務日誌には、崩壊末期の「日本帝国」のソ連との終戦交渉を示す活動が書かれている。さらには、ロシア連邦外交史料館のモロトフ外相文書には、ソ連の参戦に至るまでの佐藤尚武大使との会見記録なども収められている。こうした、日本外務省史料によって一部知られている事柄についてロシア語史料から検討し、日本帝国の崩壊期におけるソ連との関わりを、いわば日本冷戦史前史として見てみよう。

危機に瀕する日本帝国

サイパン島が陥落し敗色濃くなった一九四四年七月、主戦派の東条英機首相が退陣し、後継の小磯国昭内閣は、諮問会議として首相、外相、海陸相、両総長（陸軍参謀総長、海軍軍令部総長）のいわゆる「ビッグ・シックス」からなる最高戦争指導会議を立ち上げる。同時に、中立条約を締結していたソ連との関係に局面打開の最後の望みをかけた。この中立条約は、不可侵条約締結を目指し、枢軸国にソ連を加えた四ヵ国条約までも視野に入れて始まった交渉が、一九四一年四月に至りついた結果であった。

一九四四年九月一六日、この有効期間五年の中立条約の下、駐ソ連大使佐藤尚武はモロトフ外務人民委員に、日本とソ連との関係改善のため日本から代表団を送る話をした。その団長に擬せられたのは、一九三〇年代初頭、つまり満洲事変時に駐ソ連大使を務めた広田弘毅元首相であった。しかし、広田は知ソ派ではあったがスターリンと話ができる人物とまではいえなかった。事実モロトフ外相は、駐日本大使のマリクを信頼しているので彼と話してほしいと答えるにとどめている。

モロトフの曖昧な態度には背景があった。ソ連政府は一九四三年初のスターリングラードでの勝利を踏まえ、五月にはバム鉄道（バイカル・アムール鉄道。日本海沿岸へ至る第二シベリア鉄道ともいわれる路線）建設着工など対日戦準備に取り掛かっていたのである。そしてモロトフは翌年一一月の革命記念日時において、日本が侵略者であるとはじめて公言した。

一九四五年二月に行われたヤルタ会談において、スターリンは対日参戦を密約する。もっとも、ドイツ敗北の三ヵ月後に対日参戦するという極東条項の秘密決定は、一九四六年二月一一日にモロトフがアメリカ合衆国（以下、米国もしくはアメリカと略）の臨時大使ジョージ・ケナンとともに公表に合意するまで一年かかった［五八 161］。それまで、日本政府はこの事実を公式には知る由もなかった。

このヤルタ密約の直後、マリクは日誌に「小磯内閣の状態について」として政権の危機に触れ、次の首班は和平派の米内《よない》光政になるという噂があると指摘していた。海軍出身の元首相で、小磯内閣では海軍大臣を務めていた米内は、海軍きってのソ連通であった［高田］。なにより彼は、一九一七年のロシア革命にさいしてペトログラードの駐在武官補佐として帝政の崩壊からロシア革命への過程を現地で見ていたのである。しかし、一九四五年二月に近衛文麿が天皇に出した上奏文にも示されているとおり、敗戦がコミュニズムの台頭を促し、帝国天皇の地位＝国体を脅かすにいたるという危機感が最高首脳部において強まっていた。帝国の命運を他ならぬソ連共産党書記長スターリンに託すことには、危うさがつきまとっていたのである。

一九四五年四月に小磯を継いで首相となったのは、海軍出身で昭和天皇の侍従だった鈴木貫太郎であった。以降の米内は、広田弘毅、東郷茂徳とともに、和平を目指す対ソ外交に影響を及ぼした。近衛文麿元総理もかつて日独伊にソ連を加えた四国協商の考えがあり、ソ連との関係は悪くなかった。当時大使館付きの駐在武官ミハイル・イワノフは回想で、この米内、東郷、近衛を日ソ中立関係での「同志」とまで呼んでいた。[5]

希望的観測

対ソ政策においては、日ソ中立条約の更新問題が一九四一年以来の焦点となっていた。戦争中も外交関係を維持してきたソ連は、帝国にとって唯一の「外交的通気口」（マリク）となっていたのである。

一九四四年に連合国が戦後秩序を協議したダンバートン・オークス会議にはソ連は招かれず、一九四五年四月、連合国では親ソ的なルーズベルト米国大統領が亡くなると、ソ連と英米政府との関係はぎくしゃくしはじめた。このソ連と英米間の齟齬に日本政府は注視し、最後の期待をかけた。実際、トルーマンが大統領となって以降、米政界では新たな敵となりうるソ連に対する厳しい見方が影響を強めていた。

だがしかし、ソ連と英米との緊張関係なるものは、結局は日本側の希望的観測でしかなかった。ヤルタ会談でソ連の対日参戦が密かに決定されたことは前述のとおりである。だが、公表された議題はヨーロッパ情勢に関することだけであったため、日本政府・外交当局は秘密にされた極東条項の内容を必死に探った。

ハルビン総領事のロシア専門外交官宮川船夫は、二月一五日にマリク大使と東京で会談に及び、ヤルタ会談の内容を探りつつ、あわよくばスターリンの仲介によって戦争中止に持ちこめないかという旨を伝えた。このとき宮川はスターリン元帥以外「平和の維持者」はいないとまで持ちあげている。マリクはこの会談の印象を、モロトフ外相、ロゾフスキー次官あての報告で「宮川の訪問は日本がクリミア〔ヤルタ〕会談の結果に神経質になっている」証拠だと記した［A06/7/54/895/79］。

同月二二日には、佐藤尚武大使がモスクワでモロトフ外相と会談し、ヤルタ会談に関しての質問をした。モロトフはヤルタで「多くの問題に触れた」といういい方でアジア問題が討議されたことを間接的ながらも示唆した。だが、それが具体的に何を意味するのかは日本側には分からなかった。

すでに述べたとおり、焦点は日ソ中立条約の更新問題であった。もともとフランスが専門の佐藤大使が、三月二日にモロトフと会った折も中立条約の更新問題を提起している。大使は一〇日にもロゾフスキーに更新問題について聞いた。だが次官は、この件については外相が適切な時期に話をすると述べるにとどめた。佐藤大使はその二週間後にも次官に会談を求めたが断られた。決定的な回答は四月五日に示された。モロトフ外相は佐藤大使に一九四六年まで有効な中立条約の期限の不延長を通告したのである。

広田元首相派遣問題

四月七日には小磯内閣にかわって海軍出身で和平派の鈴木貫太郎内閣が成立した。その前後、日本側からのマリク大使に対する接触はより頻繁なものとなっている。三月には、バック・チャンネルとなっていた日魯漁業の田中丸祐厚がマリク大使と会っていた［二四

125]。田中丸は「実務的な人間」である広田弘毅を送って日ソ交渉に当たらせようとしたがうまくいかなかったことは残念であったと述べ、「スターリンこそ戦争をやめさせることのできる最高の外交官」であると持ち上げて、再び広田訪ソ交渉を打診した[A29/269/3/124]。

マリク日誌は、この田中丸の訪問を宮川のそれとあわせて「日本と米国とを仲介してほしいという日本のソ連に対するほとんど公開での半公式的な依頼」と評している。マリクは「ファシスト」で「ソ連の敵」である影響力ある評論家徳富蘇峰までが、「ソ連との友好的態度を我々は支持する」と書いたことに注目した[A06/7/54/895/178]。日本側のソ連に対するむなしい期待は、ますます膨らんでいた。

より重要なのは、鈴木内閣で外相に再起用された元ソ連大使東郷茂徳とマリク大使の会見である。東郷は大使としてかつて不可侵条約や中立条約交渉に当たった当事者であり、スターリンやモロトフの東郷への評価は良好であった。東郷外相の再起用は対ソ外交の比重が増したことを意味している。

会談のなかで東郷は、自ら「ソ連の友人」と二度もいい(6)、ともに日ソ中立条約を作ったモロトフとの関係を想起させながら、四月はじめの中立条約不延長通告の報は残念に思っていると外務人民委員〔モロトフ〕に伝えてほしいと述べている。その上で東郷は、モロトフが五月のサンフランシスコでの国際連合創設会議に出かけるなら是非会いたいと訴えた。帰路ベーリング海峡ルートで帰るなら途中のどこかでの会見を切望したのである(7)。だが、マリクの回答は、帰路は大西洋経由となるというつれないものであった。実際には五月にモロトフは太平洋経由で戻ったが、結局この会見工作は実らなかった。

このマリクと東郷外相との会見内容の骨子は、五月四日に中立国であるスウェーデン大使との会見の席で、マリクによって披瀝された。そこでは、日本の唯一の希望は「ソ連と英米との関係が悪化すること」であり、「ソ連の立場を知っている」東郷が外務大臣になったのはソ連との関係を改善したいからである、日ソ関係改善のためには「外相は何でもやる」と見ていることをマリクは述べている［A29/269/208］。

東郷の動きについてマリク日誌は、「日ソ間に生じた問題を根本的に外交関係のみで解決することは不可能である」と東郷は分かってはいるが、彼の狙いは「ソ連の中立を確保することで、英米との妥協に持ち込むための日本のカードとすることだ」と結論づけている。さらにマリクは、日本でのヨーロッパ戦やドイツ敗北についての報道を分析した上で、次のように想定した。「日本が本土で敗北しても、対米戦を満洲に持ち込んで戦争を続けるつもりである」［同 205］。ヤルタ密約を知っていたマリクとしては、満洲での日ソ戦がありうることを想定していたのである。

ヒトラー・ドイツの敗北は日本の敗北につながる、この間の日本政府の動きはこのことにそなえてのものである――そのように簡単に結論づけることは、マリクはしなかった。むしろ、日本はさらなる可能性を探るため、佐藤尚武にかえて新大使を送ってくる可能性があると見た上で、その任には広田弘毅があてられるとも取りざたされていると日誌には記されている。そして日本の目的は、あくまでも戦争の継続とソ連の中立の維持であるとし、形成されつつある国連が英米とソ連とに分裂することすら日本が期待しているとも分析した。英米と戦うために日本はソ連を必要としている、という考えがまだあったのである。

こうした中、五月二五日に田中丸が再度マリク大使を訪問している。一〇日後に予定される広田の大使訪問への道ならしであった。ここで田中丸は、民間人としては実に大胆な観気球をあげている。日本側がソ連の仲介で対米融和を行うに際して、ソビエト水域での漁業権益を放棄、さらには南サハリンと千島とを放棄する用意があるという、複数の「日本人の意見」を伝えたのである。マリクらの見るところ、千島放棄はソ連と米国とを競わせるために合目的的であるという［同 241］。他方で、田中丸はモスクワ駐在の佐藤大使を酷評した。マリクは、日本は東郷と同じ考えの人物を佐藤にかえて大使として派遣してくると結論づけた［同 246］。

こうした田中丸の行動は、純粋に民間人の行動であるわけもなかった。五月一一日から開かれた最高戦争指導会議は、ソ連の参戦防止、ソ連の好意的態度の誘致、戦争終結に際してのソ連の有利な仲介、といった対ソ政策を基軸とする方針を採択していた。そして、近衛や松本俊一らからなると予定されたソ連派遣団は、「南千島」以外は領土を放棄するつもりだったのである。この決定にかかわった六名の最高指導者には和平派の鈴木首相、東郷外相、米内海相といったソ連通、日ソ関係推進派が含まれており、彼らは勢いを増していた。

五月二七日にマリク大使と会った田中丸は、日本政府は大使交代に動いており、新大使の候補として一九二五年に日ソ基本条約をまとめた長老外交官芳沢謙吉の名が挙がっていると告げた。実際、外務省は有田八郎ら親米派幹部を更迭し、代わりに芳沢謙吉、川越茂らが起用され、親ソ的スタンスを強めていた。また田中丸は、日本は敗北を予想しており、ソ連への譲歩が必要であるとして、南樺太と千島の割譲を考えていると述べている。マリクは三日後の三〇日に会ったオランダのチーリッツ公使に、この人事を「日本の平和志向」の現れとして伝えている。

広田・マリク会談

こうした中、箱根の強羅に滞在していたマリク大使を訪問することになったのが広田弘毅であった。六月五日、モスクワ前公使亀山一二《かずじ》が大使を訪問し、広田の会見希望を伝えた。そしてこの亀山の訪問と入れ違いに、広田は「偶然」ホテルを訪れ、大使との会見に臨んだのである。

広田は、昨年のモスクワ訪問が実らなかった経緯を説明した後、モロトフ外相の信任あつい大使なら「話すに値する」と、訪問の趣旨を述べた。さらに、独ソ戦でのソ連の健闘をたたえ、自分はスターリングラードが陥落しないと信じていたと述べている。そして広田は、日本は英米とアジア解放で戦っているが、ソ連もまたアジアの国である、アジアの平和は日中ソのような大国でやるべきで、その中軸は日ソ友好である［同 263］と語った。

さらに広田は、日露・日ソ関係改善に努力した「伊藤（博文）侯と後藤（新平）侯」の弟子として日ソ関係に努力してきたし、犬養毅や芳沢謙吉のような「ソ連の友人」がリトビノフやカラハンのようなソ連外交官との関係を大事にしてきたこと、その犬養は五・一五事件で殺され、後藤も一九二九年に死去したが、現在の政府には松平恒雄宮内大臣のような親ソ派がいると語った。そして、日ソ間に今は中立条約があるが、それが切れる以上、その後のことを考えなければいけない、としてようやく本題に入った。

日本の対ソ外交を平和志向の政策とする広田に対し、ソ連から見ればドイツや日本からの「包囲」という感情があったとマリクは反論した。だが広田は、日ソ間で誤解のあったことは確かだとしながらも、長期の平和的関係が必要であり、「どのような形態が望ましいかについては日本側にはどうでもよい、それが日本の目的を満たしていればどのような形態にも合意する」と述べている。さらに、この考えは自分の個人的なものではなく、日本政府と人民の考えであり、どのようにしたらいいかはソ連が研究すればいい、とも主張した〔同269〕。そして今は二国関係の改善の時である、政府も外務省も同じ考えだと念を押した。その上で広田は、①宮内大臣の松平恒雄らもソ連との提携派だ、②松岡洋右外相〔第二次近衛内閣〕の親独政策は誤りだった、③英米との平和条約の噂は誤りである、④対中政策の誤りもドイツに責任がある、と付加した。また歴史的には革命ロシアと日本との緩衝国であった極東共和国を解消して日ソ国交回復につなげたのは広田ら外交官だったとも伝えた。そして会見の最後に、可能な限りの長期的条約が必要であると広田は説いた。

この広田の突然の訪問についてマリク日誌は、①訪問を劇化した演出があったこと、②日本は足下を揺すぶられて時間がないこと、③ソ連との恒常的関係を作りたいという考えがあること、④半公式的会見はあらかじめ準備されたもの、と簡潔に記している［同293］。また、この訪問は鈴木内閣の現状打開の動きであり、とくに議会対策の側面もあるとも付加している。また、親ソ派とされた松平について、実は親英派であって、きたるべき米国との交渉に備えた観測気球という側面があるとも見ていた。

この広田・マリク会談への反応が生まれた。六月に中華民国外相（外交部長）の宋子文がモスクワを突然訪問したのである。六月一〇日、佐藤大使はロゾフスキー次官に、この宋外相の訪問は広田・マリク会談と関係しているかと質している。(8) 次官は関係はないと答えたが、実際はそうではなかったことは八月一四日の中ソ友好同盟条約の調印が示すことになった。

その間に鈴木内閣の命運は衰え、沖縄戦の敗色もより濃くなった。六月一一日の第八七国会での鈴木首相演説について、マリクは「より暗く、わびしく、将来性のない印象を与える」とした上で、日本は和平に合意するだろうという予測を付加している。また、外務省では重光葵《まもる》系の参事官がソ連の仲介に反対する論文を書いていることにもマリクは注目した。東条政権で外相を務めた重光は、駐ソ大使の経験はあるがソ連との関係は良好ではなかった。

広田・マリク再会談

ポツダム会談が間近に迫り、ソ連のアジア関与が避けられなくなった状況下で、マリクは再度、田中丸（六月二〇日）、そして広田（六月二四日・二九日）と相次いで会談した。田中丸は、日本は米国には勝てない、したがってスターリン元帥が彼の「権力的な声で日米に講和を呼びかけ」あるいは平和を勧告してほしいと、率直に語った。マリクはこの田中丸との会見の結論として、非公式なソ連仲介の打診と受け止めつつ、鈴木内閣のいう長期戦云々は自殺行為であり、和平派でも親米的な外交官吉田茂の逮捕、松平恒雄宮内相の辞任といった事件は、米国への和平の観測気球であるとも見ていた。同時にソ連による仲介にも期待しているものとも判断している。「小磯内閣は右手で戦いながら左手で和平だったが、鈴木内閣は左手で戦いながら右手で和平を探っている」［A29/269/3/318］、つまり比重は和平に移ってきた、と見たのである。日本は、スターリン、トルーマン、そしてチャーチルの三者がそろって「日本をたたき壊す」のをおそれている、と。

マリク日誌が示す日本の対ソ連接近のクライマックスは、六月二四日、二九日の広田との会談であった。この会談については七月一日の日誌にも記載があるので、マリクは評価に迷いがあったのかもしれない。広田の発言自体も、前回より明晰さを欠いていた。日本は神風の吹く国であると述べるに至っては、もはや神懸かりのようでもあった。広田のポケットには具体的な展望や方針がなかった。あるいは、具体化することで失敗してしまうことをなによりおそれていた。

会談の当初、二人は前回の会見のその後の展開に触れながら、広田からソ連の態度を問うたが、しかしマリクは、前回の提案の具体的内容について知りたいと切り出した。二人は、次に手を打つのは先方だという様子見の態度を崩さない。マリクは「前回の話は一般的性格だ、モスクワに伝えるためには貴殿の具体的な意見を知りたい」と繰り返す。広田も自分は交渉当事者ではないが、もし日ソの相互関係の障害になる事柄があるとすれば、そのような問題を審議したい、と一般論で応じた。

それから広田はしぶしぶ、ソ連は満洲問題をどう考えるのか、この問題を審議する用意はあるかについて聞きたい、また、中国問題に関して双方の利益になる問題を率直に語りたい、南アジアに関してもソ連の意見を聞きたい、と述べた。その上でようやく、東アジアにおける日本の将来の地位について、そこにおけるソ連の利益について考えてみたい、個人的意見だが、相互の立場を協調させた関係を作ることは可能であると広田は語った。ちなみに、モスクワにおけるマリクの上司であるモロトフは、その箇所に初めてチェックを付している［同 323］。

だがマリクは、問題はまだ一般的であるとして、さらに具体的に示すことを厳しく迫る。広田は「一言で言うと日本は、今後はロシア側と合意の上でアジアで勝利し、行動していく」ということだ、と応じた。報告のこの箇所にもモロトフは横線とチェックを付していた。しかし広田は結局、問題を論点ごとに交渉・合意し、「両国関係をよりよい状態に持っていく」という以上の返事をしなかった。

そして広田は、ソ連側が中立条約終了後の日ソ関係をどう考えるのかと尋ねた。これに対しマリクは、今までの中立条約は肯定的役割を演じてきたが、今後は「国際情勢が根本的に変わったために」延長することはできない、ただソ連政府は不延長通告したのであって、基本から崩したのではないことを理解してほしい、と述べた。広田は新条約を提起し、その性格について質問されると、同行した二人の外交官と相談しながら、「中立と相互理解条約はどうか」と返事している。これで実質的に会談は終わった。その後のマリク大使日誌には記述はない。以後、マリクは病気を理由に日本からの接触を断るようになった。

帝国最期の時

広田のような最高首脳クラスまでがソ連との地政学的ゲームを試みたことは、帝国の末期現象を意味していた。もっとも、それは広田個人の独断ではなかった。帝国をダウン・サイジングすることにより「国体」を維持したいというこのような考え方は、鈴木内閣だけでなく、実は東久邇宮《ひがしくにのみや》など昭和天皇周辺の宮中グループで準備されていた。(9)

そうしたことはともかく、広田がマリク大使と会談したことの国際的反応は、直ちに生じた。とりわけ、広田が満洲問題の将来に触れたことは中華民国政府を刺激した。宋子文外相がモスクワに飛んで友好同盟条約交渉を始めたのである。その条約が八月一四日に締結されることは、前述したとおりである。七月一一日、モロトフ外相は佐藤尚武大使に、中国とは有意義な会見をしているとだけ語った。

その後、対マリク工作がはかばかしくない状況を見た東郷外相ら日本政府首脳は、代表の格上げをはかり、近衛文麿元首相を特使としてモスクワに派遣することを画策する。米内が七月一二日に触れたところでは、特使派遣という案は宮中の木戸幸一からアドバイスを受けた昭和天皇が七日に提起したものであった［鈴木 130］。一二日に天皇に呼ばれ特使を引き受けた近衛は、日独伊にソ連を加える四国同盟を構想した人物としてソ連に受けのいい政治家と見られていたが、佐藤大使は消極的であり、近衛派遣交渉は期待度の低いものとなってしまった。七月一一日、近衛特使派遣を説明するため佐藤大使はモロトフ外相と会見する。強羅でのマリク・広田会談の報告がまだ上がってないというモロトフに対し、佐藤は満洲中立化と日本軍撤兵計画、そして北洋漁業の放棄等々にいたるまでの「広い」テーマについて述べた。しかし、この会見直後にポツダムでの最高レベルの会談に出発することになっていたモロトフは、佐藤がこの計画に関与していなかったことを理由に、具体的な返事をはぐらかした［A06/7/54/895/36］。

焦る日本側は、すでにポツダムへ発ったモロトフ外相がモスクワ不在となった七月一三日、佐藤大使がロゾフスキー次官に面会し、「天皇」メッセージを伝えた［A06/7/54/889/22］(10)。そのなかで昭和天皇は、自分としては平和を希求している、自分の公式の代表として近衛文麿元首相を送ると書いていた。だが、この会見内容は直ちにスターリンに伝えられ、さらに一八日にはポツダム会談の場でスターリンによって連合国首脳に披瀝され派遣計画は頓挫した。一六日に米国が核実験に成功したことにより、この会談ではトルーマンのスターリンに対する優越的立場がいっそう明確となった。日本の領土を四島と連合国が定める諸小島と規定したポツダム宣言は、スターリンの署名抜きで七月二六日に公表されることとなる。日本にはこのことを、米ソ離間の表れと評価する向きもあった。

　そうして、八月八日を迎えた。モスクワ時間の午後五時にモロトフ外相は佐藤大使を招き、「同盟上の義務に基づき対日参戦」することを通告した［A06/7/54/895/40］。佐藤は、ソ連政府に仲介を願っていたが、この参戦決定は残念であると答えるのが精一杯であった。国体維持のためにソ連に和平仲介を依頼するという綱渡りは、このときに終わった。

　この翌日、最高戦争指導会議において、ポツダム会談と広島への核兵器投下、そしてソ連の関与について議論された。和平派の東郷、米内が和平を訴え、阿南惟幾《あなみこれちか》陸軍大臣らが反対論を展開していたところ、長崎への核兵器投下の報が入った。和平派の米内はこれを「天佑」と叫んだという。

　そして、八月一四日、昭和天皇の発意で開かれた最高戦争指導会議、いわゆる御前会議で、周知のように天皇の「聖断」によってポツダム宣言の受諾、敗戦が決定された［鈴木］。

　この「終戦」の決定プロセスについては、ソ連参戦と核兵器投下のどちらの要因がより決定的となったかが議論されており、米国在住のソ連史家長谷川毅は冷戦との関連も含めソ連要因を重視する一方、ミスカンブルや麻田貞雄などによる核兵器投下を重視する見解もある［一一一 229：三〇 181］。

　しかしながら、どちらが「聖断」を決定づけたかということは、あまり大きな論点ではない。それよりも、米国主導のポツダム宣言を受け入れたことによって、日本の指導層がそれまでの親ソ外交から対米重視外交へと急変し、それが冷戦へと直結したという、国際的な文脈における論点が、より重要なのである。日本の敗戦は、別の歴史の始まりであった。崩壊した帝国をめぐる米ソ間の亀裂は、すでに生じていた両者の緊張激化に連動したのである。

ひと月前にスターリンの仲介に期待した日本の外交は、八月一四日に親欧米へと鋭角的に舵を切った。九月三日、日ソ基本条約以来対ソ交渉に深く関与した芳沢謙吉は、枢密院において、「ソ連の東亜への進出は我れに脅威を加ふるもの」として、今後米ソが「東亜に於いて競合牽制するの情勢」が現れるが、「どちらかと云へば、米の好意をつなぐ方向に梶をとり」たいと率直に語った［深井 436］。それまで和平仲介を求めて親ソ外交を進めていた政治家、指導者の多くが、こうして戦後は反ソへと変針することになった。これはほぼ同時に、「日露戦争の復讐」とするスターリンの対日戦勝利宣言と対をなした。ちなみに、かつてレーニンが日露戦争における日本の進歩的役割を述べたことは忘れられた。

日本帝国は崩壊した。ポツダム宣言によって、日本の主権は「本州、北海道、九州および四国」と、連合国が「指定する諸小島」に限定され、日本本土は連合国最高司令官に指名された米国のマッカーサー元帥が管理することになった。他方、ソ連は八月一五日までに朝鮮半島北部、南サハリン、千島の占領を開始した。この時モロトフは、マッカーサーとソ連のアレクサンドル・ワシレフスキー元帥による日本の共同管理を提起したが、一一日までにこれをハリマン米大使は峻拒した［五七 735］。そして九月二日、米艦ミズーリ号において外務大臣重光葵がマッカーサー連合国最高司令官、ソ連軍のデレビャンコ中将など連合国側との降伏文書に調印し、ここに大日本帝国は終焉した。

二　帝国崩壊からアジア冷戦へ

核・イデオロギー・地政学

ここまでマリク文書の紹介を兼ねて、日ソ交渉の顚末と一九四五年八月の帝国解体への過程をやや詳細に記述した。それはとりもなおさず、広島・長崎への核兵器投下、ソ連赤軍の参戦に見舞われた日本帝国最後の日々が、その直後に生じる三八度線での朝鮮半島の米ソ分界、そしてアジアをめぐる冷戦の開始と踵《きびす》を接したからである。ちなみに、三八度線が米ソ両軍の分界と定められたのは、のちに米国国務長官となるディーン・ラスク大佐がソ連と合意した、八月一五日のことだというのが通説である。

筆者は二〇〇四年に上梓した『アジア冷戦史』において、核・イデオロギー・地政学という三つのパラメーターで、戦後日本の冷戦との関わりを描いた。本書でもこの枠組みを使って分析したい。この三要素から一九四五年八月を見たとき、日本周辺にとどまらないグローバルな冷戦にとって、重要な要因がこの時点で先行的に出そろっていることがわかる。占領期日本をめぐる国際状況が冷戦の枠に取り込まれ、否、それを形作っていく重要な要素になる。言い換えれば、核・イデオロギー・地政学、このいずれの要因をめぐっても、日本こそ冷戦のフロントラインとなったのである。

以下、この三つの要因それぞれについて、ざっと概観しておこう。

まず地政学について。日本がポツダム宣言を受け入れたことにより、それまでの「帝国」が崩壊し「国民国家」へと変わるにあたり、その主権の及ぶ領域を「平和条約」で確認する過程での力学を指している。ポツダム宣言後、日本占領に向けてトルーマン政権が準備した「一般命令第一号」では、日本本土占領には米国が割り当てられたが、それ以外の「帝国空間」ではソ連赤軍が重要な役割を演じることとされていた。ここに、日本が放棄した旧帝国空間をめぐる紛争を、だれがいかに処理するかという大問題が懐胎する。とりわけ、朝鮮半島の三八度線をめぐっては、グローバル冷戦のなかでもっとも熾烈《しれつ》な朝鮮戦争が勃発した。米ソ中と朝鮮のふたつの体制の戦いは今日もまだ法的にも終わってはいない。

日本が放棄した領土を画定する一九五一年のサンフランシスコ条約の調印からすでに三四半世紀近くが過ぎ、冷戦の終焉した現在もなお、日本が「放棄した」多くの地域――台湾、朝鮮半島、そして千島列島の国際法的帰属は未確定である。この問題については平和条約と領土問題の起源として多くの著作が書かれてきたが、本書ではこの帝国空間放棄を起点として英米中ソの対立の過程を示すことになる。

また、地政学という観点においては、米ソ対立だけでなく、とりわけアジアでは英国、英連邦の役割も大きかった。実は、第二次世界大戦末期、ソ連外交陣は米国の急速な台頭に対応するため、英ソ同盟の可能性を思い描いていた。あまりに軍事的で反ソ的なトルーマン政権の誕生によって連合国の同盟が変質したことを契機としてのことである。もちろん、英米の「特別な関係」は冷戦の基本構造を成していたのだが、他方で英国は毛沢東政権を承認し、アジアにおいてはしばしば米国への牽制としてソ連カードを利用するなどもしている。スターリン後の「平和共存」では、硬直した米国とは対照的に、一九五四年からのジュネーブ会議では「英ソ協調」も見られた。この文脈では、戦後日本の立役者吉田茂が戦前に英国大使を務めていたことの意味は見逃せない。あとで述べる北方領土での「二島返還論」の議論は、吉田が英国代表ガスコイン卿に提示したことから始まっている。

第二の核問題とは、一九四五年八月に広島・長崎へ核攻撃がされてから始まった核時代が、日本処理のみならず東欧をめぐる問題と重なっているということである。いわば核の地政学という視点である。

スターリンは、ポツダム会談において米国が核爆弾製造に成功したことをトルーマンから聞いてはいたが、モスクワ帰国翌日の八月六日に広島で実戦使用されたことに衝撃を受けた。在日本ソ連大使館は翌九月初に広島・長崎へ調査団を派遣し、その詳細な調査報告をモスクワの最高首脳に送っている。それに先立って、八月二〇日、スターリンは内務人民委員のベリヤを中心とする国家レベルの核爆弾製造プロジェクトを立ち上げていた。このことは二三日に決定された国家防衛委員会決定九八九八でのシベリア抑留問題など、戦後におけるスターリンの政策体系全般を規定することになった［小林］。

しかし、当時のソ連領内では核爆弾製造に必要なウラン資源がほとんど発見されていなかった。そしてウランは東欧そして朝鮮半島に存在が確認されていたのである。それらの確保を優先課題としたソ連は、日本本土の管理には急速に意欲をなくし、むしろ取引材料とするようになる。一九四五年秋には日本問題と南東欧の処理をめぐって米ソ間で取引がおこなわれたが、一二月のモスクワ外相会議をへて、米ソの地政学的対立は決定的となる。この過程で主導的役割を果たしたジョージ・ケナンは、アジア冷戦でも予言者となった。

第三のイデオロギーという要因は、それまでのファシズム・軍国主義の対立から、「民主主義」と「コミュニズム」をめぐる対立へと転調していったことである。とくに敗北、解体した国家や、あるいは新たに独立した国家では、共産主義運動が大きな影響力をもつこととなった。とりわけアジア各国では、そこに地政学的問題と民族主義とが絡んで複雑な様相を見せる。

大戦末期にアジア戦線にやってきたソ連赤軍はやがて引き上げたが、その残した兵器や装備などの遺産（日本軍捕虜を含む）からは、紅軍（中国工農紅軍。人民解放軍の前身）や人民志願軍（朝鮮戦争に参戦した中国部隊）、はては中核自衛隊（日本共産党が武装革命を期して組織した）など、各地にソ連に起源を持つ武力組織が生まれた。しかもそれは土着的要素と結合することとなる。ソ連崩壊前後、東欧や西欧で共産党政権が早々と過去の遺産となったのに、アジアではいまだに共産党政権が残っていることの遠因もここにある［九四］。

新たな史料と新たな視点

ここまで述べてきた本書の課題、つまり、日本帝国崩壊と民主化、帝国後の空間処理をめぐっての極東委員会や対日理事会における米ソの対立、東西間の緊張が頂点に達した一九五〇年六月の朝鮮戦争開戦、サンフランシスコ条約調印と日本独立、そして朝鮮戦争休戦後、日本で五五年体制が確立するまでの、日本をめぐる冷戦の諸相について分析しようとするにあたって、旧ソ連史料は大きな意義をもつ。

ソ連末期には東欧問題に関連する史料が公開されだしたが、ソ連崩壊後には、朝鮮戦争休戦四〇周年をきっかけに様々な関連史料にアクセスできるようになった。これまで日本占領期の研究は、もっぱら欧米、日本の史料からなされてきたが、本書では、ソ連崩壊により公開された旧ソ連側史料からも光を当てる。

また、本書は歴史叙述の視点についても、従来とは異なる立場をとる。これまでの冷戦期の日本についての歴史叙述は、従来大別して以下のふたつの立場からなされた。ひとつは、冷戦の影響によって、日本民主化の進行が、日本政府と米国、とりわけ米軍によって「逆コース」をたどった、という物語である。だが、こうした語り方は次第に説得力を失い、もう一つの立場からの叙述がされるようになった。すなわち、アメリカとの同盟関係のもとで吉田政権の軽武装方針が、五五年体制の下で、経済成長と民主化を進めていったという叙述である。前者の視点では、冷戦というものをヨーロッパとくに東欧をめぐる対立に限定して捉えており、日本は抑圧的役割を強いられ、アジアでの民族解放の流れに逆らう役割を担うものと位置づけられた。後者の視点では、日本は「寛大な講和」という米国の庇護の下で経済成長が保障されたとみなされる。

この双方の視点とも、戦後日本の国際関係をもっぱら日米関係からしか見ていないという点においては、同根のものにすぎない。日本管理、つまり占領論の角度から、あるいは日米安保の起源という角度からしか論じられていないのである。

日本と冷戦の関係は、日本占領機関の定礎から日米安全保障条約締結という日米関係の文脈から主として見られてきた［五十嵐］。だが、冷戦という米ソのグローバルな争い、ポスト帝国空間における一連の内戦・紛争というアジア冷戦の文脈から日本を見ない限り、その叙述は一面的なものでしかない。

そもそも、なぜ連合国による日本占領から、日米安全保障条約へと一直線に進化したといえるのか。戦後日米関係の自明性が、歴史解釈に投影されすぎてはこなかっただろうか。この点で一連の業績をあげた竹前栄治は、「日本側からすれば、占領というものはGHQとか占領軍と直接対峙していたときには、国際的に占領がどういう位置に置かれていたのか」、「アメリカは、あるいはマッカーサーは、ソビエトだとかイギリスだとか中国だとかそういう連合国との関連」でどのような関係が定礎されたかは知らなかったと、正直に書いている［竹前・天川 22］。

ソ連史、日ソ関係からの分析もなくはなかったが、多くはソ連の対日政策の文脈に限られていた。ソ連外交史の平井友義、横手慎二、また内政を加えた和田春樹の論稿でも主として両国関係にのみ注意が注がれている。(11) 和田にはアジア革命という角度からみた朝鮮戦争論［和田 2002］があるが、その解釈には異論がないわけでない。

日本占領を、冷戦論との接点から広い国際的文脈で見直す仕事は、坂本義和その他の研究者によって示唆されてきた。占領期から冷戦に至る過程を分析した坂本は、冷戦の東西時差構造やそこでの「ずれ」という観点から問題をたてた〔坂本・ウォード〕。豊下楢彦らは、占領をめぐるタイポロジーを提起し、この観点から日本とヨーロッパとの違いに触れている〔豊下〕。これらによると、連合国といっても英米とソ連との「地政学的」位置の差異があり、占領を早く行った側の特権を一方で承認しつつ、他方では実際の戦争から占領、連合国管理体制の形成、さらに講和条約交渉での駆け引きをめぐる利害の差異が生じたことを強調している〔同〕。この視点は冷戦史にとって重要である。

また、アジア冷戦を論じるときには、イデオロギー的観点を過度に強調することには慎重を要する。アジア冷戦の初期条件としての日ソ中立条約体制は、他方では、米中、とくに中国共産党と米国との連携という関係を伴っていたからである。筆者が地政学の視点を強調するのは、この点においてである。

このようなねじれた関係について、当事者たちの認識が史料に示されている。たとえば、一九四五年初にモロトフ外相は佐藤大使に対し、ほかならぬ中国共産党軍がアメリカの道具となっていることを認めた上で、彼らが「本当のコミュニズムか疑っている」といっている〔A06/7/54/895/8〕。ソ連共産党の中国における代表であったイワン・コワリョフは、一九四九年末に毛沢東がはじめてソ連を訪問するのに同行した際、中国共産党内に多くのアメリカ支持者がいることをスターリンに詳細に報告していた〔八九 2004/1/125〕。このような中国共産党と米国とのねじれた関係を知悉《ちしつ》していた英国は、いち早く中国共産党政権を承認することで、中国をユーゴスラビアのような状態において、影響を及ぼすことを考えた。赤軍なしで独自の革命政権をつくったユーゴスラビアのチトー政権は、一九四八年にはソ連主導のコミンフォルムから脱退していた。

一九七一年の米中接近に結実するこのような考え方は、実はディーン・アチソンなど米国主流派にもあり、金日成の南進がいったん失敗した一九五〇年九月には米国内で中国承認論が一時的とはいえ高まったのである。毛沢東が中国共産党政治局多数派の意志に抗して金日成政権擁護の目的で朝鮮戦争に参戦し、その結果として中ソ朝間の「歯と唇の同盟」関係が強まったのは、そうした中国共産党内の親米的な動きを封じるという意義もあったのである。だが、そうしたことの反動として、英米をしてサンフランシスコ会議で東側抜きでの日本独立の意志を固めさせたともいえよう。また同時に、中ソ同盟の強化は、金日成政権を延命させると同時に、日本においては日本共産党の「国際化」と武装化の動きを加速させることともなった。

本書が強調するもう一つの論点は、英国外交のアジア冷戦、日本への影響である。先述した共産党中国を承認するという英国の外交カードは、中ソ同盟の長期的不安定要因となり、朝鮮戦争の事実上終結後の中ソ関係をじわじわと蝕《むしば》んでいったと見ることができる。こうした英国外交の独自性は、米国の軍事的でイデオロギー的な対中観とは対照的なものであり、マッカーサーの軍事的強硬路線の封じ込めという側面ももつことは見逃せない。

ここまで述べてきたことをまとめると、日本をめぐる冷戦を見るにあたっては、一九四五年の帝国崩壊と国民国家への変容、旧帝国空間をめぐる各勢力の政治紛争の激化、そこにおける問題の外部化（領土問題、その地域での台湾や朝鮮半島での内戦）といったそれぞれの問題を同時に見ておく必要がある。旧帝国空間の処理をめぐる英国、とくに米国とソ連の関与とが、分断、内戦、そして朝鮮半島では「熱戦」をもたらしたのである。

そして、これら外部化した問題は日本内政にも逆流し、国内政治に内部化されることになる。保守勢力内での、吉田親米派と鳩山一郎民主党に代表される自主派との対峙は、革新陣営内、特に共産党内での「国際派」と所感派との分岐に、ある意味で照応していた。朝鮮戦争の休戦後「五五年体制」として一定の形姿を整えるまで、保守＝体制側、反対派＝革新の内部いずれの側においても、対外的圧力と自主性とのバランスをめぐる動力学が作用したのである。

講和をめぐる独立と外交の論争が、政治哲学的には「近代」と「主体性」をめぐる論争であったことの意味は、もう一度振り返られてよい。冷戦研究のウェスタッドは「モダーニティ」をめぐる東西対立を、東アジアの論客は「近代主義」批判から「近代化」そして「現代化」と、それぞれ議論してきた。一九四〇年代末の日本の左派の「主体性」をめぐる哲学論争は今度は外部化され、中ソ論争の進行とともに「主体」を主張した金日成の動きまで連動していくことになる（このことは第五、六章の日本共産党問題でとくに触れよう）。

本書の構成

第一、二章は、二〇〇五年に法政大学法学部紀要『法学志林』第七三三、七三四号に発表した論文「モスクワ外相会議再考——日本占領、核開発、および冷戦の起源」を元に、新たな史料を加え書き直したものである。ここでは、帝国日本崩壊とその空間処理をめぐる米ソの地政学的対立が、同時に核開発、とりわけソ連で当時のウラン鉱石の圧倒的な不足という事情とも相まって、米ソ間での日本とルーマニア、ブルガリアとのいわば地政学的取引となったという、拙著『アジア冷戦史』でのテーゼをさらに掘り下げた。なお筆者は、前著『モスクワと金日成——冷戦の中の北朝鮮　1945－1961年』（岩波書店、二〇〇六年）において、米ソ冷戦のなかのポスト日本帝国空間における対立という角度から、朝鮮半島とくに北部での金日成政治体制の成立と展開について、ソ連史料などを中心に分析している。本書と併読されたい。

第三章、第四章は書き下ろしである。このうち第三章は、とりわけ一九四六年から本格化する戦後日本改革の中、極東委員会、対日理事会といった占領期日本の管理をめぐる機関のなかで、いかに米ソ冷戦の要素が高まったかを分析する。占領期日本についてはすでに確立した研究分野であり、筆者の関与できる余地は大きくないが、米ソ冷戦という要因、この機関でのソ連代表部の活動について、初めて紹介するソ連史料を見ながら論じている。米ソ英中、インドやオーストラリアなどの英連邦諸国、そしてフィリピンなどの日本占領に関与した各国代表の存在と活動の変遷は、世界大戦後の混沌が次第に二極的対立構造へと収斂《しゅうれん》していく全世界的な過程の写し絵であった。もちろん、それは日本固有の特殊な構造があってのことだということを否定するものではない。第一章で論じるように連合国最高司令官マッカーサーの権限は、米ソ間の東欧と日本の地政学的な取引によって絶対的なものとなった。そのため日本管理機構である極東委員会、対日理事会の権限は、その当初の呼称「諮問委員会」が示しているように最初から限定的であり、スターリンも一九四五年一〇月のハリマン・スターリン会談でそのことに最初から合意していたのである。その合意の内容は曖昧さが残り、これが米ソ間の対立を生み出したのだが。

他方で、この東アジア地域では中華民国、英国、英連邦諸国といった存在もまた大きな独立した存在であった。こうした、日本占領をめぐる国際的な権力の配置状況が、次第に米ソ二極対立に収斂し、一九五〇年六月の朝鮮戦争を契機に日本に国連軍の拠点が作られる過程は、そのまま日本管理の権力の実態を示している。さらにいえばその過程は、一九四六年四月末に起きたマッカーサー暗殺未遂事件なるものを契機として、日本のエリート間にあったひよわな原初的民主化志向と多元構造の下での伝統的議会人である鳩山一郎や社会党との連合が挫折し、親英米系の元外相吉田茂を中心とする官僚閥が台頭する一連の過程と、軌を一にしていたのである。

第五章は、視点をかえて日本共産党を取り上げる。日本共産党は戦前から小さいながらも日本における唯一の国際政党であった。コミュニスト・インターナショナル日本支部として創立され、資金や人材の養成といった面で少なからずモスクワに依拠していた（その度合いについての議論はあり得るとしても)。この国際的要素と民族的民主化との葛藤が、党勢が急伸しはじめた一九四六年の日本共産党第五回大会においてコミンテルンとの関係を否定する声明を出すに至った理由でもある[12]。そしてそれは、朝鮮戦争直前の党内における「国際」対立と分裂の背景ともなった。日本周辺での危機が亢進し、国内冷戦から国際熱戦に転化していく中で、この党をめぐる政治も文字どおり「外部化」された。そして最高指導者たちまでもが外部化され、スターリンの指示で中国共産党の庇護の下に「北京ビューロー」を作るに至ったのである。

このような「共産主義の脅威」に対抗する本拠は、日本の保守外交エリートだった吉田政権ではなかった。その本拠は東京の米国大使館にあり、その知的ブレーンが実は英国大使やその高級館員たちであったことも、本書は示唆するであろう。国際冷戦は日本政治にも「内部化」され、ビルトインされた。

第六章が主題とする五五年体制確立に至る国際冷戦の道筋はこうして、日ソ国交回復交渉に加え、日本共産党という対抗集団をめぐる政治的過程のなかに凝縮していく。同党が一九六〇年代前後、親ソ派、親中派、親北朝鮮派との闘争の果てに、ついに「国際派」の指導者宮本顕治・野坂参三が「自主独立」路線を呼号することになった背景とは、朝鮮戦争の休戦とともに外部化されてきた党が再度「内部化」するという逆説的事態の不可避的産物でもあった(ただし、冷戦の終焉とともに「伝説の国際指導者」野坂が再度「外部化」する過程は本書の対象を超える)。

本書は日本にとっての冷戦を政治史的に解明することをめざすが、必ずしも日本と日本人だけが主題でも主役でもない。冷戦へと旋回する国際的文脈が、日本人だけによって決められていた訳ではない事情も解明されるからである。それは、敗戦国の日本に政治力がなかったとか、占領期には主権がなかったということだけが理由ではない。国際的な文脈のなかにあって、とりわけ英米、そしてソ連中国、場合によって両朝鮮などといった主体の役割が、いかに日本の戦後政治に影響したかに注目して考えることになるだろう。

もちろん、このような本書の考察に限界があることは筆者自身が承知している。たとえば、後半で主役となる日本共産党の史料はソ連でも一部しか公開されておらず、一九五一―五三年の史料の多くはいまだに閲読禁止である。また、大統領アルヒーフ（旧政治局文書）やＦＳＢ（ロシア連邦保安庁）、軍の史料も利用できなかった。その意味では、本書は問題提起の書でもある。

なお、本講談社学術文庫版の刊行に際し、岩波書店版刊行後に閲覧した史料と研究進展に基づく、最小限の加筆を行った。最近の五六年日ソ共同宣言への関心の高まりから、松本俊一関連文書、および一九五五年前後のソ連共産党幹部会史料などが公開されており、これに基づいた論文も参照した。

第一章　日本占領と冷戦の起源

一　三つの管理

第二次世界大戦の終結から冷戦へと至る過程において、ともに超大国としての地位を得始めた米国とソ連とは、一九四五年秋の同盟の終焉以降、主として三つの争点をめぐってグローバルなレベルでの争いを繰り広げはじめた。すなわち、東欧管理、日本管理（正確には「旧日本帝国」の管理）、そして核の管理という「三つの管理」をめぐる争点である。もちろんその他の地域、争点をめぐっての対立も当然存在はしたが、日本をめぐる冷戦という角度から、とくにこの三点に注目したい。

第一の東欧管理とは、枢軸国とりわけナチス・ドイツに対する反撃の過程でソ連赤軍の支配下に入った東欧について、この空間の管理をどうするか、戦後の政治秩序をいかに構築するかということである。いうまでもなく、冷戦での最大の争点の一つがこの点にあり、ソ連の東欧支配こそ冷戦のもっとも重要な柱であったことは周知のとおりである。とくに一九四五年一二月のモスクワ外相会議前後、ルーマニア、ブルガリアでのソ連の支配をめぐる問題が米ソ間で深刻化していた。

第二点の日本管理は、日本本土と旧日本帝国空間をいかに占領、管理するかという争点である。日本が降伏文書を署名した相手は、「連合国最高司令官」としてのダグラス・マッカーサーである。日本は英米ソを含む連合国に対して降伏したのである。しかし実際には、米軍が日本本土に最初に足を踏み入れることになった。すでに八月一五日、トルーマン大統領は「一般命令第一号」を英ソ中の各国首脳に回付し、占領地の割り振りを提案していた。そこでは日本本土全体が連合国最高司令官マッカーサー元帥の指令に含まれる一方、ソ連軍極東軍最高司令官アレクサンドル・ワシレフスキーが担当すべき地域は満洲、朝鮮半島の三八度線以北、カラフトがあげられていたが、千島列島は外されていた。これに対しスターリンはその翌日、全千島、および北海道の釧路と留萌とを結ぶ以北もソ連支配地域にあげた。四五年二月のヤルタ協定において連合国指導者間で密約された千島列島・南カラフトなどのソ連の地政学的利得に留まらず、これを超えて日本本土の占領も主張するかに見えた。これは直ちにトルーマンが峻拒し（八月一八日）、スターリンは撤回したが、ここに日本占領と管理をめぐる米ソ間の対立が芽を出しはじめたのである。連合国の日本占領においては米国が圧倒的な優位を占めていたが、ソ連も決して受動的なパートナーなどではなかった。

そのソ連が、一九四六年初の極東委員会・対日理事会発足時までに、米国の日本占領における優位を認め、ついには一九五一年のサンフランシスコ条約での日本の独立と、日米安全保障条約という同盟の成立を黙認するに至ったのは、なぜか。この謎は今日まで残されたままでである。

第三の争点は、核管理をめぐるものである。一九四五年七月に米国が核兵器の開発に成功し、八月六日には広島に実戦使用したことによって核時代が始まった。当時米国は、坂本義和が指摘するように、一一月の英米カナダ首脳宣言などを通じて原子力の国際管理による「非対称的な優位」を保持しようと試みていた。原子兵器だけでなくウランなどの核分裂性物質そのものの所有・管理に始まり、その加工・研究の全過程を国際機関の管理下に置くという構想であった［坂本・ウォード 15］。

米国に出遅れたソ連は、一九四五年八月二〇日の国家防衛委員会決定九八八七で核開発を急ぐことになる。だが、四七年までソ連は、国内に十分な量のウラン鉱を発見・精製することができておらず、このことは当時ひた隠しにされた。占領地の東欧と北朝鮮などにあったウランの確保は、初期冷戦におけるスターリンにとって、隠れた、しかし死活的重要性をもつ課題となった。こうして、原子力管理を独占することにより戦後国際政治で優位を保ちたい米国と、これに抗して核開発を急ぐソ連との大きな確執が生まれるのである。

本章では、この三つの管理をめぐる米ソ間の対立がワンセットで「処理」されることで、冷戦の本格的対立を生み出す仕組みと仕掛けが出そろった、というテーゼを論証したい。これら東欧、日本領土、核という三つの管理をめぐる対立にあって、ソ連は出遅れた核兵器開発のためにも、日本占領・管理での不利益を覚悟しつつ、核開発に必要な東欧管理での優先権を主張した。その結果、一九四五年一二月モスクワ外相会議で米国主導の日本管理との取引を承認したのである。このテーゼが本章の主要課題となる。

単純な取引の不可能性

日本占領をめぐる米ソ対立という問題は、従来はあまり関心をもたれなかった。日本の国民意識では、占領はもっぱら米国との関係において了解されてきたのである。ソ連については、北方領土問題の起源を論じる際などに、一九四五年八月のソ連対日参戦は中立条約を侵犯しておこなわれた「火事場泥棒」（小泉信三）的な関与であると論じるに留まっていた。

だが、一九四五年九月のロンドン外相会議以降、占領機関形成が決着する同年一二月のモスクワ外相会議に至る時期の日本の占領と管理問題は、実は東欧の管理問題、冷戦の起源と不可分の関係にあった。

この日本占領における米国の優位と、南東欧、とくにルーマニア、ブルガリア支配でのソ連の優位は、一九四五年一二月のモスクワ外相会議で取引された。この事実は最近になって関心を集め、『ロシア外務省二〇〇周年史』といった概説書によって指摘され［四二 334］、外交史家M・ナリンスキーの著作などにもみられる［四〇 29］。

この取引が当時の日本外交当局者によっても了解されていたことを裏づける史料が、二〇〇三年末に情報公開された第一八回日本外務省情報公開文書において発見された。一九四七年の「ソ連の対日政策資料」と題する機密資料である(1)。これは当時外務省調査局第三課（課長曾野明）が一〇部作成し、翌年三月に発出された。この資料において、ソ連はルーマニア、ブルガリアの問題では自国の優位の主張を通す代わりに、対日管理問題において米国に譲歩し、ここに極東委員会と対日理事会が設置されるに至ったと記載されていた。(2)

もっとも、この管理機関の機能は、平和条約問題が解決されるまでのものであって、軍事上の問題と日本領土の変更問題は、その権限から除外されていた。スターリンは、一九四六年一月二三日のハリマン米国大使との最後の会見の場で、この取引、とくに対日関係の結果に「共通の言葉を見出した」と満足の意を表した［四六 405］。

この取引が存在した事実が知られたとしても、それがグローバルな冷戦の起源とどのように関係し、なぜスターリンが日本問題での米国のヘゲモニーを認め、日本管理への発言権の多くを放棄したのかについては、当時はわかるべくもなかった。旧枢軸国であったルーマニア、ブルガリアはソ連だけが「解放した」のに対し、帝国日本はアメリカだけが占領したのではなく、アメリカなど連合国の要請によって対日参戦したソ連が、千島、朝鮮半島北部などを占領していたからである。したがって、東欧の占領・管理と日本のそれとには非対称性があった。スターリンからすれば、日本問題は東欧問題と単純にバーターにはできなかったはずである。それでは、なぜソ連は、連合国の協調、対日関係での利得を捨ててまで、ブルガリア、ルーマニアでのヘゲモニーにこだわったのか？　ここに、グローバルな核管理問題が深く関与していたと筆者は考える。

冷戦へのプレリュード

一九四五年八月の広島、長崎への原爆投下によって、新しい国際政治の時代、つまり核時代に入った。一九四五年時点から核兵器についてスターリンは知悉《ちしつ》していたが、国家レベルでの開発研究に着手できていなかったソ連は急速に対応を迫られ、八月二〇日までに核兵器開発を国家レベルのプロジェクトとした。

ところが、ここでソ連には重要な問題があった。既述のとおり、肝心のウランがソ連国内ではほとんど入手できていなかったのである。だが、当時ソ連軍が占領していたブルガリア、ルーマニア、そして北朝鮮地域ではウランが発見されていた。だからこそ、スターリンはこれら地域の確保を最優先とせざるを得なくなったのである。このことは、とくにフィンランドのように、第二次世界大戦初期には軍事衝突まで起こした周辺での枢軸国に対し、ソ連は戦後一転してほとんど関与をしなくなったという事実に重ねて見ることができる。

日本管理と東欧管理、そして核管理という三つの争点が一本の線でつながったのが一九四五年一二月のモスクワ外相会議である。本章では、イデオロギー、地政学、そして核をめぐる米ソ対立が冷戦を惹起《じゃっき》したという観点から、日本管理をめぐる争点がいかに冷戦と絡んでいくのか、一二月のモスクワ外相会議でいかに取引されたかを、新しい史料から検討する。それによって、占領史と冷戦史、ソ連内政と外交史、そして戦後国際関係史の架橋を試みたい。

二　ソ連の戦後アジア構想

英米ソ大連合の戦略構想

スターリンは、アジア政策、戦後の対日政策をいつ頃からどのように考えていたのだろうか？　ソ連崩壊後に現れた新史料からは、日本軍が真珠湾を攻撃した一九四一年一二月末の時点で、ソ連は勝利を予測、戦後秩序の構想に着手していたことが判明する。首都モスクワ郊外にナチス・ドイツ軍が展開していた頃のことである（シベリア兵団などが反撃に出ていた）。その時点で外務人民委員部（戦後一九四六年に外務省と改称）が中心となって、戦後の東アジア秩序に関する企画案の検討が開始された。なかでも一九二〇年代からの共産党系労働組合の世界組織プロフィンテルンの指導者であり、一九三九年から一九四六年まで外務次官を務めたソロモン・ロゾフスキー[3]（一八七八－一九五二）は、スターリン国家防衛委員会議長とモロトフ外相あてに、「戦争がいつ終わるかは不明だが、結果は日独伊の敗北に終わることは明確である」と書き送った。そこには、最強の戦勝国となる英米ソが参加する講和会議の構想をすすめるべきこと、そのため戦後経済と国際秩序に関する二つの委員会を秘密裏に作るべきことが提言された[4]。英米ソの大連合の戦略をつめるべく、英国のイーデン外相が同盟協議のため四一年一二月初にモスクワを訪問したときのことである。

ロゾフスキーは、ソ連がこの段階で対日参戦することは峻拒すべきであるとしたものの、枢軸国の敗北は必然であり、戦後の講和の条件を議論すべきだと主張した。この条件としては、日独がもたらした犠牲への賠償問題と並んで、「我々の国境線の問題」をとりあげた。とくに「日本の軍艦が宗谷海峡、千島列島、津軽海峡、対馬海峡を封鎖することでソ連を自由に航行させないのが問題である」と指摘していた［三九 471］。この提案をもとに翌年一月、共産党政治局は、欧州・アジアなどの戦後の国家体制に関する外交文書を準備する委員会を立ち上げた。このうちアジアの戦後構想に関しては、ロゾフスキー次官が中心となった。

この委員会の作業をもとにさらに具体的な戦後構想が示されたのは、一九四四年一月にソ連外務人民委員部がモロトフやスターリンに提出した体系的戦後構想、マイスキー次官による「将来講和の望ましき原則について」であった。この詳細な戦後構想では、ナチス・ドイツの解体と、英国との同盟強化、そして社会主義ではなくソ連の地政学的な安定のために必要な「三〇年から五〇年」の環境を予想したものであった。近未来の社会主義化を断念したこの文書では、主としてヨーロッパの問題を論じており、アジアについては簡単に触れるのみで、「ソ連参戦なき日本軍国主義の解体」と、「民主的、進歩的、民族的かつソ連に友好的な中国をつくること」が課題としてあげられていた［五六 127］。また、対日関係に関しては、南サハリンの返還と「ソ連を太平洋から隔てている」千島列島を「引き渡し」すべきことも主張されていた。ただし、一九四一年八月に英米首脳が合意し、その後、ソ連も参加した大西洋憲章に、連合国は戦争によって国境線を変えないという合意があったこととの整合性は明示されなかった。

姿勢転換と取引

そもそも、日ソ間には一九四一年に締結された中立条約があった。それもあって、前掲文書では「これは必ずしもソ連と日本との戦争に結びつくとは限らない」としており、対日参戦には慎重であった。戦争に巻き込まれることなく、日本を敗北させる責任を英米に任せたい、ともロゾフスキーは指摘した。また、日露戦争からノモンハンに至る経験から日本軍人を恐れていたスターリンも、対日参戦には極めて慎重であった。

この問題は、ソ連が英米に求めていたヨーロッパにおける第二戦線の構築問題と表裏の関係でもあった。一九四一年末に英米から極東での対日戦争の開始を求められたときも、スターリンは拒否した。世界大戦では二つの戦線で戦った者が敗北すると考えていたからである。

だが、スターリングラードでの対独戦で勝利が見通せるようになった一九四三年五月ごろから、スターリンは極東への輸送力を増強するバム鉄道（バイカル・アムール鉄道）建設を急ぎ、テヘラン、カイロ両会談などを通じて米英政府と対日参戦の議論をしはじめた。これは「第二戦線」での英米ソ協力が日程に上ったのを受けてのことでもあった。

この中で、対日参戦への代償という問題が生じた。一九四四年一二月半ば、ハリマン米大使が伝えたルーズベルト大統領からの参戦要請に対し、スターリンは日露戦争の講和（ポーツマス条約）により日本に奪取された南サハリンと、千島列島とを代償として求めたのである［七〇 183］。この取引は成立し、ソ連の対日参戦が決まった。一九四五年二月のヤルタ会談でこの取引は密約として決定され、戦後東アジアでの国際的枠組みとして機能することになった。

当時のソ連の対外観、戦後政治観の基本は、英米と協調しつつ荒廃した国内経済再建に専念し、対外的にも社会主義をもとめないという、イデオロギー的にはソフトなものであった。このことは、先のマイスキーの文書でも明らかにされている。つまり「社会主義の輸出」はしないという考えである。ヨーロッパ・ロシアには戦争の傷跡が残り、戦後の経済復興がソ連の高い優先順位となった。イデオロギーは後景に退いて、地政学が表に立つようになったといえるであろう。

東アジア戦後秩序の基調となったヤルタ協定には、アジアに関する柱が三つあった。ひとつはモンゴル人民共和国の現状維持、二つめが日露戦争によってロシアが失った権利の回復（具体的にはサハリン南部の回復、大連と旅順への権利、東清鉄道・南満洲鉄道の合弁運営）、そして第三が、千島列島のソ連への引き渡しである。これらを条件に、ソ連の対日参戦が決まったのである。一九四五年五月末、スターリンは米国大使に八月八日までに参戦準備が整うと回答した。対日参戦の直前、モロトフ外相は「万物は流転する」と日本大使の佐藤尚武に対し参戦が近いことを匂わせた。八月七日、ソ連軍極東軍最高司令部は軍事行動を命じた。八日午後五時（モスクワ時間）モロトフ外相は佐藤を招き、戦争状態に入ることを日本政府に通告した。

九月二日のミズーリ号での降伏文書調印式には、ソ連側代表としてクジマ・デレビャンコ中将（一九〇四－五四）が立ち会った。本来ソ連の極東軍最高司令官はワシレフスキー元帥であり、マッカーサーより格下のデレビャンコが出席したことは、日本占領をめぐる米ソの非対称性を明示するものであった。スターリンは日本占領をマッカーサーが主導することを承認している。

三　食い違うベクトル

分岐点を示す確執と人事

ソ連が独ソ戦に対処するために共産党と国家の権能を集中した非常機関である国家防衛委員会を解散するのは、日本降伏直後の九月四日であった〔四八 21〕。もっとも、一九三〇年代のスターリン政治体制の基盤の上に、さらに党と国家機関の権力を極度なまでに集中させた戦時体制はその後も続いており、一九五三年三月にスターリンが亡くなるまで、その構造は基本的に変わることはなかった。首相であるスターリンを中心に、外相モロトフ、副首相ベリヤ、対外貿易担当ミコヤン、共産党書記マレンコフという戦時の国家防衛委員会の指導体制が事実上維持されていたのである。

一九四五年秋のソ連外交官の対日問題をめぐる米国政府などとのやりとりの報告は、わずか数人の指導者にのみ上げられていた。国家防衛委員会解散直後である九月五日の極東委員会問題報告は、スターリン、モロトフ、ミコヤン、ベリヤ、マレンコフがこれを見ていた［五八 8］。スターリンが一〇月半ば以降の休暇に入った折には、外交は「四名委員会」、モロトフ、ベリヤ、ミコヤン、そしてマレンコフが監督している。加えて、レニングラード防衛で名を挙げスターリンの後継候補となったアンドレイ・ジダーノフが重要な地位を占めだした。

一九四五年秋、欧米との同盟を維持するか、それとも新しい対立段階に入るのかを占う事件がモスクワで起きた。米軍のアイゼンハワー元帥が八月にモスクワを訪問した答礼として、国家防衛委員会副議長であったゲオルギー・ジューコフ（一八九六－一九七四）元帥を派遣すべきかが問題となったのである。

九月初旬アメリカ政府からの招待状を渡された当局は、いったんジューコフの派遣を許可し、ビシンスキー次官を通して九月初旬に返答した［同 27］。しかし、スターリンは派遣に積極的であったモロトフ外相とは意見を異にしていた。このことを察してジューコフは健康上の理由を挙げて、この招待を断ったのである。

ジューコフ招待問題は、戦時中威信が高まっていた軍人ジューコフと最高司令官スターリンとの確執でもあった。一九四六年三月にも新米国大使スミスが再度ジューコフ訪米を要請したが、実らなかった。その後六月九日、ジューコフは陸軍司令官と武力省次官の職を解かれた。ジューコフには「野心」が有り、第二次世界大戦での理由ない功績を部下にひけらかした、と説明された［八八 17］。そして四七年二月の党中央委員会総会において、ジューコフはユダヤ系外交官のマイスキーらとともに党中央委員候補から解任された［下斗米 2017a/171］。四八年一月には党からも除名され、オデッサ軍管区司令官の任も解かれた。

スターリンの地位にかかわる問題は、この他にも生じていた。一九四五年一〇月初にスターリンは発作に見舞われ、一月半の休養を余儀なくされたのである。この間、政権はスターリンに次ぐ古参党員であるモロトフ外相が預かった。ところが、ここで後継問題をめぐる臆測が海外メディアに取り上げられたのである。一一月の革命記念日にモロトフは外務省の検閲緩和を発表した。一二月の『ニューヨーク・タイムズ』などは後継者問題に論及し、スターリンが休暇中であっても、ソ連には政治問題を処理できる人々がいるという「ロシア人」の談話を掲げた。戦時中の対米関係にあたったモロトフ外相やジューコフ賞賛の記事も欧米で流れた。

このことをめぐりスターリンとモロトフとの関係は悪化した［四九 195］。さらに一二月三日に検閲緩和について好意的に報じるロイターの記事が出ると、その二日後には休暇でソチの保養所にいたスターリンは電報を送り、検閲問題におけるモロトフの軟弱な態度を批判した。

復帰したスターリンは、一二月初旬の共産党政治局会議でモロトフへの名指しの批判を行った。一九四五年末政治局は新たに対外委員会を設けることを決め、スターリン、モロトフのほか、ベリヤ、ミコヤン、マレンコフ、それに新顔のジダーノフ共産党書記からなる六人委員会が対外活動を取り仕切ることになった。このうちジダーノフは、レニングラード共産党第一書記として国内では軍需工業を担当し、パルチザン戦も指揮、対外的にも西側への警戒的態度が顕著であって、その後赤軍占領地域に生まれた共産党の情報局であるコミンフォルムを主導、冷戦初期に強硬派として台頭した（ちなみに、一九四八年に建国された朝鮮民主主義人民共和国での初代ソ連大使シュトイコフ大将は、一九四五年春、極東戦線で金日成をジダーノフに紹介した［八五 457］）。これら一連の人事は、対欧米協調路線が後退したことを意味した。四六年三月には外務省におけるモロトフ外相の権限が縮小し、対米協調派の次官だったリトビノフ、マイスキーが左遷された。かわって一九三〇年代後半の粛清裁判の演出者であったビシンスキー外務次官が総括担当に昇格したのである。

スターリンと日本

スターリンの日本への眼差しは、当然ながら彼の関心のあり方に応じて変わってきた。たとえば一九三〇年代初期、満洲事変以降極東での緊張が高まる中での対日政策をめぐってソ連の政治局は揺れていたが、そこに加えて国内での集団化政策の失敗や飢饉といった内政問題が重なり、スターリンは日本に深刻な脅威を感じるようになった。一九四五年八月になって、ようやく彼はこの永年の脅威から解放されたのである。

それを如実に示したのが、一九四五年九月二日の戦勝記念日でのスターリンによるソ連国民に向けた著名な呼びかけである。この中でスターリンは、対日参戦について、たんにファシズム・侵略国家に対抗する英米中の同盟国としての行為であっただけでなく、我々には「自己の特別の勘定」があった、つまりそれは「日露戦争への復讐」でもあったと、帝国ロシアの時代に遡って位置づけたのである。これはかつて革命的敗北主義を掲げたレーニンが日露戦争の「進歩的意義」を主張したのとは正反対の考えであった。また、対日参戦は戦後ソ連の地政学的地歩を固める意義もあった。「南サハリンと千島列島」がソ連に入り、ソ連と太平洋が直接結びつき、日本の侵略からの防衛拠点となると、スターリンは指摘した［六四 204］。

だが、ソ連の対日参戦は、米国との核をめぐる新たな対立の時代の幕開けでもあった。終戦にともなって、スターリンはそれまでの英米ソ「競争的協調」（横手慎二）から、核問題という新しい次元の課題へ関心をシフトさせはじめた。米ソ関係の冷却を踏まえると、米国による対ソ核攻撃の可能性を考えざるを得なかったのである。

原爆投下後当時、在東京ソ連領事部に勤務していたミハイル・イワノフは、赤軍参謀本部から直ちに広島での原爆の効果調査を命じられたと回想している(5)。その後九月初にもソ連大使館はふたつの調査団を現地に派遣し、その被害や効果を詳細に調査させた。

それまでの在東京ソ連大使で、日本降伏後はソ連外交代表部代表となったヤコフ・マリクは、九月二二日にスターリンら五名の最高幹部あてに、これらの調査結果をまとめた三七頁からなる報告書「原爆＝広島・長崎への原爆利用の結果に関する資料」を送った。この報告は、「原爆とその破壊がもたらした結果は日本の民衆に強い印象を与えた。天皇の詔勅や日本政府の公式声明は、それが日本降伏の原因のひとつであるとまでいっている。（中略）原爆の破壊力と、爆発後の影響の持続について日本のマスコミはとかく誇張している。この恐るべき兵器と戦うかわりに無条件降伏したことを正当化している」。そして将来の戦争は核を行使する戦争になるだろう、と分析した［A06/8/7/96/3-27］。

この報告書を受けとった五名は、九月初に解散されたはずの国家防衛委員会の構成員であった。つまり、核開発に関してはこの組織は依然として機能していたのである。そして、核開発は戦後ソ連の至上命題となった。この組織化はもと内務人民委員だったベリヤ副首相が最高責任者となり、その配下の収容所体制が総動員された。ミコヤン副首相の役割は占領地や国外を含めての資材調達や情報収集であった。また党組織を握っていたマレンコフが宣伝や組織を担当した。

こうして、ソ連指導部は日本への核兵器投下を契機として、対外・安全保障政策を早急に再検討せざるを得なくなった。マリク報告は、核開発にコミットしはじめたソ連指導部の雰囲気を反映したものである。さらに一一月初には、米軍が日本の降伏後三ヵ月のうちにソ連の二〇都市に核攻撃を行うという秘密計画の情報がソ連最高指導部に届けられた。その真偽はともかく、ソ連は核開発に全力で取り組むほかなくなったのである（ちなみに、前出のイワノフは、東京に立ち寄った米国の著名なスラブ系のヘリコプター技師シコルスキーから、実際にはアメリカはまだ四発の核爆弾しか保有していないことを聞き出して本国に打電したと回想している）[6]。

こうした状況の中、革命二八周年記念日を目前にした一一月六日、モロトフ副首相は核兵器に関して、科学技術に国境はなく「原子力エネルギーの発見は、国際政治のゲームでの利用のための刺激、将来の平和愛好民族に懸念となるようなことがあってはならない」と警告した［七六 125］。戦後クレムリンの最高優先事項となったのは、このような考え方であった。

ハリマンとケナン

クレムリンからわずか数キロしか離れていないスパソ・ハウス、つまりモスクワのアメリカ大使館では、このような指導部の動きを次第に警戒的な目で見始めた外交官たちがいた。なかでもアベレル・ハリマン駐ソ連大使（一八九一―一九八六）は、南満洲鉄道買収に関連して日本政府とも対立した有名な鉄道王ハリマンの息子で、一九四三年から駐ソ大使を務めたのち、一九四六年一月末には本国に戻り、その後商務長官の職に就いている。彼のもとで公使、臨時代理大使を務めたのは職業外交官として著名なロシア専門家のジョージ・ケナンであった。

このケナンについては、多くのことが書かれているので、本書に必要な二点についてのみ触れておこう。第一は、知アジア派としてのケナンである。一九世紀シベリアの政治犯収容所について告発した著作により有名な同名の大叔父をもつ彼は、アジア勤務こそなかったが、日本を含むアジアとソ連との関わりが深かった。第二は、その冷厳なスターリン観、ソ連観である。一九三三年末にソ連がアメリカと国交を回復した時からソ連の米国大使館に勤務し、集団化の「行き過ぎ」、飢餓と粛清といったスターリン専制を見ており、当時のアメリカで流行した対ソ楽観主義とは無縁であった。より重要なことは、一九四四年秋からの二度目のモスクワ公使としての勤務で、その懐疑主義をより深めていたことである。とくに東欧へのソ連の覇権的な関わりを見たケナンは、戦後の世界秩序観について米ソ同盟の継続よりも、勢力圏的な発想により傾斜しつつあった［一〇五］。

実は、ソ連参戦直後の八月一〇日、連合国最高司令官マッカーサーによる単独管理という日本占領の構想を示し、ソ連の対日介入を強く斥ける進言を行ったのは、モスクワ大使館の二人の幹部、ハリマンとケナンであった。一九四五年秋に在モスクワ米国大使館にいたこの二人は、冷戦最初期の日本問題の処理過程でもスターリン指導部と対峙し、深く関わっていたのである。ケナンがその名を世界的にしたのは一九四六年二月二二日の長文電報だが、そこにあった「ロシアの神経質な対外観」というようなメッセージを彼が本国に送った背景には、スターリン＝ソ連への悲観的評価とセットになった古典的な勢力圏的政治観があった［ケナン 2017(II)/82］。

四　日本占領をめぐる米ソ対立

冷戦の「舞台」

米ソ関係は日本降伏をめぐっても悪化していた。背景にあったのは、核独占を背景に対日問題でも攻勢に出たい米国と、これに抗してヤルタで獲得した地歩を固守しようというスターリンとの対立である。一九四五年八月一〇日、ポツダム宣言を履行し日本占領を実施するために連合国最高司令官に指名されたのは、アメリカ陸軍南西太平洋方面軍総司令官のダグラス・マッカーサー元帥であった。ソ連側は当初この人事に拒否権を発動するか、すくなくともワシレフスキー元帥を同格とさせようとしたが、日本本土占領は実質的にはアメリカ軍が指揮していた以上、抗することはできなかった。

もっとも、日本政府の降伏が米ソの想定以上に早かったことが手伝い、一九四五年九月二日の日本の正式降伏以前から、米ソ間での話し合いが急展開していた。八月二二日にはハリマン大使からソ連のモロトフ外相宛に、可及的速やかに「極東諮問委員会のような」組織を連合国で作る必要があると伝えられた［A29/269/3/1］。このハリマン提案は、英国や中国政府にも送られた。日本の降伏文書調印（二日）を挟んで九月五日、モロトフはこの極東諮問委員会の設置に基本的に合意した。

では、この機関が「民主化と非軍事化」のための機関から、どのようにしてイワノフ補佐官のいう冷戦の「舞台」に転化することになったのか［九〇］。日本管理をめぐって、亀裂が深刻化していた連合国内部での議論を、ここで一瞥する必要がある。

ロンドン外相会議

ヤルタ会談で合意された連合国外相レベルの定期協議は、五月のサンフランシスコ、七月のベルリン（ポツダム）、九月のロンドンで、それぞれ開催が予定されていた。ポツダム会議で連合国は、日本等の占領管理を行うためもあって、英米ソ、それに中国を加えた四大国間での外相会議を三ヵ月ごとに定期開催することを約束していた。

しかし、彼ら連合国の共通課題であった戦勝が達成されると、トルーマン政権成立以降強まっていた米ソ相互間の不信と対立とはますます増幅しはじめた。さらに、九月一一日にロンドンで外相会議が開かれる前に、英国でチャーチルの保守党政権にかわって労働党政権が成立するという政権交代が起きたことによって、さらに状況は錯綜することとなった。

連合国の三者の利害はますます異なるものとなりはじめたが、とりわけ英米とソ連との対立は日増しに険しさを加えた。核を持つ超大国となった米国の外交は、ヨーロッパの伝統的な外交とは異質なものとなり、それ以上に、革命外交と超現実主義的戦術の奇妙なセットであるスターリンの政治観とも相容れなかった［五八 58］。九月のロンドン会議では、英国のアーネスト・ベビン外相がスターリンをヒトラーと対比したため、怒ったモロトフが席を立つというシーンまであった［九九 507］。

とりわけ、ソ連のイデオロギーを背景とした膨張主義的傾向は、緊張を助長した。当時のソ連は、イラク、トルコ、東欧においてあらゆる機会を利用して支配領域を拡大し、戦後秩序を有利にしようという「最大限綱領」のもとで動いていた。スターリンは戦後すぐ、このように述べている。

我々が何を得たかみてみよう。北方ではすべては正常で問題ない。フィンランドは我々にたいし間違いを犯し、我々は国境線をレニングラードから離した。バルトはロシア固有の領土であるが、今や我々のものである。白ロシアとは今一緒に暮らしている、ウクライナとも一緒、モルダビアとも同様であり、西側は問題ない、と言ってすぐに東側国境に転じた。ここにいま何があるか。クリル諸島は今や我々のもの、サハリンも完全にわがもの、なんといいことか。旅順港は我々のもの、大連も我々のものである、東支鉄道も我々、中国、モンゴルとは異常ない。しかしこの国境は気にくわないとカフカースの南を指した。［下斗米 2017a/166］

モロトフはこの時を回想して、外相の役割は「国境線を可能な限り外へ拡大する」ことであると理解したという［下斗米 2004/22］(7)。

先述した戦勝記念日での国民への呼びかけに見られるように、スターリンは日本との関係には特別の関心があった。とくに対日参戦直前は、トルーマン政権周辺がアリューシャン列島と日本を結ぶ千島列島の戦略的意義に注意を向けだしたため、米ソ間の戦略的競合が表面化していただけに、なおさらのことであった［四六 364］。一九四五年九月、ミコヤンは併合したばかりの国後など「スターリンが特別の関心を持った」千島列島を訪れ、スターリンに報告している［三五 490］。

他方、トルーマンが大統領に就いてからの米国は、次第に対ソ警戒論へと傾いていた。モスクワのハリマン大使は一九四五年四月の時点で、ソ連のプログラムとは「個人の自由と民主主義をおわらせる全体主義の確立」であると本国に打電していたが、本国に戻ってトルーマン新大統領にもこの旨を伝えていた(8)。トルーマン政権の基調は対ソ強硬外交を中心に回り始めた。対ソ和解派でソ連との平和条約を主張していた商務長官ヘンリー・ウォーレスを解任したことで、対ソ強硬論というコンセンサスはいっそう高まった［一〇七 47］。また、フーバーFBI長官が対ソ協力のアメリカ共産党員を警戒すべきとの演説を行ったのは九月末であった［同 76］。加えて、米ソ関係の悪化には個人的な要因も関係していた。ジョージ・ケナンが外交への「法律家的・道徳家的接近」と酷評した国務長官バーンズの価値観も作用していたのである［一〇五 284：ケナン 2017(Ⅱ)/69：ケナン 1986/3］(9)。

東欧をめぐる対立

この当時の、米ソ間の当面の第一の焦点はソ連の東欧支配の問題であり、ロンドン外相会議でもバルカン問題、とくにルーマニア、ブルガリアの問題が対立のきっかけとなった。ルーマニア問題とは、旧枢軸国であったルーマニアを解放したソ連が、一九四五年になって親ソ政権を押しつけることを優先したことに端を発する。ソ連側はルーマニアの共産党勢力が小さかったこともあって、非党員のペトル・グローザ（一八八四－一九五八）からなる親ソ政府をおしたてた。これに対し英米は、ニコラエ・ラデスク将軍を推挙した。ラデスクは四四年から首相を務めていたが、二月末にソ連のビシンスキー次官の圧力によって退任に追い込まれ［石井修 28］、亡命していたのである。そのあとを継いだグローザ政権は、アメリカ側から見れば、ソ連の圧力で「二時間の猶予で解任を命じた」政権として評判が悪かった［五八 21］。アメリカ側は「すべての民主勢力からなる政府」を要求していたのである。

ジョージ・ケナンは回想の中で、ロンドン三国外相会議の失敗の原因は、東欧での統治体制がロシアの圧力下で作られる問題をめぐる対立であったと述べている［一〇五 283］。ヤルタ会談での米ソ協調という成果が失われないようにと、ブルガリアやルーマニアの親ソ政府に若干の非共産党政治家を加える要求をすることは、スターリンの独裁を「イチジクの葉っぱで」隠すようなものであると、ケナンは酷評した。

九月一一日から始まった会議には、英国のベビン外相、ソ連のモロトフ外相、米国のバーンズ国務長官、フランスのビド外相、そして中華民国の王寵恵外交部長が参加した。二一日の外相会議では、米国国務長官のバーンズが、自由選挙で選ばれたのではないグローザ政権は承認できないと述べ、議長役の英国ベビンもこれに同調したため、平和条約交渉は行き詰まった。[10] モロトフ外相はルーマニア政府を弁護したが、英米はこれらの政府は信頼できず平和条約締結には相応《ふさわ》しくないと主張した。また、ジャーナリストの自由な活動をソ連が妨げていることもバーンズは批判した。モロトフは選挙前の内閣改造を渋る一方、ルーマニア、ブルガリアとの平和条約早期締結の合意を求めた。

そして日本問題へ

こうした東欧をめぐる対立が、日本の占領問題にも波及することとなる。モロトフによるルーマニア問題での頑強な要求に対抗し、バーンズは日本占領・管理問題をソ連側と論じることすら拒否したのである。これは、モロトフ外相をなんとか押さえ込んだ米国のハリマン大使にとっては受け入れがたい硬直した態度であった［九九 507］。[11] スターリンも、米国の対日関与に対する強硬姿勢を崩さなかった。

なお、先に触れたように、外相会議に先立って、米国政府は対日占領機関に関しては、ワシントンに本拠を置く対日関係の極東諮問委員会をアメリカ、ソ連、英国、中華民国の四大国の他、オーストラリア、カナダ、フランス、オランダ、ニュージーランド、フィリピンからなる委員会を形成するという提案を、八月二二日付ハリマン大使の書簡において表明していた［A29/269/3/14］。これに対しモロトフ外相は原則同意する書簡を九月五日に送っている［五八 8］。

九月二二日、日本問題をめぐってモロトフとバーンズとの間で話し合いがもたれた。そこでモロトフは、本国からの指示だとして、対日問題により強硬な方針を出してきた。米ソは将来起こり得る日本からの侵略に備えて米ソ条約を結ぶべきだと提案したのである。ドイツとは違って、日本はまだ侵略能力があるからという理由であった［同37］。ソ連側からすると、日本陸海軍は単に動員解除されただけであり、将兵は捕虜となってはいないことが不満であった。しかも、連合国最高司令部はソ連側の了解なしに動員解除を行っている。モロトフからすれば、日本軍の幹部は温存されているではないか、ということになる。スターリンはワシレフスキー元帥に、「一九一八年にドイツとの関係で犯した誤りと同じ」と酷評した［六六19］。

日本軍が満洲に兵力を温存し、米国と戦うという可能性をわずか数ヵ月前に日本側から聞いていたモロトフ外相からすれば、いつ日本軍の矛先がソ連に向かわないとも限らないと思われた。連合国司令官への降伏をうたった一般命令第一号は、ソ連の解釈では、日本軍の無条件降伏を意味するものの、ソ連の合意は得ていないものだった。これに対し米国政府高官のダンは、日本軍はポツダム宣言に従って粛々と武装解除されていると強調した。バーンズ長官も、日本軍人を捕虜にするとこれを養わなければならないから動員解除としたのだと抗弁した。これに対しモロトフ外相はソ連では日本軍人は捕虜として働いていると反論した。バーンズ長官はソ連に抑留されている日本軍人は労働力以外での利用を考えるべきだとは述べたが、この捕虜労働についてとくに抗議はしなかった［五八39］。

より大きな問題となったのは、ポツダム宣言にいう非軍事化、民主化を遂行する日本の占領機関についてであった。モロトフは、ソ連の立場がより反映される委員会を作るべきだという再提案を行った。具体的には、九月二四日のソ連政府覚書として、東京に本拠を置き、米国を議長として英国、ソ連、中華民国から構成される委員会の設置を要求したのである。これは、八月に米国が提案していた極東諮問委員会よりも、さらにソ連の立場を反映した日本管理機関の創設を求めるものであった。これについて、九月二六日に英米ソ三外相で話し合いがもたれた。バーンズは、ロンドンの会議で対日問題を解決することはできない、と述べた。英国のベビン外相は、日本問題を英米ソ中の狭い範囲で議論することに反対し、オーストラリアやカナダなどの英連邦諸国を巻き込むことを主張した［同 45］。翌二七日にも三者間で対日問題についての議論が続いた。モロトフがこだわる管理機関にたいし、バーンズは「審議機関」の創設には賛成し、場所は東京でもワシントンでもかまわないと述べた。しかしモロトフが東京案を出すと、バーンズはワシントンを逆提案した［同 49］。二九日、バーンズ長官はモロトフへの書簡で再度「諮問会議」を提案し、さらに米国大使館で対日管理問題について記者会見した。消極的であった英国政府もこれに賛意を表し、ソ連や中国も同調したと語った。

これに対し、モロトフ外相は翌一〇月一日、この報は不正確であると書簡で抗議した上で、対日理事会を作ることについては、ソ連側が九月二四日付覚書において、東京に位置し、米英ソ中からなり、アメリカを議長とするあらたな連合国管理機関の開設を提案したことをバーンズに思い出させて、その決定が先行すべきであると指摘した［同 53］。その理由として、目下の課題は武装解除という軍事面にあるため連合国最高司令官が担当しているが、やがて政治経済金融の問題が焦点となる局面に移るからというものであった。日本壊滅に努力した米ソ中英からなる四大国は共同責任があるとして、ソ連の役割を重視すべきだとも述べている［同 53］。この書簡においてモロトフは、今回提起する管理機関以外に連合国の諮問委員会を設けてもいいし、そのメンバーは四大国以外に広げることも認めるが、しかし管理機関創設を先行して決定しなければならない、しかしながら、四ヵ国からなる日本管理機関というソ連提案が無視され、ソ連が日本の管理問題から除外される傾向があると、強い論調で抗議した［同 54］。

こうして、会議は一〇月二日に終わった。タス通信は、この会議コミュニケについて、ロンドンで五ヵ国外相が参加したが、どのような決定も行わずに終わったと伝えている。また、イタリア、ルーマニア問題でのフランスや、対日関係での中国のように、当初は直接関与しなかった国をも招くべきだと英米が主張したことが、会議が不調に終わった原因だとも伝えている。翌三日、ロンドンのソ連大使館でモロトフは記者会見を行ったが、連合国の外相が多くの問題で「緊張した活動をおこなった」と述べ、しかし日本管理機関では問題を詰められなかったとも指摘した［七六 75］。加えて、フランス外相、中国外相が一連の外相会議に参加するかどうかの問題が生じた。ソ連側からは一致点だけでもプロトコールに署名すべきだと主張したが無駄であった、どのような決定もなされなかった、と強調した［七七 32］。こうして、ロンドン外相会議は戦後の対日構想を固めることができずに終わった。ロンドンを離れるにあたってモロトフは、ベビン外相に「この道で生じた臨時の障害にもかかわらず」協力関係を続けるメッセージを発したが、たしかにその困難は容易ではなさそうに見えた［七六 81］。

一〇月一二日、モロトフはさらにハリマン大使宛て書簡において補足として、ソ連政府としては改めて、四大国の日本管理機関創設をより広い極東諮問委員会の形成に先行させるべきだと米国政府に伝えると念押しした［七七 56］。また、ソ連政府はとくに日本海軍の解体に関心を寄せており、戦闘能力のあるものは沈め、残りの四分の一はソ連に渡してほしいと、一〇月に申し入れをしていた。

ドイツの降伏から日本帝国の崩壊まではわずか一〇〇日程度であったが、その間に国際政治においては新しい時代の論点が浮かび上がった。連合国によって解放された空間の管理は誰がどのような方針で行うのか、また一〇〇万の兵士に匹敵する核爆弾という新テクノロジーをどう位置づけるのか、そして東アジアはいかなる組織が管理するのか。これらの新課題をめぐって、英米とソ連との間で対立がいっそう激化した。争点は、第一には南東欧でのソ連の覇権をめぐって、第二は日本管理をめぐる米国の主導的役割、そして第三は、核開発と管理をめぐる米ソの利害の食い違いである。これらを調整すべきであったロンドン外相会議は、明確な方針提示もなく米ソはほとんど物別れに終わった。この会議は、英国の没落と台頭する米ソ間の新領域への意見の食い違いを表面化させたという意味では、米ソ冷戦の基本的特徴を垣間見せるものとなった。

第二章　日本管理、東欧管理、核管理

米ソ間の意見対立は、次第に同盟関係を毀損する次元に移行しはじめた。ジョージ・オーウェルが最初に冷戦という語を使ったのは一九四五年のことであったが、ソ連史料などから、冷戦の開始は従来想定されていたよりも早く、一九四五年秋から四六年三月までの間にはじまったというラルフ・レベリングらの意見に同調せざるを得ない［一〇七 34］。

米ソが協調して戦後世界を管理できない以上、国際社会をそれぞれの勢力圏に分けるという発想が生まれた。スターリンは、一九四五年四月、ユーゴスラビア共産党のミロバン・ジラスに対し、「この戦争は過去になかったものだ。ある土地を占領したら、占領側はかならずその社会体制を押しつける」と平然といった(1)。

モスクワでは、対米柔軟路線と見られたモロトフ外相へのスターリンの不満が、日本問題を契機として表面化しだした。スターリンは明らかに日本問題でのモロトフ外相の対米協調に不満であった。またルーマニア等での米国による「反ソ」分子への支援は「同盟」の精神にふさわしくない、と批判的であった［四六 370］。これに対し米国は、多国間協議に先んじてスターリンとの直接協議によって問題を明確化する方向に動き出した。

一　スターリン・ハリマン会談（一九四五年一〇月二四―二五日）

ソ連軍日本駐留案の消滅

対日政策をめぐる米英とソ連との広がる懸隔は、一九四五年一〇月には放置できないものとなっていた。錯綜するヨーロッパ問題もあって、一〇月半ばにトルーマン大統領はハリマン大使にスターリンと直接会見するよう求めた。ハリマン大使は一〇月一五日にモロトフにこの要求を伝えたが、その答えは、スターリンは一ヵ月半の休暇中であるとの否定的見解であった。だが、ハリマンはなおも休暇先での会見を求めた。モロトフは、スターリンは完全な休暇であるといったん断ったが、スターリンは一八日にこれを認め、一〇月二四日から二五日にかけて、ソチのガグラでの面会が実現した（そこは、本来はベリヤの別荘である）。

なお、これに先立つ一〇月一〇日、ハリマンはモロトフ外相に宛てて、極東諮問委員会を二三日にもワシントンで開催したいと伝えていた。これは足並みがそろわなかったのか現実には一〇月三〇日に延期されている。また、二〇日には、モロトフがハリマンに連合国対日管理委員会に関する整理メモを送った。政府を置かないドイツ式の管理評議会方式でなく、ルーマニア型の管理委員会を設置するという提案であった。

さて、スターリンとハリマン大使との一連の会談の中で、対日問題の協議は二四日に行われた。前述のとおり月末に開催が予定されている極東諮問委員会を前に、スターリンの見解を知っておきたいという意図であった。

ハリマンの回想では、最初にスターリンにトルーマン大統領の親書を渡すと、スターリンは直ちに、手紙には日本問題が触れられていないではないかといったとされている。ハリマンは、スターリンも日本問題を早期決着させたいのだとみてとった［九九 512］。公開された議事録でもスターリンは日本問題から話をはじめている。

ハリマンは、まだ日本問題が決着していないので、トルーマン大統領はソ連側の意見を徴したいのだと説明した［五八 68］。その上でスターリンに対し、八月末にできた米国政府の対日諮問委員会設置構想の骨子を改めて説明し、もめていた設置場所については、以前にワシントンと提案したのは中国政府でありそれにはこだわらないこと、また、英国で政権交代があったことで返事が遅れたことを説明した。さらにハリマンは、この構想がモロトフ外相の対日管理委員会構想とも異なってはいないことを強調した。そしてスターリンが関心を寄せている日本非武装化、占領管理については、最初はアメリカ側が単独で行ってきたとも語った［同 69］。この米軍主体の作業はほぼ終了したか、すくなくともまず数週間で終わり、これは一国でやったほうが数国でやるよりもよかったと述べた。

その上でハリマンは、次の管理段階として英ソ中が「若干の軍隊」をおくり、占領に参加してはどうかと提案した。この連合国の占領軍はマッカーサー司令部を含め「軍事評議会」とし、すべての問題や情報を集中するが、もし意見の対立が生じたときはマッカーサー最高司令官が「最後の言葉を話す」、つまり決定権を持つべきだという考えを示した。他方、諮問委員会は本部を日本に移し、イタリア方式、つまり政治と経済とをともに扱うことにする考えも示した。さらにハリマンは、別の考えとして、四ヵ国で諮問委員会と軍事評議会を統合した政治委員会といったものをつくる案もあるとも提案した。いずれにしても、ソ連を含めて占領政策を調節する連合国のメカニズムが必要であって、そこで日本の政治経済問題を審議する必要があるとも強調した［同 69］。そして、それでも連合国は最後にはマッカーサーの司令に基づくべきだとハリマンはあらためて主張した。最後の点は本国からの指示なしの説明であった［九九 513］。

これに対しスターリンは、まず管理委員会という言い方は正しい、と賛成の意図を伝えている。政府がないために管理評議会ができたドイツとは異なって、日本には敗戦後もまだ政府が継続しているので、このような委員会方式がいいだろうと語った［五八 70］。その上で、連合国管理下にありながらも、軍事的にはソ連が単独で統治しているルーマニアやハンガリーにならって、決定権は管理委員会議長であるマッカーサー将軍が握るのがいい、とも述べた。スターリンのこの指摘は、ルーマニアでのソ連統治と、米国の日本統治を等値においたものであった。モロトフの回りくどい説明と違って、スターリンは率直であった。

その上でスターリンは、さらにハリマンを喜ばせる発言をした。もし日本でも、ドイツのように数ヵ国の軍隊が占領に加わるとなると、マッカーサー司令官の権限を制約するという、アメリカが望まないようなことになりかねない、したがって日本占領には英国、中国、ソ連といった国々の軍隊を導入する必要はないだろうとスターリンは語った［同 70］。こうして、日本統治におけるマッカーサーとGHQの優位をスターリンは認めたのである。実際には、この翌年に英国軍も日本占領に関与するのであるが、ともかくもソ連軍の本土駐留案は消えることとなった。

スターリンは日本をアメリカに渡し、「孤立主義」を好むという考えを初めて提示した、とハリマンは回想する。「ソ連は〔対日問題に〕介入はしない。長らくアメリカでは孤立主義者が権力を握った。ソ連も同様な政策を採った方がいい。たぶんそれに悪いことは何もない」〔九九 514〕。日本問題に関して、ソ連は集団的安全保障よりも孤立主義に傾くとハリマンは読んだ。米国による日本の事実上の単独占領が、スターリンによる一〇月二四日の言明でほぼ確定した。

スターリンの本音

その後スターリンは、ヨーロッパ講和会議を終えて、そのあとに日本問題を米ソで話し合えば問題は容易になるだろうと整理した。日本問題をまず切り離し、ヨーロッパ問題を先行させた後、最後に日本問題に米ソが当たるという順番である。

また、興味深い意見交換がなされた。イタリアなどとの講和会議に誰を招くかという問題について、ハリマン大使はヨーロッパ戦争と極東の戦争とは不可分であり、したがって中国を招くべきだと述べた。これに対しスターリンは、二つの戦争は別物だと答えた。スターリンにとって両者は別物であって、日本問題にも東欧西欧諸国を招くといった包括的な講和会議には消極的であった。そうした考えに積極的なモロトフ外相への牽制も意味している。なお、スターリンがインドはまだ国家でないから招待すべきでないと述べたのに対し、ハリマンはウクライナやベラルーシも入っているではないかと抗弁している。これにスターリンはウクライナなどの参加は取り下げてもいいとも答えた［五八 76］。こうして、スターリンは九月の対日強硬策から、一転して本音での交渉に乗り出したのである。

スターリンとハリマンとの会見は、翌二五日にも一時間五〇分にわたってなされた。ここでは再度日本問題が焦点となった。ここでハリマン大使は、ソ連側が日本問題をまず考えるのなら一〇月末のワシントンでの諮問委員会の前にソ連代表を派遣してもらって、米ソでこの問題をあらかじめ審議したいというトルーマン大統領の希望を伝えた［同 78］。

これに対しスターリンは、日本問題をまず解決するのではなく、大統領のメッセージにもあるように他の問題と絡めて解決したい、とここではじめて東欧問題と日本問題をカップリングさせた［同前］。その上で、日本問題を一義的なものとは考えないが、責任は負うだけで影響力がないような委員会への「ただ乗り」は困難である、状況は変わっており諮問委員会は不十分であるとの否定的な回答をした。スターリンの考えは明確であった。日本問題は、権限が不十分だと英国政府ですら満足しない諮問委員会で議論するのでなく、あくまであらためて関係政府間で話し合うべき問題だというのである。ここに本音が出たというべきだろう。スターリンは、英米中ソの四ヵ国が中心に話し合うべきだが、問題は米ソ間で生じると述べている［同 79］。

ハリマンは、政府間の意見の相違は主として手続き問題であり、米国は諮問委員会に満足している、ソ連側が違っているのではないかと反論した。これに対しスターリンは、状況は変わった、政府が存在しないため管理評議会が政府機構となったドイツとは異なって日本に関してはあくまで政府間の統制メカニズムが、連合国の関係政府によって作られるべきだと主張した。そして連合国司令官であるマッカーサーがソ連政府に何も知らせずに独断で日本管理を行っている以上、ソ連代表であったデレビャンコ代表を一〇月に本国に召還せざるを得なかったのだとも強く主張している。さらに、アメリカは連合国司令官の決定をソ連政府にまったく知らせてこない、アメリカには衛星国はあっても同盟国は必要がないのかと強い口調でスターリンは述べた。まさにこうした角度から、ロンドン外相会議ではモロトフ外相を通じて対日統制委員会の問題を提起したのだ、とスターリンはハリマンに本音で問いかけたのである。

これに対しハリマンは、東京でもワシントンでもワシレフスキー元帥などソ連側に必要な情報を送っていると応じた。だが、東京のソ連代表部は何も得ていない、とスターリンは切り返す。東久邇宮内閣から幣原喜重郎内閣への日本政府の交代ですら、ソ連は事前には知らなかったほどだ、また日本メディアはソ連をあざけっているが、アメリカ政府は連合国を愚弄するような情報に検閲をしないのかともスターリンは質した。また、日ごとに東京のソ連代表部の状況は厳しくなっているとも指摘している。二日目のスターリンは、対日管理問題での不満と本音とを、かなり厳しく表明したことが看取できる。

このようなスターリンの日本への深い関心は、日本への参戦後閉鎖された大使館にかわって終戦後に置かれた連合国ソ連外交代表部のスタッフからの情報に裏打ちされていた。二、三百名もの軍人らを中心とする彼らを通じて、スターリンは日本事情に通暁していたのである。彼らを代表するのは、降伏文書に調印したデレビャンコ中将であった(2)。彼を直接任命したのはスターリンであったが、この人物にスターリンがどの程度信頼を置いていたかは分からない。代表部には外交官、経済専門家も派遣されており、大戦中から軍事アタッシュとして勤務していたイワノフは、その後対日理事会ソ連政治顧問・上級補佐官を名乗った［一九 235］(3)。

事実上の決着

ハリマンは、この二日間にわたる会談を総括して、スターリンは日本についてのマスタープランは有していないと判断した［五八 60］。したがって、地政学的な分割方式でもってスターリンと妥協することは可能だ、と踏んだ。そしてこの会談でハリマンは、ブルガリア、ルーマニア問題と日本の占領問題とを連関させることで取引をはかったのである。

ハリマンは、ルーマニアやブルガリア問題では英米政府側の意見はまったく無視されたと不満を表明した［五八 83］。これに対しスターリンは、ブルガリア、ルーマニアの状況は日本とはまったく異なり、両国はソ連軍のみによって解放された、両国にはそもそも連合国はいなかったと応じた。さらに、ソ連は常に日本問題に関心を払ってきており、日本は常時二五から四〇もの師団を対ソ戦に備えて待機させていたし、最近〔八月〕の戦争でも七〇個師団も動員したではないか、とスターリンは不満を示したものの、日本問題の早期決着に賛意を示し、日本と南東欧とのカップリング自体には反対しなかった。こうしてスターリンとハリマンとのソチでの会談は終わった。ハリマンが予感したように、米ソ間の日本占領問題は事実上決着したのである。

ハリマン大使はモスクワに着くと直ちに、トルーマン大統領に会談内容を報告した。スターリンが東欧問題と日本問題とを取り引きしようとしていることは明確だと指摘した上で、バーンズ国務長官が東欧問題の決着を遅延させてきたことは、東欧での状況をより悪くするとして、国務省のソ連接近を批判した。

会談終了後、ハリマンは一〇月二九日にモロトフ外相に会い、外国で出回っている噂とは異なってスターリンは健康そうであったこと、会談内容を米国大統領や関係当局に伝え、さっそく日本問題でのアメリカ側の返事があることを伝えた〔同86〕。なお、このスターリンの体調に関する噂というのは、当時モスクワ・ウォッチャーのあいだでスターリンの健康悪化が取りざたされていたことを指している。それはクレムリン内部での意見の相違や、スターリンの政治的掌握度とも関連づけられていた。実際この時、在ソ米国大使館では、スターリンの地位に揺らぎがあるとするケナン公使と、モロトフを首相、ジューコフを国防相にする可能性はあるがスターリンの地位自体にはいっさい変化がないとするハリマン大使との間で論議があったという［九九 522］。この会談はハリマンの見解を裏づけた形になったが、実のところは、モロトフとジューコフの二人とも、次第にスターリンに遠ざけられることになる。

二　日本と東欧の地政学的連関

委員会か理事会か

ポツダム宣言に沿って日本管理の主体となるべき極東委員会は、英国の提案によって一九四五年一〇月にインドが加わり、そのメンバーは増加していた［A29/269/3/18］。一〇月二三日にワシントンでの開催を予定されていた最初の極東委員会は、遅れて三〇日の開催となり、米国側代表はフランク・マッコイ退役大将が務めることになった。ソ連は欠席した。

この日、米国はソ連に対し、ハリマン大使を通じて「日本管理メカニズムについての米国提案」を行った。それは、全般的な対日政策を立案する極東委員会の下、ポツダム宣言履行のために必要な日本の占領についての政策、原則、規範を定めるため、①連合国軍事理事会を作り、議長は総司令官であるマッカーサーが務める、②理事会メンバーは英米中ソとする、というのが提案のポイントであった［五八 88］。同時に、極東諮問委員会の活動内容をこれに応じて変更する提案もおこなった［同 89］。つまりは、ワシントン中心の極東委員会と東京での理事会という二段構えの構想である。これはソ連側に歩み寄った提案であった。

大きな意見の相違点は、決定の方式であった。モロトフ外相はハリマン米大使の考えを支持したが、極東委員会の決定権に関しては、四ヵ国の完全合意によるか、それとも多数決方式かが争点となった。米国は、委員会では多数決方式を採用してもよいと示唆しており、ソ連側においても政治局の四名委員会では三名（ベリヤ、ミコヤン、マレンコフ）が賛成していた。しかしスターリンはこの妥協策への強い抗議を別荘地から伝えてきた。そのため一一月四日の政治局では三名は意見を変えた。決議でもモロトフの譲歩を批判、ソ連政府の立場から後退すべきではないことを強調した［同199］。

こうした経緯を受けてモロトフ外相は、一一月五日に対日管理メカニズムに関する米国側への新提案、「極東（諮問）委員会の活動条件の変更についての修正意見」を提出した［同95］。これは、基本的に対日問題は米ソ二国間で協議することとし、委員会と理事会との区別はしないが、呼称を変えるというもので、正確には、米国案の連合国軍事評議会は軍事だけでは狭すぎるとして、連合国管理理事会か管理委員会とするものであった。この委員会は連合国司令官に諮問、降伏と占領の問題を扱うことになった［同95］。極東委員会に関しては、参加国一〇国を列挙するなどの修正があった。その後アメリカ大使館とモロトフ外相との間で細かいやりとりが続くこととなった。

一一月九日、アメリカ政府はソ連の提案に関する覚書において、そのような修正は、米国政府が総司令部に出す指令すべてにわたって四ヵ国の合意を必要とする、すなわちソ連の拒否権が生じるものであると難色を示した［A29/269/3/24-26］。また、ソ連の提案は、モロトフやスターリンが示したルーマニアのような統治方式からの修正になるため反対するとも述べられている。この覚書は、米国政府は日本占領を連合国の総意で行っていると強く抗議する調子の文書であった。ここに見えるのは、対日問題におけるソ連の比重を下げたい米国と、超大国の地位にこだわり拒否権を持ちたいソ連との対立である。

派兵の提案

一一月一二日、今度はソ連政府が米国政府へ回答を示した。その内容は、アメリカ案は八—九月の日本占領初期から状況認識が変わっておらず、米国政府が独断でソ連などの合意を得ずに日本管理を行おうとしているが、しかし占領での軍事的な段階は終わっており、日本では新しい状況、政治経済文化行政における新しい変化が生じているのだから、したがって管理委員会も活動の仕方を変更すべきであるというものであった［五八 102］。

さらには、スターリンとハリマン米大使の会談内容の理解にも異を唱え、スターリンは対日関係でアメリカがより大きい責任を負うことには賛成しているが、しかし「責任は米国政府にだけでなく、日本の軍事力を破壊する事業に積極的にくわわったすべての連合国にも同様にある」と述べたのだとしている［同前］。そして、マッカーサー最高司令官が「最後の言葉」を持つのを承認したし、いまでも承認しているが、しかし例外なくすべての問題をマッカーサーだけが指示することまでは認めていない、ハリマン大使との会談では、イタリアやハンガリーの交渉でもルーマニア方式を支持したのである、と強い調子で述べている。

ソ連政府の回答は、そうした抗議を述べた上で、委員会名を統制委員会か統制評議会とし、軍事だけでなく政治経済文化行政から金融にわたる問題を審議、統制する機関とすべきであると主張した。また、決して最高司令官の機能がそれで麻痺することはない、とも述べられている。なお、この回答はハリマン米大使とモロトフ外相との会談において表明されたが、その会談記録はモロトフ文書には存在していない。

これに対する米国からの回答は、一週間後の一一月一九日、ハリマン大使からモロトフ外相へのものとしてなされた。そこでハリマンは改めて、以前の米国政府の回答においては、極東委員会と対日理事会の二つに機能が分割されると答えた。また政治問題はすべてワシントンを本拠とする極東委員会で扱われるとも述べられた。

さらにハリマンは興味深い回答を加えている。もしソ連が日本占領に軍隊を送るとしたら、米国はこれに賛成するというものである［同105］。もっとも、それは特定の占領地域を委ねるというのではなく、マッカーサー司令部麾下《きか》の軍事力の一員としてのことであった。英国政府も三万人を送る予定であり、オーストラリア政府も検討しているとのことであった。これについてモロトフ外相は、中国政府はどうかと聞いたが、ハリマン大使は知らないと回答した。実際は、中国政府も一九四六年三月に一万五〇〇〇名の軍を送ると表明している［A30/283/36/147］。

慎重になったモロトフ外相は、スターリン元帥とアメリカとの話し合いにおいてすでに、「責任は負うだけで影響力がないような委員会への参加」は拒否すると回答していると答えた。つまりはゼロ回答である。ちなみに、スターリンは一〇月二五日のハリマンとの会談で、すでにソ連軍は満洲で戦っており、日本の島にも数個師団の兵を送る用意があるといったのに断られたと述べている。これはソ連が北海道への派兵を示唆した八月半ばのことを指しているのだろうが、いずれにしてもスターリンは、特定の占領地域と関連づけられない派兵には無関心であった［五八 83］。

三　核の地政学

ウラン・ギャップ

なぜスターリンは日本への権利を放棄してまで、東欧、とくにブルガリア、ルーマニア問題にこだわったのか？　この謎を解く鍵は、これまでも述べたとおり、核兵器にある。八月二〇日にソ連の国家プロジェクトとなった核開発、つまり自前での核爆弾製造計画であるが、肝心のウランがソ連領内では当時はほとんど見つかっていなかった。こうした中でアメリカが原子力管理問題を提起し、しかもソ連の拒否権を否定して一元管理を敷こうとしたことは、ソ連にとって看過できない問題であった。

新たな核開発計画を定めた国家防衛委員会決定九八八七では、政治局員で秘密警察を担当するラブレンティー・ベリヤを委員長に、共産党書記ゲオルギー・マレンコフらとイーゴリ・クールチャトフら物理学者九名からなる同委員会付属の「特別委員会」を作ることが決められた。その下に「閣僚会議第一総管理局」が作られ、特別委員会の決定を実行することになった。その委員会の任務として、①科学技術の発達、②ウラン鉱の確保、③ウラン製造産業の立ち上げ、④核爆弾の製造が挙げられた。

　なかでも、②のウラン鉱の確保については、国内での地質学的探査の展開と原料基地創出と並んで、ソ連国外でのウラン鉱床の利用（ブルガリア、チェコスロバキア）が指示されていた［二八 572］。その理由は、すでに述べたとおり、当時のソ連国内ではウラン鉱の採掘量はまったく不十分だったからである。特別委員会の学者側の最高責任者であったイーゴリ・クールチャトフが一九四六年二月一二日にスターリンに提出した報告書では、毎年一〇〇―一五〇トンのウラン鉱が必要とされていたところ、当時ソ連国内で産出されたのはわずかその一割、一〇―一五トンでしかなかったことを率直に指摘していた［同 578］[4]。これがいわゆる「ウラン・ギャップ」問題である。核兵器の原材料を持続的に確保する体制を構築することが、冷戦初期のソ連には死活問題であった。この核の地政学というべき視角からのソ連論は、今後究明されるべき課題である。

　国内にウラン鉱がほとんど発見されない中、一九四五年五月九日ドイツ降伏の時点で、クールチャトフはベルリンのカイザー研究所などで発見された一〇〇トンほどのウランをソ連国内に運び込む作業の指揮に当たっていた（彼の下でウラン確保にあたった学者シモネンコの回想による）［一八 166］。クールチャトフとともに核開発の責任者であったユーリー・ハリトンは冷戦後の回想において、ベルリンで発見されたウランがソ連のプルトニウム用高炉建設を一年早めたことをクールチャトフ自身が認めていたと証言している［同227］。しかしその量だけでは、明らかに不十分であった。

かつてはアメリカからソ連へ実験用ウランが提供されていたが、スターリングラード戦後はそれも拒絶され、ベルギー領コンゴでもウランの輸出が規制されるようになった。こうして、ベリヤらソ連核開発プロジェクトの最高責任者や対外諜報部門は、ウラン確保に躍起にならざるを得なくなった。彼らのウラン探査の手は、ソ連邦内（とりわけ中央アジア）と並行して国外にも及び、占領地域のみならずアフリカのマダガスカルにまで及んだ。

ソ連軍占領地域では、チェコスロバキアやブルガリア、そしてドイツ東部にウラン鉱の存在が確認された。ソ連崩壊前後の史料公開やこれに基づく研究によれば、ソ連が核開発に使用したウランはこれらの地域から搬入されたことが明らかになっている。なかでもブルガリアでは高品質のウランが採取でき、当地でのウラン鉱開発問題はスターリンの指導部にとって重要事となった。一九四六年にブルガリアの首相の座に就いたのが、一九四三年までコミンテルンの書記、その後はソ連共産党中央委員会国際情報部長であった国際派の活動家ゲオルギー・ディミトロフであったのは、決して偶然ではなかった。

ソ連崩壊後、ブルガリアで一九九七年にはじめて公表されたディミトロフ日誌には、彼が帰国する一九四五年一一月前後の事情が記されている。そこには、一〇月一五日にモロトフ外相と面会し、米ソ関係の状況やバルカン事情、さらにはモロトフとハリマン米国大使の会話内容などについて説明を受けたとある［九二385］。その二週間後には、ミコヤン政治局員と「ソビエト・ブルガリア会社」の内容を討議し、同社の三本柱の一つとしてウラン製造について決定したと記載されている[5]。一九日、ディミトロフはスターリンへの感謝状を書いてから祖国ブルガリアへと発った。この頃のディミトロフは決してスターリンの官僚ではなかったし、そのことはユーゴスラビアのジラスらも認めていたが、しかしその経歴を見ると、彼の評伝の編者バナッチが解説したとおり、スターリンの「衛星国」を管理する従順な官僚そのものであった［同 xliv］。ちなみに、帰国直前の一八日には日本共産党の野坂参三に与えるべき戦後日本共産党の方針をモロトフに提言していた［名越 一〇〇］。冷戦期ブルガリアと日本との関係はこうしてつながっていたのである。

さて、こうした枠組みのもとでウラン鉱問題に関わったソ連内務人民委員部のパベル・スドプラトフは、ディミトロフ個人がソビエト・ブルガリア鉱業協会を監督し、核開発の総責任者であるベリヤの内務人民委員部がそれを管理し、ソ連軍から三〇〇人の技師が派遣された、と記録している［六九 235］。一九三〇年代の反ファシズムの闘士が、戦後はソ連国家の命を受け冷戦での核開発の先端を担ったのである。

「死活問題」となり続ける東欧

実はその後、一九四六年にはソ連でもウランが発見されるのだが、ソ連政府は米国にこのことを悟られないように、ブルガリアへの関与を続けた。ディミトロフは、ソ連＝ユーゴスラビア関係の危機のさなかの一九四八年二月、ソ連が核兵器をすでに所有しているということをユーゴの代表に漏らして、彼がソ連の核管理と極めて密接な関係にあったことをうかがわせた［九二 xliv］。

『ロシア外務省二〇〇周年史』もまた、戦後ソ連による東欧政策の厳格さの理由は、「原子力政策」に基づくものであったことを明らかにしている。東欧におけるアメリカ軍からの核攻撃に対抗する戦争計画も立案されていた。これに加えて、ブルガリア、ルーマニア、チェコスロバキア、そして東ドイツにウラン鉱が豊富であったという「軍事経済的要因があった」とも指摘している［四二 353］。その後も、特別委員会がブルガリアのウラン鉱採掘に関わったことを示す文書が、ソ連期の核開発計画を総括した『ソ連の原子企画　第二巻』（一九九八）に多く掲載されている。たとえば一九四八年一〇月一六日にベリヤがスターリンの署名を求めた閣僚会議の決定・命令一覧の第一には、「ブルガリアでのA－9〔ウラン鉱〕採掘増産計画と、ソビエト・ブルガリア鉱業協会への援助について」というものがある［二 4/180］。

ソ連の核開発が国家の威信をかけたプロジェクトとなったことは、ソ連の政策が急速に変化していることを印象づけた。このことは当然ながら、米国政府の注目の的となっていた。一〇月三〇日ハリマン駐ソ大使は、ブルガリア系アメリカ人であり、かつてはハリマンとトロツキーの通訳をつとめた革命家ゲオルギー・アンドレイチンから、ソ連はアメリカの核所有に驚き、あらわとなった自らの脆弱さを隠すために強硬な態度に出ているのだとの指摘を聞いている［九九 520］。ブルガリア問題と核問題、対日問題でのソ連の孤立策はすべて一本の糸でつながっていることを、彼は指摘したのである。

ハリマンは一一月七日に送付したバーンズ国務長官へのメモにおいて、原爆がソ連指導者に与えたインパクトの大きさを知らせた。「〔戦勝にもかかわらず〕突然そこに核爆弾が現れたためソ連赤軍の力は相殺された。彼らは古くからのロシアの安全保障での不安を感じたに違いない。モロトフのロンドンでの突然の強硬さもこれで説明できる」〔同 521〕。ちなみにこの前日、モロトフはロシア革命二八回記念日演説において、科学技術の利用、とくに核エネルギーの利用について触れ、ソ連の科学技術の発展を強調した。「我々にも核エネルギーや、その他の多くがもたらされることになろう」と彼は述べている〔七六 137〕。

合意から対立へと、冷戦へ向かうギアは、核をめぐっても転換し、確実に加速された。八月の広島への核爆弾投下に発する国際政治の新たな次元が、ソ連の東欧政策を旋回させたのである。そして東欧における核政策は、アジア、とくにソ連の対日政策に再度隠れた形で跳ね返ってきた。

一九四五年一二月末のモスクワ外相会議においてソ連は、諮問機関として極東委員会・対日理事会をつくるという形式的な条件で、日本占領における米国の主導権を許容した。その代償は、ソ連のルーマニア、ブルガリアでの覇権を英米が承認することであった。これは当然、ウランを確保する必要があったからだと見るべきである。

米国が保有した核弾頭は一九四六年に九発、四八年に五〇発、五〇年に三〇〇発に達したといわれている〔五六〕。他方ソ連は、クールチャトフがスターリンに一九四六年二月に提案した核爆弾製造計画第一案では一九四七年中に二発、四九年に一八発、そして一九五〇年までに合計五四発を想定している（第二案では一九五〇年までに計六一発となっていた）。米国に「追いつく」ためには、少なくとも毎年一〇〇—一五〇トンのウラン鉱が必要となる計算であった。一九四七年にはタジキスタンで、その前後にはウクライナで相次いでウラン鉱が発見されるが、それらが採掘利用可能となるまでは、依然として東欧支配はソ連にとって死活問題であり続けたのである［二八 578］。

四　モスクワでの不和と「妥協」

スターリンの叱責と潮流の変化

前章でロンドン外相会議をとりあげたが、引き続き外相レベルの定期協議が設定されており、一九四五年一二月にはモスクワでの定期外相会議が開催される予定となっていた。会議日程は一六日から二六日で、ロンドンでの参加者問題で紛糾したことを考慮して、中国は外され、英国のベビン、ソ連のモロトフ、米国のバーンズの三外相による会談となった。

この会議を迎えるモスクワの政権の頂点において、当時は気づかれにくかったが、密かに外交・安全保障の路線をめぐる対立が深まっていた。モスクワに復帰する前のスターリンが、モロトフの政権運営、対外的柔軟策、検閲緩和問題を厳しく批判したのである。

モロトフは九月のロンドン外相会議での親欧米的対応に遡及して批判を受けた。モロトフはスターリンが反対を指示したにもかかわらず英米の圧力に屈し、イタリア、ルーマニア、ハンガリー、ブルガリアとの平和条約交渉に、英米ソとともに中国とフランスを参加させることを容認したことが問題視されたのである。これはポツダム宣言でのソ連の特権的地位に関するスターリンの発言と相違しており、最高指導者と外交責任者の意見の食い違いを示したことになった。スターリンは、一連の交渉においてモロトフはソ連政府の立場から後退し、英米側に屈従していると批判している。

一二月初旬、スターリンはモロトフへの批判を政治局レベルに書き送った。これを受けたミコヤン、マレンコフ、ベリヤはあわててスターリンに弁明した。七日には、モロトフもスターリンに過誤を認めた［下斗米 2017a］。

さらに一二月九日、スターリンはモロトフ以下四人の責任を問う詳細な批判を書き送った。ロンドン外相会議以来の外交路線についての批判である。ここではまず、ロンドン外相会議で平和条約問題に関してソ連側が攻勢に出て、中国のイタリア問題への出席や日本問題でのフランスの参加に釘を差し、英米側に譲歩させたことを称賛した。加えて、ブルガリアとユーゴスラビアでの選挙問題でも強硬な態度に出たために勝利したことも評価している。だが、モロトフ、マレンコフ、ベリヤ、ミコヤンの四人組がアメリカの圧力に屈しかけ、動揺し、外国人記者問題でもリベラルな態度を取ったことなどについて、譲歩しすぎであるとなじった。そのうえで、一二月後半の外相会議では強固さを保つべきであるとスターリンは注意したのである［四九 210］。

こうしたソ連内の潮流の変化は、明らかにモスクワ外相会議の枠組みを規定することとなった。国際協調から孤立主義へ、連合国＝国連中心から一国主義へ、集団安全保障から地政学的な勢力圏へ——東欧問題と日本問題の処理を含めたソ連の冷戦外交の原則は、明白に変調するのである。

ハリマンのリークと、取引可能性

一九四五年一一月二四日のハリマン大使とモロトフ外相との会談に際し、バーンズ国務長官は、次回モスクワで行われる会議に期待するというメッセージをおくった。これを敷衍《ふえん》して、ハリマンはモロトフとの会談において、ロンドン会議では連合国がバラバラになって合意に至らず不成功であったと世界が見ることになることを危惧しており、次回会議の成功を期待する旨を述べた。その上で、モロトフから会議の議題は何となろうかと個人的に質問されたハリマンは、この会議までに平和条約問題が審議され、日本管理問題もまた解決されることを期待すると述べた。その他、中国情勢、とくに内戦にも関心を示した。ブルガリア等、東欧問題もここで課題として挙げられた。

舞台裏では外交官たちが動いた。一一月二五日、米国国務長官がノビコフ駐米ソ連大使に、モスクワ外相会議の開催は準備の都合で一二月後半とするのが望ましいと告げた。一一月二七日、これをうけてモロトフはハリマンに、外相会議は一二月一五日に開催予定であることを伝えた。

一二月八日、ハリマンとモロトフとが会談した［五八 120］。ここで、スターリンの批判を十分意識していたモロトフは、強硬路線に転じたのである。アメリカによる北中国での日本軍の輸送と日本への搬送という予定外の項目があるということを突如質した。ハリマンは、北中国にはまだ武装解除されていない日本軍部隊が存在するとして米国軍の派遣と中国援助を正当化した。モロトフは当地での日本軍はすでに武装解除されたはずだとしてこれを認めなかった。ハリマンはなお、北中国への米国軍の導入問題を議題に含めようとしたが、モロトフは、満洲で国民党軍と共産党軍の内戦が始まっていることを理由に反対した。

一二月一二日には、ソ連外務次官イワン・マイスキーとハリマンとの会談が行われた。ユダヤ系でしかもメンシェビキの活動家であったマイスキー次官がなぜここで出てきたのかは不明である（ちなみに、マイスキーは戦前に日本で参事官として勤務した経験があり、一九三〇年代は英国大使を務め、一九四三年から外務次官に就いていた）［同 126］。ハリマンはモスクワ三国外相会議の成功を願い、困難や意見の相違はあるが成功は不可能ではないとしつつ、ある情報をリークした。その内容はソ連側にとって、ある意味では驚くべきものであった。

ハリマンはまず、懸案のルーマニア、ブルガリアについてソ連が「特別の利益を持っており特別の地位を占めるべき」ことを理解している、と語った。しかし、その解決はアメリカの世論が理解しうるような形式でなくてはならない。つまり、両国がソ連に差し出されたとか、選挙が自由でないとか、政府がロシアの傀儡《かいらい》であるといったように思われないようにしてもらいたい、ということであった。さらにハリマンは、ルーマニア、ブルガリア側が政治体制に比較的小さな変更を加え、反対派が各国の祖国民族戦線だとか政府とかに多少なりとも加わればそれでいいと述べた。アメリカは、面子《メンツ》さえ繕えればスターリンと妥協してもよいというサインを送ったのである。

ハリマンはさらに、もう一つの懸念材料である日本問題についても和解のヒントを与えていた。つまり、日本管理についてアメリカは問題を独占して解決しようとは思わない、責任を英中ソと分割しようではないかと提起した。しかしながら、日本を占領したのはアメリカ軍だけなのだから、共同で作成された政策の枠内ではあるが、「アメリカの司令部が必要な執行権力を得る」ことは当然であると主張することも忘れなかった［同 124］。これで相互理解と協力が可能となる、とハリマンはいった。ちなみに、このハリマンが述べた米ソによる日本分割論は、一九四五年八－九月に米軍参謀本部の統合戦争計画委員会などが進めようとしていたが、マッカーサー将軍だけでなく、トルーマン大統領、バーンズ国務長官らによっても反対された代物である［竹前・天川 64］。

マイスキーは、これは自分の考えには合致しないといったが、なおもハリマンは外相会議を成功させようとして妥協のサインを送った。ハリマンは、先のロンドン外相会議がうまくいかなかったのは、バーンズの国際問題での経験不足が原因だったとまで言った。ジョージ・ケナンが自著『アメリカ外交50年』で米国外交の特色としてあげる法律家的・道徳家的接近の問題である［ケナン 1986/3］。バーンズは法律家出身であるために柔軟性に欠けるが、外交では政治的判断が、法的思考に優先されるべきであったと指摘した。さらにハリマンは、ソ連人はその歴史から疑い深いが、最近とくにそれが顕著だとも言い放った。マイスキーはハリマンに対し、アメリカに「同権の原則」とそこから帰結される結論があれば、問題は克服できると強調した［五八 126］。つまり、米ソ外交官はともにこのとき取引をはかろうとしていた。米ソが中心になって日本や東欧といったグローバルな問題も取引で決着したいという態度が、たがいに確認されたのである。

このマイスキーの会談記録は別の意味でも重要であった。マイスキーは記録への注記において、ハリマンに原子力エネルギーの問題を聞いたが、ハリマンはこの問題でのバーンズの態度は知らされていないと答えた、と記しているのである。これはソ連側がどの争点に真の関心があるかを示していた。それはつまり、核管理問題である［同前］。ともあれ、他の問題では米ソは最後の妥協が可能となった。

妥協とその余波

こうした準備段階を経てモスクワ外相会議ははじまった。参加者は、ソ連がモロトフを、アメリカがバーンズ、英国がベビンを代表とし、中仏の外相は当初からの構成者ではなかった。

一二月一八日、モスクワにやってきたバーンズ国務長官とモロトフ外相とが会見した。バーンズはスターリンの健康について尋ね、モロトフはよくなっていると答えている。そのあと焦点のルーマニア承認問題に話題は移った。バーンズは、ヤルタ協定でブルガリア、ルーマニアでの民主的変化を承認の条件としたが、そうなっていないではないか、リベラルで親ソ的な米国のジャーナリズムもそう見ていると指摘した上で、しかし承認への可能性を追求したいと発言した。

問題は、東欧などの国との講和条約を単一の会議で締結するのか、それとも個別に結ぶのかという問題と重なった。アメリカは、戦争は東西不可分の状態で行われたのであるから、一回の会議で決着したいということであった。つまりイタリアからフィンランドまで、一挙に片づけたい、という考えであった。だがモロトフは、ルーマニアとたとえばポーランドとは戦争しなかったのだから、同一のテーブルで片づけられないと主張した［五八 135］。どの国を講和会議に招くかで、依然として議論が分かれたのである。

結局、一二月二〇日にモロトフはスターリンからの電話を受けた結果として妥協案を提示した。つまり、ソ連が難色を示したインドと、米国が反対してきたウクライナ、ベラルーシを加えて、バーンズが一八日に提起した二一ヵ国で講和会議を開くことでよいというものである。これに、バーンズ長官も納得を示した。

こうした過程を経て、モスクワ外相会議では妥協が成立した。二四日に報道されたところでは、イタリア、ルーマニア、ブルガリア、ハンガリー、そしてフィンランドといった旧枢軸国との平和条約問題に決着がついた。講和会議には仏、中にも個別に参加が呼びかけられ、ブラジルのような国だけでなく、ベラルーシ、ウクライナの名前もソ連とは別に挙げられていた。また、イタリアとの平和条約交渉にはフランスも招かれた。ブルガリア、ルーマニア、ハンガリーとの講和には、英米ソの三ヵ国だけが参加し、フィンランド講和では、英ソが参加することになった。そして、個別の講和交渉が終わってから全体の講和会議が一九四六年五月までに開かれるとされ、ヨーロッパ戦に連合国として参戦した国連加盟国すべてが招かれることになった。

ヨーロッパの問題と並んで重要であったのは、対日問題、つまり極東委員会、対日理事会という対日管理機構の問題であった。この問題には中国も加わることが三国外相で合意された。委員会メンバーは、インドやフィリピンを含めた一一ヵ国となり、極東委員会は日本降伏の条件を実施するための政治路線、原則、全般的基礎を定め、最高司令官の指令や、決定について各国の見直し要求を検討することになった。

このうち、対日理事会第五項での司令官の権限については、米国側がソ連の顔を立て、状況が許す限り、議長が事前に理事会に相談するという項目を入れ、モロトフもこれに納得した［九九 524］。ただし、軍事作戦や領土問題の解決については、極東委員会は関与できない仕組みになった。このことによって、領土問題はこのレベルでは原理的に解決できないことになり、来たるべき対日講和条約交渉へと先送りされた。極東委員会は対日理事会の形成を待って、日本占領管理のメカニズムが一九四六年から動き出すこととなった。この委員会は、米ソ中英の四ヵ国の支持があれば多数決で決めることができた。また、本拠はワシントンに置かれることとなったが、これはすでに一〇月三〇日にソ連抜きで決められていたことの再確認であった。

対日理事会本部は東京に置かれることになった。最高司令官が議長となり、ソ連代表、米国代表、中国代表、それに英国・ニュージーランド・オーストラリア・インド代表から構成され、この機関は少なくとも二週間に一回は開催されることになった。憲法の構成、内閣全体の交代などで一国が最高司令官に同意しないときも、極東委員会が開催されるまで議長の権限が有効であった。

グランドバーゲン

なお、外相会議ではそのほかにも、朝鮮での独立国家創設のための措置、中国の内戦終焉、原子力エネルギー管理委員会の創設についても合意した。ブルガリアについては、スターリンが「ブルガリア議会が新政府に若干の非共産党メンバーを入れることを勧告することになる」と語った［九九 525］。[6] ルーマニアについても英米を満足させる人事の手直しを示唆した。

このうち朝鮮半島問題に関しては、勢力圏的発想で動きはじめた米ソ関係が直接影響を持つようになった。日本本土が米国の一元的管理に置かれることがこのモスクワ外相会議で決着したことにより、旧帝国空間における朝鮮半島では、八月に米ソ占領の分界線として仮に引かれていた三八度線の意味が変わったのである。そこは、米ソ接触のフロントラインとなって、新たな地政学的対立の焦点となった［A29/269/3/79］。

朝鮮民衆が望んだ即時独立ではなくopeka（信託統治）という表現が入ったことによ

り、現地では大問題が惹起された［下斗米 2006/22］。米ソによる五年間の信託統治という提案は米国からのものであったが、ソ連も信託統治という提案に反対ではなかった。この地政学的な変化は、直ちに朝鮮半島では内政面でのイデオロギー的変化を招いた。このとき信託統治に反対した北朝鮮の民族派指導者曺晩植はソ連側によって交代させられ、かわってソ連軍大尉として当初通訳として戻ってきた金成柱が、一〇月一四日に金日成として大衆の前に姿を現したのである。そして一九四六年二月、金は臨時人民委員会政府という北朝鮮行政のトップに指名されることになった。

米ソがお互いの勢力圏的発想を受け入れたことは、その後のヤルタの密約問題についても影響が表れた。一九四六年一月三〇日、ケナン駐ソ米国公使は、二月四日をもってクリミアの合意、つまりヤルタ密約を三ヵ国によって発表することをモロトフ外相に提案した。モロトフは、このことを翌日了解し、英国にも連絡を取ると返答した［五八 161］。実際には公表は一一日となったが、これは日本の「領域」にも直ちに反映された。一月二九日には連合国最高司令部訓令六七七により、「千島列島、歯舞群島、色丹島」は司令部が管轄する日本の「範囲」から省かれたのである。ソ連政府は二月二日にこれら地方を「ハバロフスク地方」に編入する手続きを取った。なお、それに先立つ一九四五年九月末には、いわゆるマッカーサーラインが、歯舞群島と納沙布岬のあいだに設定されていた。

もう一つ重要な決定がモスクワ外相会議で行われた。それは、出席していた蔣介石国民党政府の抗議をよそに中国問題が審議され、そこで米ソの軍隊がともに中国から撤退することが望ましいと決められたことであった。そこには非対称性があった。ひとつは、ソ連軍が一九四六年四月末に撤退を行ったが、米軍はなおも居残っていたことである［坂本・ウォード二〇二二］。それは、ソ連の建前としての中国共産党軍への内政不干渉と、東北部共産党ビューローへの事実上の支持とが絡んでいた。また、中国共産党は延安と旧満洲で公称二〇個師団を有することが蔣介石との交渉で認められたが、このことはソ連が撤兵すれば内戦が起きることを意味していた。それを懸念した蔣介石は一二月三〇日に使節を送ってスターリンと協議し、撤兵を遅らせることを要請した。しかしソ連は予定どおり撤兵し、内戦は現実のものとなったのである［八九 2004/4/109-120］。

核管理について、外相会議では、ソ連側は米国の核独占という事実を前に関心がないという態度を示した。一九四六年一月に国連は総会で原子力委員会創設について決定したが、ソ連は米国の独占を突破するためにすでに多くの活動をはじめていた(7)。

こうして、モスクワ外相会議は、対日管理、東欧管理、原子力管理についてのグランドバーゲンを行ったのである。日本占領での米国の主導権を承認した対日理事会・極東委員会問題は、ブルガリア、ルーマニアへのソ連の主導権問題とのバーターとして決着した。

五　対米協調の終わり

人事の刷新が示唆するもの

モスクワ外相会議について、豊下楢彦、和田春樹教授のように対米協調を確認した「第二のヤルタ」であるという評価が日本国内にはあるが［豊下 190］、実際には「同盟の終わり」から冷戦への転換に他ならなかった。なかでも、この会議が終わったあとの一二月二九日、ソ連共産党政治局は対外政策における重要決定を行った。モロトフ外相の外交権限を削減したのである。スターリン自身がこれを提起した。

この会議では、党政治局が五〇名規模の対外関係の働き手を養成し、正式には中央委員会対外政策部とし、これを指導する政治局対外関係委員会を作ることが決められた。新設される対外関係委員会は、スターリン、モロトフ、ベリヤ、ミコヤン、マレンコフ、そしてジダーノフで構成されるとされた。この六名委員会が対外活動を取り仕切ることになったことは、英米との同盟時代の終わりを示すと同時に、モロトフら四人組に対する譴責《けんせき》であるともいえる。

一九三四年から党中央書記として愛国イデオロギー指導や共産党小史編纂を仕切り、その後レニングラード攻防戦下の同市党書記として「攻防九〇〇日」を戦ったジダーノフが外交首脳に入ったことは、対外的に厳しい立場をとることを示唆した。(8) コミンフォルムで同盟関係や友党関係を担当することになるこの人物の登場は、ソ連外交が双極思考（Bipolarity）、「資本主義と社会主義のふたつの陣営」的思考に移行することを示していた。

一九四六年二月九日、スターリンはボリショイ劇場において、資本主義と社会主義とは両立せず両体制の対立は不可避であるという重要な演説を行った。同時に、「あらゆる偶然事から祖国を守るため」、「三つの新五ヵ年計画に相当する」工業化をやらねばならないと述べた［六六 198］。それは、原爆開発、ロケット開発をふくむ科学技術を基礎とする工業化計画であった。

三月には、政府の改組により外務人民委員部は外務省に変わった。この名称変更は、もはや革命の時代ではなく秩序維持が政府の任務であることを示している。モロトフは副首相兼外相とされたが、外務省内での権限は縮小され、ビシンスキー外務次官が総括担当に昇格した。リトビノフ次官、マイスキーら大戦間期の対米同盟の維持に努力した関係者は左遷された。冷戦へ向かう厳しい認識がここにも示された。

英米の反応

英国が、ソ連外交批判の中心となった。労働組合活動家出身のベビン外相は、スターリン外交への激しい批判者となった［一一一 277］。

そして、対米協調の終わりを米国において象徴したのは、ハリマン大使の辞任である。一九四六年一月末に本国へと帰任することとなったハリマンは、一月二〇日にモロトフ外相と、そして二三日スターリン首相とそれぞれ面会し、帰国の挨拶をした。そのときスターリンが対日問題で満足していることにハリマンは注目している（もっとも、スターリンは天皇問題については、制度としても個人としても残すことには反対したという）［一〇五 534］。

二月二二日、米国国務省の求めに応じて、ケナン臨時駐ソ大使が安全保障面でのソ連の膨張主義への警戒を示した、著名な八〇〇〇字電文を送ることになった［同 547］。

三月五日には、イギリス前首相チャーチルがアメリカのミズーリ州フルトンにおいて、アドリア海からバルト海まで鉄のカーテンが引かれているという、著名な演説を行う。

彼らが問題視したソ連の態度硬化の背景には、すでに見たとおり核問題があった。日本へ関与する権利を捨ててでも核開発を優先し東欧のウランを確保する――このスターリン政府の新しい対外強硬方針、すなわち核の地政学こそが、冷戦と呼ばれる時代のはじまりを告げた。

第三章　冷戦のなかの日本（一九四六―一九五〇）

一　戦後日本の発足

改革を急ぐ理由

一九四五年八月三〇日、連合国最高司令官ダグラス・マッカーサー元帥が厚木基地に降り立った。連合国による占領、実態としては、一二月末で四三万に達したアメリカ軍による支配の始まりであった。正確にいえば、一九四六年には四万の英国軍も占領に関与したものの、ほとんどアメリカの単独占領である。日本側がおそれていたソ連軍は日本本土には足を踏み入れないこととなった。

敗戦直後の最初の内閣は、八月一七日に成立した東久邇宮内閣であった。最初の皇族内閣がマッカーサー総司令官との交渉の相手となったのである。もっともこの内閣は短命で、GHQの民主化指令（「政治的、公民的及び宗教的自由に対する制限の撤廃に関する覚書」）に対応できず、一〇月五日には総辞職した。かわって元外交官の幣原喜重郎が総理として舵取りを任された。

政府が崩壊したドイツとは異なって、占領下の統治と改革を進める媒介となったのは、実際には日本の官僚組織であった。日本政府は外交権限を失ったものの、占領軍との接触には一九二〇年代の欧米協調外交の旗手だった幣原や駐英大使だった吉田茂といった「米国に反感がなく、戦争責任のない」外務官僚が大きな役割をはたすことになった［楠 23, 28］。

マッカーサー総司令部の改革に関する態度は、先述の民主化指令と一〇月一一日に幣原内閣に示した人権確保の五大改革指令（参政権付与による婦人解放、労働組合の結成奨励、教育の改革、秘密警察の廃止、経済機構の民主化）に現れていた。なかでも選挙など政治の自由化がポイントであって、政党活動は自由化され、一九四五年秋には急速に活発化しはじめた。

主権者であった天皇の位置については、米ソ関係の流動性が作用し、まだ不明確であった。だが、この問題の処理を任されたマッカーサーは九月二七日に昭和天皇との歴史的会見に臨んだ後、天皇制擁護に傾いた。一一月二六日にマッカーサーと会談した米内光政海相は、天皇の地位の変更はないという言質を得ている［同 36］。

前章で見たとおり、スターリンは離任するハリマン米国大使に昭和天皇への懐疑論を示していた。また、一二月のモスクワ外相会議で当面はソ連が日本問題に関与しないこととなった。

そうした中、一九四六年一月一日、首相幣原が起草した天皇による人間宣言が行われた。天皇問題は憲法問題と絡んでいた。そうした状況をもっとも良く分析し、改革案策定に着手していたのは、アメリカの外交官ジョージ・アチソン（一八九六―一九四七）を中心としたグループであり、この中国通の外交官の明晰な分析力は、一九四六年初頭に提出された日本の政治状況報告書に現れている［F/1946/8/87］。アチソンは、米軍が単独管理しているうちに憲法や天皇問題を片付けることを優先するべきであると判断した。また、軍事裁判も優先度の高い問題であった。

活発化する政党活動

自由化改革をうけて、政党活動が本格化した。一九四五年一一月には、戦前からの議会人である旧政友会の鳩山一郎が三木武吉、河野一郎らと結成した日本自由党と、片山哲を書記長とする日本社会党がそれぞれ結成された。社会党には鈴木茂三郎など元共産党幹部も加わり左派社会党を形成する。

そして、戦後改革にとっての象徴的存在となったのは日本共産党であった。敗戦国の多くが共産主義の洗礼を受けることとなったが、日本においては、一九四五年一〇月に徳田球一（一八九四―一九五三）ら最高指導者が獄中から解放されたことが、大きな転機となった。日本共産党はさっそく一二月に、前大会から一九年ぶりとなる第四回党大会を開催した。党規約が新たに定められ、書記長には徳田球一が選ばれた。沖縄生まれの徳田は獄中一八年の活動家で弁護士でもあり、一九二〇年代にはモスクワを数回訪問した経験があった。

他方では、同じく一〇月に極秘裏にモスクワに呼ばれ対日政策を協議していた野坂参三（岡野進）が、翌一九四六年一月一二日に、中国の延安から平壌経由で帰国した［一一三

53]。野坂は帰国すると柔軟な天皇制論など「愛される共産党」を呼号、ソフト路線を印象づけた。その帰国歓迎大会は、山川均など左派社会党やリベラル系の人士も発起人となった。アメリカ側は一月二九日に野坂に接触し、野坂は天皇について、政治力は奪うもののその存在自体は人民の意志に任せると述べ、戦前共産党と一線を画す柔軟路線を打ち出した。また、日本共産党はモスクワの指導者とは関係なく、金ももらっていないとも主張した［F/1946/6/141］。

野坂の主導のもと、共産党は前大会からわずか三ヵ月後の二月二四日に第五回党大会を開催、平和的手段による民主革命を提唱した。同時に、社会主義下でも個人的財産は擁護するとのソフト路線も強調した。三月一日には指導幹部が公表されたが、政治局には書記長の徳田球一を始め、野坂参三、志賀義雄、袴田里見、宮本顕治、金天海が入り、書記局員は徳田、野坂、志賀、黒木重徳、伊藤律で、野坂が組織部長兼務となった(1)。

野坂たちはさっそく国会への働きかけを強めた。野坂自身は次回選挙へ向け、一月末に東京一区からの立候補を声明、二月一三日には八三名が候補者として名乗りを上げた。同時に、提携相手として、左派政党とくに社会党との関係強化に乗り出した。また当時の政党として唯一機関紙『アカハタ』を週一回発行し、組織政党としての性格を強めつつあった。

四月には共産党綱領の性格を明らかにしたが、その中でコミンテルンとの関係については「おとぎ話」であると否定した。解放軍と呼ぶ米国占領軍との関係もこの時点では悪いものではなく、労働運動や学生や知識人などからの反応も比較的良好であった。一九四七年一月には第二回全国党協議会で平和革命路線が打ち出され、その動向は一般紙にも掲載された[2]。一九四六年四月には戦後初めての民主選挙が予定され、政党活動はいっそう活発化していく。この頃に名乗りを上げた共和党、自由党、民主党といった政党活動もまた活発化した。また、日本社会党では荒畑寒村が党の自己批判を求めるなど、左派の動きが活発であった。そして一〇日の第二二回衆議院議員総選挙では、自由、社会、進歩等といった政党が勝利を収めた。共産党も五議席を確保し、大阪での党員数が二〇〇〇を超えるなど人気が高まった。そして、自由、社会、進歩、協同各党による連携も模索され、社会党の片山哲と自由党の鳩山が会談、両党と進歩党のみの提携が約されたが、共産党は閣外協力にとどまるとされた。

二　極東委員会、対日理事会

極東委員会へのソ連の不満

一九四五年一二月のモスクワ三国外相会議で、ポツダム宣言にうたわれた日本の武装解除と非軍事化という課題を遂行するための管理機関として、極東委員会と対日理事会の創設が正式決定された。ワシントンに設けられた極東委員会と、現地東京に設けられた対日理事会という二層構造からなる、連合国の審議、諮問機関が成立したのである。前章で見たように、日本管理の仕組みをめぐっては米ソ間で鋭い意見対立があったが、ここに一応の妥協を見たのである。アメリカはマッカーサー連合国最高司令官の絶対的権限を背景に日本本土の占領政策を進めることとなり、ソ連は日本問題からは戦略的に手を引いた格好となった。

一九四六年一月一〇日、極東委員会の会議が本来のワシントンではなく東京で行われた。会議メンバーは、議長の米国フランク・マッコイ将軍以下、英国のハリファックス卿、中国の魏道明、オーストラリアのH・エヴァット、フランスのP・E・ナジール、カナダのL・B・ピアソン、オランダのA・ロウディユ、ニュージーランドのC・A・ベレンソン、フィリピンのカルロス・ロムロ、インドのG・バジパイといった面々で、書記は米国のネルソン・ジョンソンが務めた［A30/269/30/41］。なお、この最初の会議にはソ連側は出席していない。

その後、この機関が正式に動き出すと、ソ連側の極東委員会代表には、駐米大使から本国の外務次官に転じていたアンドレイ・グロムイコ（一九〇九―八九）があてられた。二月五日、ソ連外務省のモロトフからそのグロムイコとN・ノビコフ副代表宛てに「指令」が送られた［五八 157］。そこには、極東委員会代表は「ソ連の国益」にしたがって、日本の完全な武装解除と非軍事化を行うこと、日本帝国主義の復活の防止と侵略可能性の抑止、日本が極東においてソ連の脅威となる条件を作り出さないことなどが対日課題として示された。同時に、日本を民主化することも重要な課題であった［A30/279/4/1］。

二月二六日に極東委員会の、ワシントンでは最初となる会議が開かれ、バーンズ米国務長官が挨拶した。この時にソ連副代表のN・ノビコフが副議長を務めることとなった。ノビコフは、グロムイコの後任として一九四六年四月から駐米大使となった人物で、この年の九月には、アメリカで「世界での優位を目指」す「帝国主義的」立場が強まっていると指摘することになる。これは、二月にジョージ・ケナンがモスクワ発の長文電報で対ソ政策において果たしたのと同じ、アラーミストとしての役割を担うということである［一〇七 162］。ちなみに、カナダ代表は日本生まれの学者肌外交官E・H・ノーマンであった。また、この会議ではフランスなどが警戒した東南アジア問題は扱われなかった［A06/8/58/986/1］。

一九四六年五月末、ノビコフは二月末からの三ヵ月間にわたる極東委員会の活動をソ連本国に報告している。これによると、最初の二週間の焦点は組織問題であった。アメリカのマッコイが議長であったが、副議長格のソ連も第四小委員会を中心に活動した。しかし、実際には英国ブロック（インド、カナダ、ニュージーランド、オーストラリア）か、米国ブロック（フィリピン、中国、フランス、オランダ）に多くのメンバーが属しており、各国代表はブロック利益の範囲内で動いていたのである。オーストラリアやニュージーランド、中国、フランス代表が時折独自性を発揮する程度であった。したがって、ソ連の立場が有利になるのは、英米ブロック間か、あるいは内部で対立が生じた時に限られた［A30/279/5/4］。

モスクワ外相会議で合意された規定によれば、急な問題の処理（指令）は連合国最高司令官に任せられていたが、これが米国によって無制限に利用され、対日占領を独占的に仕切ることにつながっていた。実際、日本の降伏レジーム（軍の解体や動員解除）、民主改革などの中心的課題は、米国が中心となり最高司令官が決定していた。そうした米国が独断で進めた改革のうち、選挙や憲法など一部の課題については極東委員会会議で再検討、審議されることもあった。たとえば、初の民主選挙については、その自由度をめぐって他国から懸念が示された。だが、結局はたいてい米国の拒否権が行使されることになった。一九四六年四月の衆議院総選挙と五月の吉田内閣の成立では、米国が自国の意志を貫徹したとノビコフは、批判的に報告している。またノビコフは、ワシントンで極東委員会が決定した事項も、現地の日本政府が実施するまで、すりあわせなどで時間がかかるということも問題点として指摘している。つまりは、事実上はアメリカを中心とする英米ブロックが対日政策の大枠を決めており、マッカーサー総司令部は連合国の他のメンバーからの統制の外で行動しているということに対する、ソ連の不満が見て取れる［同5］。

ノビコフ報告ではさらに、小委員会レベルの活動においても①ソ連が主導した日本の軍備解体で英米がボイコットしている、②日本の民主化についてアメリカと英国は選挙、憲法改正、内閣改造で民主改革へのサボタージュを行っていると指摘をし、さらには、天皇の権限への制限や、君主制的レジームの完全な一掃にも英米は反対しているとも述べている。それらの批判の一方で、ソ連が極東委員会に参加したことによる指令や文書での一定の肯定的成果は得られており、ソ連の拒否権行使の成果も認められるともノビコフ報告は述べている［同8］。

以上を総体として見れば、米ソ関係の悪化は極東委員会の活動にも反映されはじめたといえるであろう。

対日理事会

極東委員会のもとに位置づけられる対日理事会は、東京に本拠が置かれた。その議長は米国代表マッカーサーが務めることが通例であった。つまり、彼は連合国最高司令官という立場と同時に、米国の利益も代表していた。しかし、マッカーサーは理事会の合議制と諮問委員会としての性格を端《はな》から無視していたことが、ソ連側によって指摘されている。

四月五日に最初の対日理事会会議に出席したソ連軍人ミハイル・イワノフの回想によれば、明治生命ビルで開かれたこの会議で、米国政府は日本に管理メカニズムを作る提案を行った。だがマッカーサーは「日本占領機関の規定について」という声明を読み上げたあとすぐに退席したため、ほとんど議論もなく散会になったという［一九 238］。マッカーサー不在の会議はイワノフの表現ではわずか三〇秒で終わったという。同盟国との関係においても事実上のマッカーサー独裁であった［同前］。

この委員会のソ連側代表は、日本の降伏文書に調印をした、あのデレビャンコ中将であった。軍事諜報専門家であり、中国に赴任した経験があり、対フィンランド戦などに参加、北西戦線に関与したのち、オーストリアの連合国司令部ソ連軍代表を務めていたが、スターリンの人事により東京でのソ連軍代表となっていた。以降、一時帰国をはさみつつ、一九五〇年五月末に目前に迫った朝鮮戦争を意識して幹部たちとともに引き揚げるまで、対日理事会ソ連代表を務め続けることになる。なお、マッカーサーはデレビャンコについて「実戦経験のある軍人だったが、非軍事的な事柄に関してはまるで能なし」と酷評した［リックス 4］。

こうして発足した対日理事会は、一九五〇年一月二二日にソ連側が、中国の共産党政権発足後も蔣介石の国民党政権が代表を占めることを不満としてボイコットを声明するまでに、約二〇〇回の会議が開かれた。ソ連のボイコット以降も、機構としては日本占領が終わる一九五二年四月までは存続する。もっとも、マッカーサー自身は出席すらほとんどしなかった。最高司令官マッカーサーの強大なカリスマとその強大な行政権限は、対日理事会のような日本管理機関の権限をあらかじめ制約していたといえる。なお、マッカーサーがほぼ欠席したため、アメリカ側の事実上のトップは政治顧問で職業外交官のジョージ・アチソン[3]が担い、その不在時にはインドなどで活躍した外交官マックス・ビショップが務めた。それに日本勤務が一〇年に及ぶウィリアム・シーボルトを加えた米国側の陣容については、ビショップによってソ連側に伝えられた。

ビショップがソ連側に明かしたところでは、対日理事会はそもそもコンサルタント的な仕事なのに対し、連合国最高司令部の直接の対外関係業務はマッカーサー本部にある連絡事務所が担当しているという役割分担となっていた。そして司令官の連絡事務所は、①日本政府とのコンタクト、②連合国や中立国代表部とのコンタクトという二つの役割を担うともビショップは説明している。つまり、アメリカの対日理事会代表機構は、マッカーサー司令部と不即不離の関係にあるスタッフ組織であるというわけである。この点は、ソ連をはじめ各国の対日理事会機構が事実上の独立した大使館機能を果たしているのとは大きく異なっていた。

ソ連代表は規約上では対日理事会の副議長を務めることになった。アメリカ側におけるアチソンの立場に相当する政治顧問に起用されたのは、四五年八月まで駐日大使を務めその後は本国で外務事務次官となっていた、本書序章で注目したヤコフ・マリクであった。元大使のマリクからすれば格下げになるのだが、デレビャンコがマッカーサーと同格であるという建前からすれば、止むを得ない人事であった。なお、モロトフの信任のあついマリクであったが、マッカーサーが見たところでは、ソ連帰国から東京にもどってきたマリクは、以前とは別人のようになっていたという［同 5］。前章に見たモロトフの地位低下と関係してのことかもしれない［下斗米 2017a/169］。なお、後の一九四八年にマリクは国連大使となって離日するが、彼の存在は朝鮮戦争や冷戦の展開全体にとって重要な意味をもつことになる。一九五五年の日ソ国交回復交渉でも駐英大使として重要な役割を担った。マリクの下に、経済担当顧問L・A・ラージン、マリクの代理としてモスクワ大学教授E・M・ジューコフといった一〇名の幹部が東京の代表部に派遣されることが一九四五年一二月の人事で決められた［A30/280/10/4］。

対日理事会を構成する他の国々についても概観しておこう。まず四万人の軍隊を日本に派遣した英国は（一九四七年初に一部撤兵）、職業外交官のアルバリー・ガスコインが一九四六年七月から英国対日理事会代表部長を務めた。前任地はハンガリー、ブダペストで、当地のソ連支配に嫌悪感を抱き、共産主義には警戒的であった［リックス 68］。ガスコインは吉田茂と親しかったが、デレビャンコとの関係は悪かった。

なお英国と、他の英連邦加盟の参加国のあいだには、微妙な利害不一致があった。なかでもオーストラリア政府の立場はユニークである。太平洋国家として日本と戦ったオーストラリアと英国との利害が異なりうると、アメリカ代表がソ連代表に一九四六年三月一五日の内々の打ち合わせの場で伝えているほどである。メルボルン大学教授であったマクマホン・ボール等が参加したオーストラリア対日理事会代表部は、ニュージーランドとともに日本の民主化と非軍事化の推進については急進的であって、その点においてソ連と利害を共有するようになる。少なくとも一九四〇年代末まで、オーストラリア代表のパトリック・ショウはしばしばソ連代表デレビャンコを訪れて、アメリカとくにマッカーサーが対日理事会を無視していることに反発を表明していた。

中華民国政府からは、朱世明中将が代表として参加していた。三月初には日本占領のために派兵するとまでいっていた蔣介石政府であったが、内戦によって次第に余裕がなくなっていった。朱はあまり大きな発言をすることがなく、アメリカへの従属的立場を示していたとソ連側は理解した［A30/280/10/92］。

フランス政府代表として、一九四六年五月にワシントンから東京に転任したのはジノビー・ペシコフであった［A30/283/36/79］[4]。ソ連共産党創始者でナンバー2ともいわれたユダヤ系活動家ヤコフ・スベルドロフの実兄である。フランス政府は、マッカーサー指導部や英連邦と、これに批判的なソ連とのあいだにあって、取り立てて強い主張は行わなかった。

その他には、フィリピン代表が日本の教育問題に関心を寄せていた。

三　日本政策をめぐる米ソ関係

最初の対日理事会

日本が戦後初の総選挙を迎えようとしていた最中の一九四六年三月一五日、対日理事会が活動を開始する前に、マッカーサーとデレビャンコによる初の米ソ代表会談が東京で開かれた。前日の一四日には、米国理事会代表部ナンバー2のビショップと、ソ連政治顧問代理であるジューコフとが打ち合わせを兼ねて会談し、双方の陣容の紹介と意見交換が行われた。これ以降、ビショップとジューコフとのラインを通じて、米ソ両代表部間での一定の意志疎通が図られることになる［A30/280/10/13］。

マッカーサーとデレビャンコの両代表が最初に出席した四月五日の対日理事会では、米国のウィリアム・マーカット少将が司会を務め［七七 640］、まずデレビャンコがマリクをソ連側政治顧問として紹介した［A30/283/36/49］。また、この後には、軍人出のアレクセイ・キスレンコが対日理事会代表代行を担うこととなる。マリクやキスレンコは、日本の各界との交流、とくにソ連が日本で利用できうる数少ない政治資源である日本共産党とのパイプ役になった。

ちなみに、やや後の人事ではあるが、ソ連代表部で日ソ関係に重要な役割を果たすことになるのが、一九五〇年三月に来日したワシリー・コビジェンコである。日本語を専門とし、一九四五年に朝鮮半島に派遣された第二五軍の渉外担当第七課長を務め、金日成を政治家として押し上げるのに重要な役割を果たした［下斗米 2004/10］。その後、本国で共産党中央委員会国際部日本課長として日本共産党と朝鮮労働党の政治問題にも関与したが、日本共産党が中国寄りになる一九六三年に日本課長職をコワレンコにゆずることになる［一八 243］。

さて、一九四六年四月五日にもどろう。マッカーサー、デレビャンコ、そしてマリクが出席した第一回理事会会議の席上、デレビャンコは議題にない発言を求め、投票が間近に迫った衆議院総選挙における「反動派」の活動に司令部の注意を求めた［七七 638］。また、マリクから改革の実行状況を尋ねられたマッカーサーは、「思った以上に日本人は履行している」と答え、戦犯や軍国主義者の逮捕、国家機関からの追放を「きちんと完璧にやっている」と説明した［A30/280/10/12］。マッカーサーは衆議院選挙についても「民主的議会ができよう」と楽観的な意見を述べたが、日本政治の専門家でもあるマリクから選挙関連立法の非民主性などを批判されている。

天皇をめぐる米ソ関係

米ソ間での最初の緊張は、昭和天皇の地位の問題について生じた。とりわけ、昭和天皇を戦犯とするか、あるいはそうでなくとも、米国が主導した東京裁判に関与させるべきか、連合国内でも日本国内でも意見が分かれていた。

一九四六年一月四日、ジョージ・アチソン政治顧問がトルーマン大統領に提出した分析では、昭和天皇は戦争犯罪人になる可能性を認識しており、退位すら考えていると述べ、こうした問題を処理する枠組として、一刻も早く憲法を改正するべきだと進言していた［F/1946/8/91］。戦争裁判、天皇問題、憲法改正は一体の問題であった。これらは米国からすれば、スターリンが日本問題への関心を薄め、対日理事会もまだ機能していないうちに、すみやかに処理すべき課題であった。

昭和天皇の責任問題は、米ソ関係の文脈でいえば、ソ連のほうから提起された。一九四六年一月二三日、前章で見たとおり、スターリンは本国へ帰任するハリマン大使に対し、天皇について制度としても個人としても残すことには反対だと表明した。もっとも、ロシア語版の記録では「軍国主義者を引き付ける「インペラートル的権力」を維持するのは反対だ」となっており、軍国主義化を懸念する文脈で述べたということになっている［六六 183：四六 403］。

アメリカ側からも、ハリマンに替わって一九四六年二月から駐ソ大使となった軍人出のウォルター・スミスが、ロゾフスキー外務次官との四月初の会談で、天皇がなぜ裁かれないのか分からないと発言した［五八 198］。このときロゾフスキーは、ソ連側には天皇裁判に反対な者はいないと応じている。

三月一五日、マッカーサーとマリクの間でも昭和天皇をめぐるやりとりがあった。マッカーサーは、憲法草案について、とくに天皇は政治権力を奪われ国民統合の象徴とされ、人民主権の憲法となると述べ、新憲法は若干の未完成な部分もあるが「日本人自身によって作られたのであって、その作成に際して我々は忠告や諮問というかたちで協力はしたが、外部から押しつけたのではなかった」と強調した［A30/280/10/14］。これに対しマリクは、天皇や軍閥は日本人民全体にとって軍国主義と侵略の象徴であって、将来に再び軍国主義と復讐の象徴となる可能性があると応えている。これは、君主制に否定的な一九四六年初のソ連外務省「指令」に沿った発言である。マッカーサーは、日本は敗北して生産力も戦前の一〇パーセント以下となり、食糧もなく、この半年は外部から援助がなければ餓死者も出るほどであって、したがって今後の問題は復讐ではなく国内問題になると熱弁した。さらには、日本人は軍や将校を嫌っているとも反論した。

さらにマッカーサーは、マリクのいう天皇とは個人のことか、それともシステムのことかと聞き返した。これにマリクは、アメリカのマスコミにおいていま天皇責任論はどう扱われているかと逆質問した。マッカーサーは、裕仁天皇の責任問題は連合国首脳が決めることで、自分（マッカーサー）の決めることではないと答えるにとどまった。その上で、「システムとしての天皇」を廃止すると、政府は文字どおり一時間で瓦解することになる、国内が混乱するとパルチザンが生まれ、これに対処するには一〇〇万人の軍隊が必要となる、今の少数の軍隊で占領支配が可能なのは天皇個人と天皇システムのおかげである、とマリクに答えた。マリクはさらに天皇の権威について尋ねたが、これには「神としての権限は削減されたが、国民統合の象徴としては維持されている」とマッカーサーは答えた［同15］。これで、ソ連側の天皇問題への質問は終わった。

この会談直後の三月二〇日にソ連共産党政治局から極東裁判関係者に発出された指令では、天皇問題については「天皇を告訴する問題は出さないこと、ただし他の国がこれを提起した場合には支持すること」と定められた。政治的イデオロギーから君主制には反対であっても、米軍支配地域に余計なコミットはしないというスターリンの地政学的考えからであった。さらに、ソ連側が天皇問題で消極的となったもう一つの理由として、四月に迫った衆議院総選挙が関係している。日本共産党が平和革命のソフト路線で選挙戦に臨んでおり、「愛される共産党」として彼らは、コミンテルンとの関係を「おとぎ話」であると否定していた。しかし戦前の日本共産党はコミンテルン日本支部に他ならず、コミンテルンの二七年テーゼ、三二年テーゼにおいて天皇制問題が扱われていた。そのため、ソ連が天皇制を云々するのは、日本共産党にとっては有利に働かないことであった。

米ソ関係における日本問題の最難関はクリアされた。一九四六年六月にUPの記者が、東京裁判検事キーナンによる天皇問題について検察内部に亀裂があるとの発言に対し、ソ連側のコメントを求めた際、ソ連側はほとんど答えなかった［A30/279/4/79］。こうして、天皇をめぐる問題はソ連側でも消滅したかに思われた。

四　日本改革と対日理事会の活動

対日理事会は一九四六年四月五日に第一回会議が開かれて以後、二週間に一度、つまり一九四六年一二月末までの九ヵ月で二二回の会議が開催され、三七の議題が審議された。マッカーサーは第一回目の会議にのみ出席したことはすでに述べたが、その出席した初回における政治宣言的発言では、この委員会は審議機関なのであって、最高司令部の活動を圧迫してはならないと明確に述べた。またソ連の反対を押し切って会議を公開にした。

選挙戦

戦後日本の政治改革についてのソ連の観点は、『プラウダ』紙のゴルバトフ記者による一九四六年三月七日の論文「民主統一戦線創設の闘争」に現れていた。社会党など左派の協力による統一戦線がヨーロッパと同様に日本でも追求された。日本共産党が一九四五年秋から呼びかけた社会党との統一行動に対し社会党右派が消極的であることに、記事は批判的であった。

そうした中、一九四六年四月一〇日が投票日となる戦後最初の衆議院選挙にむけて、日本共産党を含めた各政党の活動は活発化していた。各国メディアは選挙戦の動向を様々に報じている。タス通信は、社会党、共産党、それに朝鮮人たちのデモが起きたと伝え、軍国主義復活への警戒もソ連の対日宣伝では重視された。アメリカの新聞でも、日本では秘密の軍事組織が動いているとして、たとえば「黒龍会」と鳩山一郎や社会党との関係について書き立てていた［A30/283/72］。実際のところ、先述したとおり、優勢であった自由党の鳩山一郎と社会党の片山哲とが会談をしている。

ジューコフとビショップによる三月一九日の米ソ会談では、米国から、日本初の民主選挙となる四月の総選挙に関する説明がなされた。ビショップは、選挙結果を予想することは日本の民衆に政治的経験が乏しいため難しいが、政党には人気がなく、あるとしたら左派政党であるが、そのことが利用できるかどうかは分からないと指摘した。社会党には金があるが、共産党には週刊紙があることにも触れた。アメリカ政府は選挙結果に完全に中立であることも強調された［A30/280/10/6］。UPなどは、マッカーサー司令部は選挙結果には不介入の姿勢だと伝えている。なお、選挙後の四月一一日、ソ連側は数名の選挙参加について疑義を呈している。

冷戦の影と日本政局

一九四六年は年初から冷戦の深化を窺《うかが》わせる事態が進行していた。二月初のスターリン演説では対米警戒が呼びかけられ、三月には米国フルトンでチャーチルが「鉄のカーテン」演説を行った。とりわけチャーチル演説は大きな転機となり、その内容をパリの講和会議の席で知らされたソ連外相モロトフは、バーンズ米国務長官との夕食会で、これは「新たな戦争への呼びかけだ」と非難した［五八 226］。東京では三月七日に米ソ戦争の噂が流れたとの報道があったほどである［A30/283/36/45］。

米ソ対立の進行は、日本政治にも小さからぬ変化を生じさせた。もっとも大きな動きは、四月三〇日に連合国総司令部が、マッカーサー司令官暗殺未遂事件が発覚したと表明したことである。各紙はタカヤマ・ヒデオ（高山秀夫？）を主犯とする共産党系の犯行と報じた（統計学者増山元三郎ら旧軍関係の急進グループが関係していたとも信じられていた）(5)。五月一日に『ニューヨーク・ヘラルド・トリビューン』紙は社説で、事件の責任は共産党にあるとした。

だが奇妙なことに、この事件によって甚大な政治的影響を被ったのは自由党の鳩山一郎であった。事件直後の五月四日に彼の公職追放が発表されたのである。この追放問題に東西情勢が影響したかどうかは不明であるが、直前の四月末には衆議院選挙で鳩山自由党が第一党になり、幣原等の進歩党や片山哲の社会党、協同党との連立政権に向けて四党の話し合いが行われている。共産党の排除は決まっていたが、同党の徳田球一書記長は社会党が入閣することを支持していたのであった。だが、鳩山は総司令部の支持を得られなかった（オーストラリア代表部のマクマホン・ボールはそのように理解していた［リックス25］）。こうした成り行きの結果、片山哲政権が成立するかに見えた。五月五日、片山首班の考えが幣原首相から伝えられている［楠92］。

五月一〇日、南京でジョージ・マーシャル大使（次期国務長官）との会見を終えた陸軍参謀総長ドワイト・アイゼンハワーが来日し、マッカーサー元帥と会談した［九一441］。このアイゼンハワーの訪日は極秘であって、当時の外交団にも伏せられていたらしい。しかし、対ソ警戒を主張したケナンや、対ソ強硬派のジェイムズ・フォレスタル海軍長官（のち初代国防長官）とも親しかったアイゼンハワー陸軍参謀総長の来日は、急変する東アジアの政治情勢と関連し政策転換を図ってのことなのは明らかであろう［一〇五 372］。同じ五月一〇日には英国系のロイター通信が昭和天皇退位論を伝えている。この日、東京でのマッカーサーとアイゼンハワーとの会談が、昭和天皇や日本の新政権の運命とどう関わったのかは不明である。(6) 翌一一日には、米国系のUPが昭和天皇の軍事裁判招致はないと報じた。そして一六日、吉田茂が次期首相に決まった。

幣原内閣では外相を務めた吉田は、元勲大久保利通の子である牧野伸顕の娘婿で、戦争中は宮中派として知られていた。(7) 日本の占領統治は、それまでの政府機構を残した間接統治であり、必然的に官僚の力が大きくなった。とりわけ、占領軍との関係を考えれば「通訳的役割」を果たせる人材、すなわち吉田や前任の幣原のような外務官僚の力が強くなるのは自然なことであろう。比較占領史的に見れば、北朝鮮では民族派の長老であった曺晩植が粛清され、替わってソ連軍大尉であった通訳の金日成（本名金成柱）が、一種の「通訳政治」で力を発揮し、一九四六年二月、事実上の首相となっていた。このように、旧日本帝国の占領統治では通訳的機能が重要となったのである。

吉田はまた、鳩山が掌握していた自由党も統制することになった（八月には正式に自由党党首となる）。このころの対日理事会ソ連代表部は、「反動派」鳩山と「親米派」吉田との関係は「個人的友人」と記録しており、党首は譲ったが鳩山は未だ影響力をもっているとも指摘している［R82/2/1390/103］。だが、両者が政治的に対立するようになるのはもっと後の話である。

憲法改正をめぐる国際政治

日本の新憲法制定をめぐっても、対日理事会においては米ソの対峙がありつつ、改正プロセスは急速に進められた。先にも紹介したとおり、ジョージ・アチソンは一九四六年一月四日のトルーマン大統領宛の書簡で、憲法改正を先行させれば天皇の責任問題は浮上しないと見て、さらに天皇が退位するという説にも触れながら、この問題解決のためにも憲法改正を先行すべきであると指摘した。「もし我々が天皇を利用するなら、彼に不逮捕特権を附すべきである」とも述べている。なお、アチソンは同書簡において続けて、日本人はソ連を嫌っている、日本人にはアメリカとロシアとが戦うのではないかという恐怖（と希望）があるとも指摘した［F/1946/8/91］。

天皇の責任問題と退位問題、一九四六年に入ってからの米ソ関係の冷却化、米国が日本管理の主導権を確保しているうちに改革を進めたいというマッカーサーらの意向、これらのことが背景となって、憲法改正が急がれたのである。

こうした中の一九四六年五月末から六月初にソ連代表部のマリクがまとめた「日本国憲法草案への注記」は、ソ連側が見た憲法改正への問題点を指摘しており興味深い［A30/279/4/16-20］。これによると、憲法の最初の起草者は「戦犯」指定を受けて自殺した近衛文麿であったが、松本烝治がこれに代わった。松本は四月の公職追放にもかかわらずマッカーサーの支持で政府に残った人物である。一九四六年二月にＧＨＱに提出された松本案は反民主的であるとして三回書き直させられた。人民の意志に発する天皇の地位といった宣言には「アメリカ的な言い回しに満ちている」、天皇に関する条文では権力を制約しているように見えながら、実際には元首としての権利を本質的には保障している、象徴としての国事行為の箇所（第七条）は、首相任命権など過去と同様「本質的な権利がある」ことを示している――このように、ソ連側は松本新憲法案の旧憲法との連続面を強調していた。

これに対し、第二章の「国際紛争解決の手段としては戦争を永久に放棄する」といった第九条の箇所は「新しい」と評価している［一一］。もっとも、それ以上の記述はない。ちなみにその後に「非公式の噂」としてではあるが、自由党の鳩山一郎らが、戦争放棄条項は対日理事会ソ連代表によって含められたと主張していることを紹介する記述が目につく［A30/279/4/8］。その他、法の下の平等から、枢密院の廃止など、各章ごとに新憲法を要約しているが、とくに目新しい評価はない。このことは、「世界一民主的な」スターリン憲法に対するソ連人のシニカルな反応と同様、憲法を単なる文書に過ぎないとみたソ連特有の「法的ニヒリズム」の現れであった可能性は否定できない。

この注記の後半では、日本の政界各派の新憲法への批判にコメントしている。憲法は当初マッカーサー・昭和天皇の指令として出されたと思われており、評判は「ほめちぎられている」とソ連は理解した［同 14］。やがて保守派からの批判も出るようになる。天皇制に原則として肯定的な社会党は憲法案を評価したが、共産党の憲法批判として、①原案が機密扱いで反動的官僚政府によって作られた、②民主化された後に新憲法は採択されるべきだ、③将来の軍事化につながりかねない、④民主化への官僚勢力の妨害がある、などと問題点を挙げていた。さらに共産党は「戦争犯罪者である天皇」が関与すべきではなく、天皇制は廃止すべきであり、共和的政府が必要だと論じていたとソ連側は紹介している。君主制的反動勢力の復活とみた天皇巡幸にもソ連側は神経質に批判した。

マリクらは、バーンズ国務長官がこの改正案を最終案とするのではなく極東委員会で検討すべきだと発言したこと、日本のマスコミが参議院の存在や象徴天皇制の維持といった点を批判しだしたことなどに着目している。またマリクは、米国AP通信の評論員による、新しい日本の自由と権利とはアメリカ人の権利観に基づいているというコメントを引きながら、「この憲法は日本人のためのアメリカ憲法であって、日本人のためのそれではない」と指摘した。マッカーサーが満足していることこそがそれを示しているとマリクは評している。ソ連代表部のコメントは、極東委員会においてこの憲法案を修正し、①天皇制の廃止か、少なくとも多くの国家機能の剝奪、②日本の人民自身が支配する国家とする、③「反動の拠点たり得る」参議院の廃止と一院制創設、④人民主権と人権、自由の明確化、⑤帝国議会にかわる「国民」議会の明確化、を図るべきだと指摘した［同 9］。

労働立法をめぐる攻防

労働組合の形成と関連する改革は、ソ連代表部がとくに熱心なテーマであった。そのことには、当初対日関係を担当したロゾフスキー外務次官がロシア革命時のメンシェビキ系労働組合の出身であり、一九二〇年代にはプロフィンテルン（赤色労働組合インターナショナル）の中心人物であったということが関係しているかもしれない。袴田里見など一九二〇年代にモスクワの東方勤労者共産主義大学（クートベ）で学んだ共産党員には、同様の教育を受けていたものが多い(8)。もちろん、スターリン体制下の労働組合が民主的機能を果たしたことはなかったが、経験に乏しい日本の労働組合に対して教訓を与えることに躊躇はしなかった。

一九四六年七月一〇日、デレビャンコは対日理事会において労働立法についての勧告を出した。八時間労働、週四八時間労働の制定、そしてストライキの権利拡大とストライキへの処分に厳しい規制をかけるというものであった［七七 639］。また、この勧告提出と前後して、全ソ労働組合評議会クズネツォフ議長らは、労働組合法や団体協約制度、そして革命時の「労働者統制」に関する資料などを対日理事会に提供し、労働者の企業統制に制限をくわえないように注文した［A30/279/4/109］。しかし、こうした勧告もむなしく、労働立法にソ連案はあまり反映されていないと、デレビャンコは後日に不満を述べている［七七 640］。

財閥解体、とくに石炭鉱業国有化問題にもソ連は熱心で、デレビャンコは一九四六年一〇月、石炭産業の四分の三が財閥の下にあるとして、その国有化を強く主張した［同 644］。これにはジョージ・アチソンが抗議し、現在の日本政府の方針は司令部のそれと一致していると擁護したうえで、日本政府のやる気をなくさせるいつものソ連の発言だとコメントした。これに対して、オーストラリアのマクマホン・ボールがソ連を擁護した。

なお、ソ連の世界経済国際関係研究所のように、日本の財閥解体や石炭業国有化への意見を求められたことをきっかけとして、ソ連の日本学が育ったという効果もあった（スターリン時代にはその発展の可能性は少なかったとしても）。

また、デレビャンコは公職追放についても急進的であった。対象とされていなかった芦田均ら一七名を追加して追放すべきだと主張した［七九 649］。

一年間の総括

一九四六年一二月九日、この一年間における対日理事会の活動を振り返って、米ソの会議が開かれた。しかしマッカーサーは会議直前に出席をキャンセルし、かわってGHQ参謀第二部（G2）のウィロビーらがソ連側と意見を交わした。なお、ウィロビーは対ソ戦争が不可避であると疑わない人物である［リックス 44］。そして日本の非軍事化、引き揚げ問題などについて意見が交わされた。しかし、資料の解釈や満洲での日本軍の武装解除の評価の違いなどから、議論はあまりかみあわなかった［A30/280/10/22-48］。

こうした経緯を踏まえて、一二月末にデレビャンコは本国に、対日理事会のソ連代表部九ヵ月の活動報告書「モスクワ三国外相会議の対日理事会に関する決定の履行について」を提出した。そこでデレビャンコは、マッカーサーは対日理事会の諮問機関としての性格すら否定した、「マッカーサーの日本占領政策は自分でだけ決めて極東委員会の決定を考慮していない」と批判している［A30/279/4/69］。また、マッカーサー司令部の態度が強硬なのは、ソ連側を孤立させようとするアメリカの「反動的非民主的」政策であるとデレビャンコは指摘した上で、マッカーサー司令部の「反動性」を暴露する場として対日理事会を利用し、新聞などを通じてソ連側の立場を宣伝したいとも提言している。また、これ以上の東京での活動には限界があるとして、ワシントンの極東委員会での活動に期待するとも述べている［A30/280/10/92］。

もっとも、この「マッカーサーの反動的非民主的」政策や、米国代表アチソンのソ連孤立化政策は、英国を含めたソ連以外の各国の反感をも買うこととなり、ソ連による米国の占領政策批判と暴露戦術を助ける結果につながった。なかでも英国政府代表は、米ソ対立の中、米国の政策へ正面切った反対こそしなかったものの、幾度となくアチソンを牽制し、ときにはデレビャンコを公然と支持することもあった。しかしマッカーサーたちは、英国の相対的な独自性を認めるとソ連の発言力を増加する結果になるとして、高圧的な態度をとり続けた［リックス 27］。

なお、スターリンは米国主導の日本占領に特別な関心を示していなかったようである。同年一〇月二三日、UP記者H・ベイリーから対日占領についての評価を聞かれたスターリンは、「成功はあるが、もう少しうまいやり方もある」とだけ答えたのである［六六 63］。

五　激化する米ソ対立

農地改革の不徹底を批判

一九四七年二月一日に計画されたゼネストは、マッカーサーの中止指令によって、不発に終わった。それでも左派の勢力は衰えることなく、四月二五日の第二三回衆議院総選挙では社会党が第一党に躍進する。この間、吉田政権はソ連に批判的な立場をとるようになってい た。吉田首相は三月二〇日のインタビューで「我々には北側に大きな敵がいる」と述べた。これに対して、駐米ソ連大使代理セミョン・ツァラプキンは、連合国への敵対発言だと抗議した［五八 392］。

一九四六年を通じて形成されたマッカーサー司令部の圧倒的地位と、吉田内閣のこれへの追従による対日理事会の空洞化という傾向はますます顕著であった。一等書記官にすぎないウィリアム・シーボルトが会議を取り仕切ることも多くなった［リックス 177］。一九四七年三月には、マッカーサーは記者会見で極東委員会と対日理事会の早期解散に賛成であると述べた［同 189］。

こうしたなか、二月一八日にマッカーサーとデレビャンコとが久しぶりに会談した。その内容は、ソ連からの日本人抑留者引き揚げの遅れに関連しての「反ソ」活動を取り締まってほしいという要請や、キーナン検事が病気で東京裁判が遅滞していることについての意見交換などであった［A31/277/8/3］。一九四六年初頭ほどの緊張感を欠いていたのは、関係が良化したというわけではなく、抗議がルーチン化していたからであろう。

国内改革では、一定程度改革が進んだとみなされたのか、農地改革以外についてのソ連側の発言はあまりなかったようである。ただ、農地改革については、短期間のうちに地主から全小作地等を強制的に収用し、無償で農民に解放すべきであるとソ連側は述べ、英米中などの有償譲渡とする穏健路線とは立場を異にしていた。

七月二三日にデレビャンコは、農地改革の中途半端さをあらためて批判した［七八444］。この問題は、ソ連代表部だけでなく、日本共産党においても大きな論点となっており、やがて軍事綱領などで「民主革命」が必要である理由として、農地改革の不徹底さを批判することになる。しかし、これは後知恵ではあるが、インフレ下の経済状況にあっては有償であることに実際上の意味はなかった。また、ソ連の日本学者をはじめとする関係者のあいだでは、日本の農地改革がうまくいったと評価されている［三〇69］[9]。その評価のポイントは、大量の自作農を「革命的」に創造したことに対するものであった。だが、これも後世から振り返れば、そうして生まれた農家たちこそが、五五年体制下の自民党支配の基盤を作ったのである。

シベリア抑留日本兵問題

マッカーサーとデレビャンコは、一一月二八日にもシベリア等ソ連内の抑留日本兵の引き揚げ問題をめぐって会談した。この問題は次第に米ソ間の緊張の種となってきており［小林］、マッカーサーは引き揚げ促進を求め、さらにはソ連から帰還した日本兵の健康が悪化しているという説があるとも水を向けた。これに対しデレビャンコは、米軍紙でも抑留兵は良好な状態にあると報じていることを指摘し、フィリピンのような「異常な状態はない」と述べ、日本軍による捕虜虐待で二万六〇〇〇名もの米兵が亡くなったことを想起させた。同席していたソ連代表部のゲネラロフは、日本人は「人道主義と道徳基準が低い」と発言し、マッカーサーも同感だと応じ、その場は収められた。これは、マッカーサーの引き揚げ問題についての無知を利用した、デレビャンコとソ連側の情報隠匿の当面の勝利であった。実際には、一九四五から四六年にかけてシベリアでは、フィリピンで死亡した米兵捕虜数を上回る数の抑留日本兵が食糧不足で亡くなっていたのである［A31/288/8/8-9］。

シベリアの抑留日本兵をめぐる問題は、日本共産党とソ連の間でも火種となっていた。一九四七年一二月一九日、日本共産党の徳田球一書記長が労働組合などの代表を引き連れて、ソ連代表部のキスレンコと会談した。この席で徳田は、なぜソ連に六〇万－七〇万人もの日本人捕虜が抑留されているのかを知りたいと切り出した。キスレンコは、①シベリア鉄道の通行許可の問題、②ナホトカ港の不備、③新五ヵ年計画遂行のため、④彼らに共産主義思想を教える、⑤六〇〇〇人しかない帰還船の収容能力などの理由を挙げた［同 35］。さらに徳田は、帰国した捕虜の栄養状態が悪いことについての説明も求めると、キスレンコは、ソ連人一般よりも待遇はよいという反対の説明も聞いているとのみ答えた。そしてキスレンコは、一九四六年に最高司令部とソ連代表部との間で日本兵復員に関する協定が決まり、すでに毎月五万人の復員が決まっているが、ソ連に不凍港はないため天候が悪く停滞している、だが春には復員がはじまるだろうと述べた。さらに、一九四七年六月二八日にマッカーサーとの間の合意により六一万九〇〇〇名の復員計画が実施され、これは過剰達成されてきたこと、しかし栄養状態などについて日本人の間に中傷するものがいる、とも答えた［同 43］。徳田は復員を急いでほしいと要望しつつ、他方でソ連側には情報を説明する必要があると締めくくった［同 52］。この一週間後の『アカハタ』紙に、マッカーサーが捕虜の栄養状態はよいと発言したことが記事にされたが、米軍の検閲で削除された［同 64］。

徳田は、一九四八年四月にも、引き揚げ促進の代表団を引き連れて再度ソ連側と会談した。日本側の党員中西功《つとむ》は、①引き揚げの遅れの理由の説明、②名簿の公表、③捕虜の状態の説明、④引き揚げ数を増やすことを要請した。これに対しソ連側のK・ポポフは、天候のせいで遅れているが五月末から帰還は再開される、マッカーサーとの約束に従ってソ連政府は可能な限りのことを行っていると答えた。徳田は、なぜ手紙すら届かないのか、帰還船に定員の半分しか乗っていなかった例があるなどと、ソ連側を批判した。国内では共産党がソ連を擁護しているという批判も一部にはあり、徳田はとりわけこの問題に熱心であった。それにもかかわらず、後の一九五〇年には、徳田が「好ましくない者」＝「反動分子」を日本に帰国させるなと要請したことで一部抑留者の復帰が妨害された、という批判を浴びた（いわゆる徳田要請問題）［同 34］。

なお、さらに四八年九月にも、共産党系団体である民主擁護連盟の平野義太郎、参院議員中西功らが、引き揚げ促進のためにソ連代表に陳情している［A37/12/4/60］。

ポイント・オブ・ノーリターン

一九四七年六月一九日、ワシントンの極東委員会は、それまでの対日占領政策を中間総括するとともに、その後の活動方針を定める「日本における原則的政策の基本について」という文書を採択した。この文書は、平和条約がつくられるまで総司令部による対日政策の基本に据えられるものとされた［A06/9/184/1328/1-13］。これは一般的文書であって、とくに米ソ間の緊張を反映したものではないが、こうした文書を必要とするほど各国の思惑がすれ違ってきていたということかもしれない。

一九四七年末、ワシントンの極東委員会の活動は、米ソ間の対立のために手詰まりとなっていた。一二月一二日、極東委員会ソ連代表となっていたマリクと、議長を務めていた米国の元陸軍軍人フランク・マッコイが会談した。そこでマッコイは、活動が袋小路に入ってきていて合意ができないのはなぜかと、マリクの意見を求めつつ、次のように指摘した。まず、議長であるマッコイ自身には二重性がある。第一は委員会の長として和解的であるべき役割と、第二はアメリカの代表としての立場である。自分としては和解的立場を取っているつもりだが、このため国務省内には自分の立場があまりにソ連側に妥協的だという声がある。アメリカ代表の立場としては本国政府の指令に従わなければならない。こう述べた上で、合意に至ることができていない問題として、①賠償問題、②日本側に差し押さえられた財産の返還問題、③日本における軍事活動の禁止問題を挙げた［A31/288/9/1-2］。さらにマッコイは、自分としては現行の解決方式を維持し、誤った解決をすべきでないと考えるとも述べた。ここには、まだ一定の抑制が働いていたかに見えた。

時を同じくして、東京でも同様に緊張が生じていた。発端は、ソ連側が、最高司令部からの日本の非軍事化に関する情報提供のレベルの低さを指摘し、対日理事会の議題にしようとしたことである。この問題について、一九四七年一二月三〇日、米国側のシーボルトとソ連代表部代理のキスレンコとが会談した。シーボルトは、対日理事会が「両国政府どうしの公的論争の対立となる危険」に触れ、理事会とはそもそも各国代表がそれぞれの立場を言い合う機会ではなく、とりわけ、日本の非軍事化の問題は「毒々しい議論」になるということを強調した。キスレンコはこれに真っ向から反対した。そもそも対日理事会は「諮問」機関なのであって、最高司令部に圧力をかけているのではない、日本占領と占領政策に関してはどのような問題提起も可能であるはずだとして、原則からゆずらなかった［A37/125/4/4］。

年が明けて一九四八年一月七日に開催された対日理事会で、キスレンコは発言を求め、日本非軍事化問題について検討を依頼したが無視されたとして、前年末のシーボルトとの会見内容を暴露しながら、「アメリカ代表の粗野な手続き侵犯」を批判した。シーボルトは、非軍事化の資料は公開されているではないか、と反論した。そして英国代表が、議題はどの加盟国も提起できるということを確認して、会議は終わった［七九 426］。この一連の経緯は、一九四八年をもって米ソ対立は東京でもポイント・オブ・ノーリターンを迎えたことを示していた。

片山政権発足とその評価

新憲法の施行を間近にした一九四七年四月、第二三回衆議院総選挙が行われ、社会党が第一党となり、社会党の片山哲が首相に指名された。当初は社会党、自由党、民主党、国民協同党が連立を目指したが、結局自由党は政権参加せず、六月一日に自由党抜きの三党連立で内閣が発足した。また、この連立を模索する過程において、社会党左派は共産党との絶縁を宣言している。

ソ連代表部は、片山内閣について、アメリカによって操られた政権であり、占領軍の政策的武器であるとして冷ややかに受け止めていた［RI7/137/736/50］。他方、アメリカの側は、片山内閣は中道政権としてとらえた。

炭鉱国有化問題など厳しい政治経済情勢に加え、労使対立のせめぎ合いのために社会党まで政権から距離をおいていると、八月一一日の『プラウダ』紙は伝えた。一九四七年末には片山政権は共産主義との闘争を訴えたが、結局、翌一九四八年二月には総辞職に追い込まれ、かわって民主党芦田均の内閣が発足することになる。芦田は戦前派の外交官であって、前述のとおりかつてデレビャンコが追放を求めた人物でもある［七九 649］。

ソ連側は一九四八年二月一三日に、片山の辞任と次期内閣の性格について、最高司令部の情報開示を求めた。このときも対日理事会前にソ連側と会談したシーボルトは、この問題は日本の内政問題であると開示要求の撤回を求める。だがソ連側は、諮問機関としての理事会にふさわしいテーマであり、民主的平和的政府を確立するというポツダム宣言の観点からも、政権交代には関心があって然るべきだと迫った。結局、事前会談はまた物別れに終わった［A37/125/4/13］。

その翌日、ソ連代表キスレンコと、ショウ豪州代表が会談し、この政権交代について話し合った。当時の英国本国が労働党政府であったことが具体的にどう絡んだのかは不分明であるが、日本社会党において政治的に活発な西尾末広と消極的な党首片山の性格の違いに触れ、吉田と西尾とが組むことの利点がショウから示唆された［同16］。

対立モードへ

一九四八年三月三日の対日理事会は、大方の予想どおりに展開した。キスレンコが日本政府の無能さと民衆の経済的困窮について演説していたところ、司会のシーボルトはその途中で会議を打ち切ったのである。そして、おきまりの抗議声明がソ連側から出された［七九430］。

どうやらソ連側は、この問題をきっかけに明確な結論を引き出したようである。かつて一九四六年一月に本国からソ連代表部に下されていた日本占領と民主化に関する指令は、米国との協調と対立の側面が並立していた。しかし、米国政府とマッカーサー司令部によるソ連代表部の「無視」とポツダム宣言との「矛盾」をうけて、ソ連外務省は新しい方針を打ち出したのである。四八年二月二六日、外務省第二極東部のザブロージン部長代理はビシンスキー次官に、対日理事会ソ連代表部に対する追加的指示を出すことを求めた。その趣旨は、マッカーサー司令部がモスクワ外相会議の決定を無視しており、非軍事化と逆行し、財政負担が日本国民にしわ寄せされ、米軍支持の軍国主義団体の活動が活発化し、財閥が解体されておらず、農業改革がサボタージュされ、反民主的な労働政策改革が行われている、これらの事実をソ連代表部は暴露せよというものであった［五八 526］。ここに、米ソ関係は完全に対立モードに転調しだしたのである。三月一〇日成立した芦田内閣が、七月三一日に公務員のスト権禁止を決定すると、ソ連側代表は「ポツダム宣言」違反という厳しい批判を行った［七九 432］。

米国もまた軌道修正をはじめた。初期冷戦の立役者であったケナンを中心とする代表団が、一九四八年三月に来日する［五十嵐 59］。かつて世界五大工業地帯のひとつであった日本を、本格的な冷戦下の経済成長モデルの中に位置づける考えが浮上した。そして、米国は引き揚げ問題を中心に反撃に出た。四月初に、シーボルトは再びキスレンコと会談を行い、抑留日本兵引き揚げの遅れが問題だと切り出したのである。引き揚げはこの月に再開されたが、毎月五万人ずつ行うべきはずなのにそのペースが遅れており、マッカーサーからこの点を質す書簡をソ連に送ったが返事がないということであった。ソ連側は、その冬が厳しかったことが遅れの理由だったと説明した。この引き揚げ問題は、その後も米ソ間の緊張の源泉となる。なおここで、約一〇年後、一九五九年の在日朝鮮人北朝鮮帰還問題も、これと似た構図の問題となることには注意を払いたい。

このような米ソ間の対立に批判的であったのは、英連邦、なかでもオーストラリアの代表であった。四月二四日に英連邦の英国、オーストラリア、ニュージーランド、インドとソ連代表キスレンコとの話し合いが行われた。この席でオーストラリア代表は米ソが対立していることについてコメントし、「世界がふたつの対立した側、つまりソ連邦と米国とに分かれていること」を批判した。さらに、「世界は戦争のほうへと漂流している」と指摘、そして日本との平和条約を進めるべきことを主張した。また、オーストラリアとソ連との妥協的解決が見つかろう、とあたかもオーストラリアが「第三の道」を模索しているようなことまで示唆したのは興味深い［A37/125/4/23］。

豪ソ連携は、その後も一九四八年九月にショウ代表がデレビャンコと会談、「対日理事会は存在するだけでも、何を審議しなくとも価値があることである」と、最高司令部にとっての牽制役になることの意義を確認しあった。オーストラリアとしては日本の民主化に関心があり、「日本がどこかの国家の工場となったり、どこか大国の駒となったりするのは望まない」と確認しあった［同 57］。

一九四八年末になると、中国内戦での国民党の劣勢も手伝って、ますますアメリカが日本を極東での影響の「拡大」の支柱や拠点にしようとしているという報道が、ソ連側報道機関のタス通信などに頻出するようになる［A06/10/82/1154/7］。それは、世界レベルでの米ソ冷戦が亢進していることのあらわれでもあった。この傾向は、ワシントンでの極東委員会においても看取され、その活動はますます冷戦の軛《くびき》におちいっていた。ソ連側は、一九四八年一二月の経済安定九原則や一一月の国家公務員の争議行為の禁止命令、四九年の公職追放の緩和措置といった一連の決定は、ポツダム宣言に違反しており、日本の米国への追従と軍事的潜在力を強めるものとして抗議した［同 37］。

一九四九年一〇月に中国において毛沢東の共産党政権ができたことは、こうした傾向にいっそうの拍車をかけた。ソ連代表部の報告書は、一九四九年の極東委員会の活動について「日本を極東における自己の侵略的計画履行の軍事同盟者にしようとするアメリカの政策と、日本へのソ連の平和政策の矛盾が激化した」と総括した。とくに中国革命が勝利したため、アメリカは日本をソ連と太平洋での民主運動に対抗する自己の軍事的な場に転化するために注意を向けている、というのである［A39/137/1/32］。一九五〇年一月二二日、ソ連代表マリクは極東委員会での国民党政権代表の追放を要求し、受け入れられるまで会議への出席をとりやめると表明した。このスターリンのボイコット戦術は、対日同盟の占領管理機関としての事実上の破産に帰結した［同 37］。

六　平和条約問題

条約交渉の枠組みをめぐる角逐

米ソ対立は、平和条約締結問題にも影を落としていた。日本と交戦国との平和条約締結が議論の俎上に上りはじめるのは、ヨーロッパでの講和についての議論からやや遅れていたが、一九四七年三月一七日にはマッカーサーが早期締結の必要性について語っている。六月二七日には、翌年にも対日平和条約を結ぶとマッカーサーは発言した。さらにその二週間後の七月一一日、駐ソ米国大使ウォルター・スミスがモロトフ外相を訪ね、日本との平和条約問題を提起した［A06/10/81/1152/1］。スミスは、極東委員会構成国をその枠と考えるべきだとし、できれば八月一九日にもワシントンで関係一一ヵ国による会議を行いたいと提案した。また、すでに極東委員会ではソ連を除く九ヵ国との意見交換をはじめており、覚書を提起するということも伝達した。モロトフは、英国や中国との事前調整がされていないと反駁した［六〇 439］。

七月二二日にソ連側は公式に回答し、アメリカの一方的な舞台設定に反対すると提起した。カイロからポツダムに至る一連の会議において、対日講和問題では米ソ中英の合意が前提になるとされており、一九四五年一二月のモスクワ外相会議でも戦後日本について四ヵ国の合意が義務的なものとされている、よって、アメリカの一方的な決定により対日平和条約問題を扱うことは受け入れがたいと主張した［A06/10/81/1152/3］。要するに、平和条約は英米中ソの四ヵ国外相会議が中心になって決めるべきであるということである。以降この問題は、日本をめぐる米ソ間対立の最重要ポイントとなった。

米国の問題提起は、平和条約をめぐる国際的議論を惹起した。最初に反応したのは、当時ソ連と同盟関係にあり、対日問題でもソ連との共同歩調をとるべき中華民国であった。一九四七年八月一一日、同国の有力紙『大公報』は、米国提案の三分の二の多数決方式ではソ連が合意できないとし、この問題で同盟関係のある中国は、ソ連を除外した分離的な平和条約には反対だと主張した［同5］。ただし、交渉参加国については、中華民国政府は、米国の方式とソ連のいう四ヵ国方式との折衷案を主張した。

英国は対日参戦したすべての関係国の参加を求め、また、決定方式は三分の二とすべきだと主張した。つまり、ソ連がこだわった四ヵ国同意は不要という立場である。

ソ連側の反応は、一一月二八日政府機関紙『イズベスチヤ』に掲載のモロトフ外相の談話に示された。一九四八年一月に四ヵ国外相会議を開催することを提案したのである。これは、ソ連の孤立を予感させる展開であったが、ニコライ・フェドレンコ臨時駐中大使は中国方式との折衷案を取るべきだと主張し、マリクらも肯定的に受け止めた［同17］。また、英国はソ連が提案した四ヵ国外相会議の一月開催に賛成した。

この間、マリクはモロトフ外相宛「日本との平和条約問題に寄せて」という論文で、問題点を整理している。そこでは、ヤルタでは外相会議だけが平和条約問題を扱うとは決まったわけでないとして、四ヵ国外相会議の枠組みに限定することには否定的な意見を表明した。

一九四八年五月一九日と二三日にタス通信で発表された声明では、ソ連もまた対日平和条約の可及的速やかな締結には前向きであると述べられた。それは日本から米軍が撤兵する機会であるとした上で、条約交渉は日本を含めた外相会議方式で行うべきであり、同盟国である中華民国の参加が不可欠とも主張した。

以降、ソ連と関係国との話し合いが続けられたが［六〇 573］、しかし米国は外相会議方式には消極的であった。

急変するアジア情勢との相互影響

一九四九年のアジアにおける政治情勢の急変は、ここまでのソ連の動きを封じることとなった。何より、ソ連にとっての同盟国であった中華民国が、激化した共産党との内戦の末、ついには台湾への撤退を余儀なくされたのである。次章で詳細に見るが、同年一月にスターリンはミコヤンを中国共産党の毛沢東のもとに送り、中国共産党の政権掌握を前提とした政治地図の塗り替え、パートナーの交代を認めた。毛沢東の勝利、そして朝鮮戦争によって、対日講和をめぐる米ソ対立は、より複雑な文脈に置かれることになっていく。

一九四九年一〇月一日に中華人民共和国が成立し、中国の代表権問題が生起した。五〇年二月に中ソ同盟条約交渉のためにモスクワを訪問した周恩来外相は、対日理事会に未だ中華民国代表が座っていることについてソ連側に対応を求めた。五月、東京で朱世明が民国代表の地位を追われるという事件が起きると、周恩来はこの時をとらえて、ソ連側に民国代表を追放するよう強く求めた［R81/2/1384/54］。

ソ連は、そもそも対日管理機関に中国も招くべきであると一九四五年一二月のモスクワ外相会議において主張したのは、他ならぬアメリカであったと強調した。スターリンは国連安保理でもこのことを論点として提起し、マリク国連大使にボイコットを指示していた。なお、このボイコット指示は、一九五〇年六月二五日の朝鮮戦争勃発時、ソ連が国連軍派遣に拒否権を行使する機会を失うというソ連外交の失態の伏線ともなる。

ソ連政府は一九五〇年四月二八日前後、対日理事会への不参加をデレビャンコに指示していた。その直前、四月二五日にスターリンは金日成の南への開戦要求にゴーサインを与えており、金日成に毛沢東と会談させようとしていたときのことである。朝鮮戦争への準備が着々と進む中、より強硬な中ソ同盟の証が求められていたからこそ、前述の周恩来からの強い申し入れは、ソ連指導部の平和条約問題での態度をより強硬なものにさせたのである。

五月二七日、対日理事会会議のボイコットからさらに事態は一歩進んで、デレビャンコ代表と代表団の家族を含む五五名が、一斉に東京を離れソ連に帰国した。これは戦争が近いというシグナルでもあった。この中には将校クラスの軍人九名も含まれていた。代表代理に任命されたのはS・A・ポリャシェンコ大佐で、彼は一九四六年から東京に勤務していた諜報関係の無名な軍人であった［同 60］が、実際にはキスレンコと政治副代表のルーノフが諸事を取り仕切ることとなった。

デレビャンコは、対日理事会における自らの五年間の活動を「占領五年目の日本」という七月三日付文書でスターリンに報告した。そこでは、一九五〇年一月のコミンフォルムによる日本共産党の野坂参三批判「日本情勢に寄せて」を引用し、日本共産党の反帝国主義活動を高く評価しながらも、同時にその中にスパイがいること、また志賀義雄が党政治局員の多くを官僚主義であると批判していることを指摘し、さらに対日理事会ソ連代表部の資料が広く「民主勢力」に利用されていることを自賛した。また、日本経済についての記述では八五パーセントが外資の支配であるといった信じ難い数字を記しているが、そのような明らかに誇張された米国による日本支配のイメージは、その後スターリンの対日政策の基調にすり込まれていく［M1389/44］。

六月に勃発した朝鮮戦争の深刻化とともに、ワシントンの極東委員会も対日理事会同様、ますます米ソ宣伝戦の場と化した。八月五日、北朝鮮の朴憲永⑩外相は、日本の軍人がアメリカ軍によって雇われており、李承晩の第七軍、第八軍にも日本人が参加しているという声明を発表した。これをめぐっては、グロムイコ次官はスターリン宛の文書で、ポツダム宣言と一九四七年六月に制定された極東委員会の「基本政策」に背馳《はいち》するとして、極東理事会への指示を求めた。それをスターリンが許可し、この件は議題として一一月二日の会議に提起された。なお、このうち日本が水雷処理を担っていたことについては事実であったが、基本的にはアメリカ側は否認した［M1271/114］。もっとも、逆に朝鮮兵の中に中国人兵士がいることが一一月四日付『ニューヨーク・タイムズ』などで報じられ、朝鮮戦争への外国人関与の問題は、ソ連にとって諸刃の剣となった。

日本の占領と管理問題については、アメリカの存在が圧倒的であり、ソ連側からすれば、宣伝の材料以上のものには当初からなり得なかった。しかし、米国の一方的な占領政策に対しては、「西側」とくに英連邦諸国などからも不満が続出し、東京におけるソ連の存在はこれら諸国から一定の支持を得ていた。他方、米国の対日政策は、憲法や農地解放などで予想以上に急進的性格を帯びたものであったため、ソ連側は「反動的性格」をあげつらうというだけでは対抗し難かった。また、米国が関心を寄せたシベリア抑留問題は、日本共産党をも巻き込んで、複雑な対抗の構図を現出させた。

しかし、中国革命の展開と朝鮮戦争の進展という旧帝国空間における政治状況の変化は、対日講和問題を複雑化させた。否、むしろ対日講和問題がこの政治状況の重要変数となりはじめ、アジア冷戦を内戦、そして「熱戦」に転化させていったのである。

第四章　同盟・戦争と講和

一　中ソ同盟への道

中ソ共産党の関係

戦後の東アジア秩序を構想していたスターリンにとって最大の誤算となったのは、毛沢東による中国共産党政権の出現であった。国民党＝蔣介石政府と毛沢東の共産党との内戦は、ソ連赤軍の中国東北部への進駐によって刺激され、いっそう激しさを増していた。ヤルタでの欧米との連携もあって、表面上はソ連の同盟国は国民党政権であり、中国共産党との関係は後景に退いていた。しかし、共産党は激化する内戦の中でますます力を蓄え、国民党は意外にもその劣位をさらけ出した。

このような東アジアでの政治気象の激変に伴ってソ連指導部は、中国共産党をはじめとするアジア各国の共産党との関係を整序する必要に迫られた。それまでのソ連共産党指導部と中国共産党指導部との実際的な結びつきは、一九四一年の日ソ中立条約以降は目立たないものであった。四二年五月にコミンテルンの中国共産党との連絡員兼タス通信軍事特派員としてP・ウラジミロフが延安に派遣されるまでは、医師のA・オルロフらが連絡役となっていたにすぎなかった。日本帝国の敗北後も、ソ連側は国民党と関係を結んでおり、内戦のさなか中国共産党との関係を拡大することには慎重であった。

東方コミンフォルム

ソ連と中国共産党の関係には、一九四三年五月に形式的に解散された国際共産主義運動組織である第三インターナショナル、つまりコミンテルンの後継組織のあり方、とりわけアジアでの組織形態の問題が絡んでいた。

一九一九年に結成したコミンテルンは、独ソ戦以降の英米との同盟関係の影響で解散されていた。だが実際には、世界の共産主義運動にとって、スターリンとソ連共産党の指導的役割を疑いようはなかった(トロツキー系組織を除いて)。五月末の形式的解散後も、情報や宣伝など傘下の多くの機構はソ連共産党中央委員会の影響下でさまざまな形で生き残っていた[九二 277]。また、コミンテルン執行委員会書記長だったブルガリア人のディミトロフは新設のソ連共産党中央委員会国際情報部長に転じた。スターリンは、単一の国際指導組織を作るよりも、北米、ヨーロッパなどで地域組織をじっくり作ろうという考えであった[五五 3]。

米ソ対立が深まっていく中、一九四七年九月末にヨーロッパにおいて共産党・労働者党情報局(コミンフォルム)が形成され、ワルシャワで開かれた第一回会議に、ソ連共産党からは当時の新星ジダーノフやマレンコフが出席した[八五 469]。会議には東欧各国において権力の地位にある共産党に加えて、フランスやイタリアなどでの政権への参加経験を有する共産党、労働者党、計九党が参加した。マレンコフは英米の帝国主義の危険性について触れ、他方で、一九四三年のコミンテルン解散後も友党との関係は維持してきたと述べた［五五 83］。コミンフォルムの本部は当初ユーゴスラビアのベオグラードに置かれたが、一九四八年にユーゴスラビアの党が除名されたため、以後本部はブカレストに置かれることになった［同］。

歴史家G・アジベコフによれば、東アジアでもこのような地域の共産党会議を組織するという「確認されない」提案があったという［同 3］。

日本共産党研究者の荒木義修によれば、一九四七年一一月二〇日に極東でもコミンフォルムの会議を開いて、その本部をハルビンに置こうという試みがあったようで、毛沢東も東方コミンフォルムには熱心であるという『アカハタ』の記事がある［荒木 185］。当時のハルビンには中国共産党東北局があり、ソ連軍撤退後も影響力をもっていた。しかしこれに対し日本共産党は参加する必要はないと表明していると、中華民国の国民党機関紙が伝えている。この記事によると、当時徳田書記長の懐刀であった伊藤律は「ヨーロッパ共産党とはどのような関係もない」「日本の党は他の共産党の指導なくしてやっていける」「内部の問題は内部で処理する」と述べ、日本共産党はそこに代表を送らない、と自主独立路線を強調している。ロイター通信も、日本共産党の一一月一九日付反対声明を伝えた［R17/127/117/173/130］。これらの記事はモロトフ・ファイルにも収められており、一九五〇年初のコミンフォルム論評の責任者となるモロトフの記憶に、伊藤律の名が刻み込まれたことであろう。

中国共産党軍の勝利と権力掌握が現実的なものになりはじめた一九四七年から、中ソ共産党間で毛沢東の訪ソについて協議されるようになった、当初スターリンはこれに慎重で、公的な訪ソを拒否した。だが一九四八年に中国共産党による革命政権の樹立が具体的日程に上りはじめると、彼らとアジア各国の社会主義政党と、他ならぬソ連共産党との関係構築は切実な問題となった。そして、同年に毛沢東が訪ソをひそかに打診した際、その協議事項の二番目には東方コミンフォルム問題が挙げられた。

一九四八年半ば、中国におけるソ連共産党代表として、元軍人の鉄道相イワン・コワリョフが中国東北部に派遣された。その任務は、東北部での鉄道についての政治指導と、人民解放軍への軍事的指導であった。そこでは高崗、林彪、王稼祥といった面々との関係が深まり、彼らは対ソ関係で重要な役割を演じることとなる。なかでも一九四九年に書記となった高は、同年七月には「満洲の民主政権代表」という資格で劉少奇代表団の一員となった。高は元来毛沢東系であったが、コワリョフとの関係が深まったことが、劉と高との個人的ライバル関係と絡みながら、その後の中ソ関係にも影響を及ぼすこととなる［九七 22］。

ミコヤン訪中と中国共産党

国共内戦では、一九四八年末までに人民解放軍が三大戦役に勝利したことで、中国北部を解放、北京も事実上支配下に置いた。ミコヤンの説明では、この過程で関東軍から押収した兵器のすべてがソ連から人民解放軍に渡ったという［三二 55］。南京の国民党政権は蔣介石を総統職から解任、四九年一月八日に、中国共産党との仲介を米ソ等の外国政府に求めた［五三］。内戦での勝利を意識した毛沢東は、一月九日即座にモスクワ訪問の許可をソ連に求めた。しかし米国の介入を危惧したスターリンは、毛にはあえて自重を求めた。スターリンは、先述した南京政府からの仲介要請のオリジナルを示し、この提案を無下に否定すべきでないこと、むしろ平和攻勢をかけるべきだと回答したのである［七一 384］。さらにソ連党政治局は一四日、共産党員を首班とし、三分の二が党員からなる連合政権の樹立を南京政府に提案すべきだと迫った。この案をのめば「責任ある政治局員」を中国に即座に派遣すると主張した。一七日、毛沢東は訪ソを断念した。

四九年一月末、ソ連共産党指導部は中国共産党の求めに応じて、極秘裏に副首相のアナスタス・ミコヤンを使節として毛沢東のもとに派遣した。このミコヤンの派遣の背景には、ひとつには国民党が英米とともにスターリンに内戦停止と平和への圧力をかけたことと、中国共産党が革命後に共産党独裁を主張するなど理論上で混乱したことがあった。

こうして一月三〇日から二月八日にかけて、ミコヤンは党代表のコワリョフとともに、当時北京郊外の西柏坡にあった党中央委員会を訪れた。ミコヤン自身の回想では、「毛沢東の率いるパルチザンの山中の本営、西柏坡に九日いて、劉少奇、朱徳、周恩来、鄧小平らと昼夜をわかたず討論してきた」［三二 589］。その時の関連史料は一九六〇年、つまり中ソ論争が起きたときにミコヤン自身がソ連共産党幹部会に提出したが、最終的には二〇〇七年の中ロ関連史料公開で開示された。それらの史料によれば、毛沢東はソ連共産党の意見にじっくり耳を傾けたという。

当時両党間での具体的問題は二つあり、一つは、権力掌握後に他の党派を禁止するという中国共産党の方針についてである。ミコヤンからの忠告は、社会主義への移行には慎重であるべきだ、ということであった。社会主義に移行するにはまだ機は熟しておらず、革命的人民民主主義の段階にすぎないという認識から、説得を行ったとミコヤンは回顧している［五三 336］。この、共産党による権力独占を求めるべきでないというソ連の「指示」を毛沢東は受け入れた。

もう一つは、南京の蔣介石政権が共産党との和解を仲介するようソ連に希望していたことである。これら問題で強硬な立場をとっていた毛沢東に対して、反対するだけでは敵を利するだけであるとして、スターリンは「平和攻勢」を勧めていた。

ここで重要となるのは、ソ連共産党、中国共産党、そしてアジアの各共産主義政党（労働党を含む）の関係のあり方についての相互理解である。国際共産主義のレジームにあって重要なのは党と党との関係であって、必ずしも国家と国家の関係ではなかった。ここに、戦後超大国になろうとしたソ連が、世界各国の共産党と、それが政権党であるか否かにかかわらず関係構築しようとするときの制度的問題が存在していた。前年一九四八年のユーゴスラビア問題での蹉跌を、より巨大な中国との関係において繰り返したくないスターリンは、中国共産党への配慮を明らかに示していた［一一四 107］。

毛沢東は、懸案となっていたアジアにおける党間関係についてのミコヤン代表団との話し合いにおいて、この点で中国共産党の意見はとくに存在しない、中国の党は、インドシナ、タイ、フィリピン、インドネシア、さらにはインドや朝鮮などの共産党と関係を有しているが、インドシナと朝鮮とのつながりは深いものの、日本共産党とはどのような関係もないと語った［五三 62］。日本とは、香港の特別の同志を通じての関係があるだけで弱いつながりしかないとも述べた上で、こうした段階であるため、アジア諸国間でコミンフォルムのような共産党ビューロー組織を作るのは時期尚早であると毛沢東は述べた。加えて、アジアにおいて強固な党は、朝鮮民主主義人民共和国（以下、北朝鮮と略）、インド、中華人民共和国（以下、中国）の共産党（ないし労働党）であり、日本の党がこれに次ぐという見解を毛は示した。その上で、タイやインドシナ共産党が東方コミンフォルム結成に賛成しており、とりあえず中国、朝鮮、インドシナ、フィリピンの党のみで情報ビューローを先行的に作る考えはどうかと、毛はミコヤンに提案した。強力でもなく、つながりも弱い日本共産党との関係は後回しという考えである［同 63］。

これに対しミコヤンがソ連共産党の意見として語ったのは、「中国共産党を中心とする東アジア共産党ビューローを作る」という構想であった。しかもそれは当初、日本、中国、朝鮮の三つの共産党によるビューローとし、それから他の党をも引き入れていくという考えであった。ソ連が当時アジアでもっていた地政学的な関心や利害が、この構想の背景にあったといえるであろう。ここで毛が、中ソ共産党の関係は直接的となるのかと聞いたのに対し、ミコヤンは肯定的に答えた。同時にミコヤンは、フィリピン、タイ、インドネシアなどの党には英米のスパイが入っているので慎重にすべきだとも主張した。毛はこれに賛意を示すとともに、日本と北朝鮮の共産（労働）党への連絡を行ってもいいかと問い、ミコヤンは肯定的に答えた。こうして中国が中心になった北東アジアのビューロー組織を作るという合意が生まれようとした。

パワー・シェアリング

ミコヤン訪中後、東アジアの政治状況は中ソ連携に向かって動き出した。一九四九年四月末、朝鮮労働党を代表して金一政治局員が、中国共産党東北ビューローの高崗を介して訪中し、北京において周恩来・朱徳、そして毛沢東との会談を行った（三月二五日に中国共産党本部と人民解放軍参謀本部は西柏坡から北京に移動している［七一 397］）。ここでは中国共産党傘下の朝鮮人部隊を朝鮮半島に派遣するかどうかが話題の中心であり、東アジア共産党の問題ではとくに進展はなかったようである。

中国側は、インドシナ、ビルマなどの四党からビューロー創設の書簡が来ているが朝鮮労働党の態度はどうか、一九四九年三月の金日成首相訪ソで、スターリンと金日成とのあいだに東方コミンフォルム問題が話されたかを金一に質問した。金一は、自分はそのことについて知らないが照会すると答えるのみであった。毛もこの話をすすめる気はまだなかった［トルクノフ 102：七三 62］。

五月初には、中国共産党と米国政府との秘密交渉が行われた。中国共産党内に劉少奇を中心とする親ソ派と、周恩来を中心とする親米派との対立があるかのような報道がなされた。そこでは、米国が国民党を支持するから共産党がソ連に傾斜する、と党内親米派が述べたとされ、あたかも中国共産党内に対米正常化を求める勢力があるかのように書かれていた。だが、コワリョフはスターリンに対し、毛沢東、劉少奇、周恩来は一致していると四月一三日の時点で報告していた。この段階でスターリンはコワリョフを通じ、毛沢東に人民政府形成を急ぐことを勧めていた［二〇 43］。

この段階から中国政府は対ソ傾斜を深めていく。劉少奇、高崗、王稼祥を中心とする中国共産党代表団が一九四九年六月末に秘密裡に訪ソした。訪問の直接の目的は、国家、党、経済などの管理体制視察と、毛沢東の短期モスクワ滞在交渉であった。モスクワの東方勤労者共産主義大学（クートベ）出身でソ連や欧州の党とのつながりが深い劉少奇とスターリンとの話し合いによって、アジアでの国際政治秩序の今後の枠組みが合意された。

その枠組みとは、対米関係など戦略的問題をソ連共産党が担当し、アジアの共産党への指導、解放運動の舵とりを中国共産党に任せる、というものである。東欧ではソ連共産党が一元主義的支配を行ったのとは異なって、アジアでは中国共産党とのパワー・シェアリングをスターリンが承認したことを意味する。この解釈は筆者が二〇〇四年に発表したものである［下斗米 2004/48］。つまり、スターリンは政治的抑圧を強化した東欧、とくにコミンフォルムからユーゴスラビアを追放したのとは異なって、アジアでは中国を表に出した別のアプローチをとることに合意したのである。アジアの「資本主義」国の共産党にはイタリアやフランス共産党のような、一時的に政権党になる存在はなかった。ミコヤンが示唆したように日本共産党がそのようになる可能性は皆無ではなかっただろうが、その関係は疎遠であった。こうしたことから、中国共産党を重視したアジア同盟体制ができたのである。結局、東方コミンフォルムは作られないことになった。モスクワは、いわば「チトー化」の危険を一定程度冒しても、中国共産党にアジアを委嘱する自主方式を決め、権限を委譲したことになる。

この「チトー化」について解説する必要があろう。チトー（あるいはチート）ひきいるユーゴスラビアの共産系パルチザンは、ソ連赤軍が関与することなしに共産党政権を作った。他の東欧諸国の共産党は基本的にソ連赤軍支配下に作られた中、ユーゴは例外的存在となった。コミンフォルム本部がベオグラードに置かれたことは、そうしたことを背景とする。しかし間もなく、ソ連の覇権主義とチトーの自立的志向とが、正面から衝突することとなった。一九四八年六月にはユーゴスラビアはコミンフォルムから破門となり、フルシチョフがモロトフの外交権限を奪うまで、モスクワとベオグラードとは対立することになった。

このユーゴスラビアをめぐる状況を知悉《ちしつ》していたのは、地中海に進出していた英国であった。英国が中国の共産党支配を早々と一九五〇年初に承認することになった理由は、中国共産党がすでに実効支配しているというリアリズムのみならず、中ソの離間を戦略的に狙ってのことだったのであろう。米国は一九七二年まで共産党中国を承認することはなく、そこに英国との齟齬が生じていたが、少なくとも一九五〇年九月には米国内の一部に中国承認論が存在していた。これは英国が切った「チトー化」というカードが念頭にあったようである。特別な関係と呼ばれた英米同盟間での齟齬は、米国が極端な立場を取るたびに現れた。このような事情を、毛沢東はよく理解していた。

一九四九年七月一日、毛は『人民民主独裁を論ず』の中で、「向ソ一辺倒」という表現を用いて親ソ政策を鮮明にした。こうして、世界政治の原則的課題をソ連が担当することを条件に、アジアでの個別問題は中国の指導にゆだねられることが決まった。言葉を換えていえば、中国共産党はアジアでの指導者の役割を担った。北朝鮮に関するロシア人専門家ワジム・トカチェンコも、四九年秋の中華人民共和国建国とともに、モスクワの指導部内でも極東の安全保障の確保は中国に任せるという、一種の義務分担論が確立したという［七二 18］。また、世界政策の原則問題以外の極東の個別問題については「まったく中国の同志の裁量に任せた」。トカチェンコによれば、「朝鮮とベトナムの安全保障に関して」このような接近法が取られたという。つまり、ソ連は中国と戦略レベルで同盟関係を持つだけで十分であって、その中国がベトナムと北朝鮮とを擁護するという二段階方式であった。中ソ対立がはっきりする一九六二―六三年ころまでは、この方式が続いたと考えられる。中国の冷戦研究者沈志華もまた、一九四九年七月の劉少奇中国共産党書記とスターリンとの会談で中国とソ連が合意し、中国が担当するベトナムと、ソ連が主たる責任を持つ朝鮮半島との関係ができたと見る［沈（中国語）49：沈（日本語）上 129］。

このとき劉少奇は、「ソ連邦共産党は全世界共産主義運動の本部であり、中国共産党はその一支部にすぎない。（中略）確かにコミンテルンは存在しなくなったし、中国共産党はヨーロッパ共産党情報部に入ってはいないけれども、中国共産党はソ連邦共産党の決定に従属する」、「意見の相違が生じたときは、中国共産党は自己の意見を表明するものの、連邦共産党に従い断固として実現する」などと述べている［三三 102］。[1] スターリンは劉少奇を迎えた祝宴で、「革命の中心は西方から東方へ移り、今また中国及び東アジアへと移っている」と述べ、「国際革命運動の中で、中ソ両国はいくらか多くの義務を負わなければならず、（中略）つまり分業合作しなければならない。中国が今後、植民地、半植民地、属国の民族民主革命運動に対する援助をいくらか多く担うよう希望する。（中略）この面でソ連は中国のような影響と役割は果たせない」と述べたと、毛沢東の通訳であった師哲が振り返っている［師哲 253］。中国におけるソ連共産党代表コワリョフも、マルクス時代に革命運動の中心は西方であったが「今や中国と東アジアに移行した」と述べた［五三 18］。こうして毛沢東と中国共産党は、スターリンの祝福のもと、東アジアの各共産党に、より深い関与をしていくことになる。

とはいえ、七月一一日に行われたスターリンと劉少奇の会談では、劉が台湾解放のために、火器、航空機の供給を求めたのに対し、スターリンは米ソ間の「新世界戦争になる」と消極的に答えたとソ連外交官カピッツァは述べている［二〇 44］。劉少奇も七月二七日のソ連共産党政治局会議の席で、台湾・香港解放でのスターリンの消極論を了解した。スターリンにとっては、少なくとも一九四九年半ばまでは、対米関係の維持こそアジア政策の根幹であった。中国共産党との同盟関係もこの枠内のものであった。

なお、この七月二七日の会議において、高崗が個人的見解と断りながら、アメリカの攻撃を抑止するためにも満洲をソ連第一七番目の共和国にすべきであると提案した。スターリンはこの高の提案を採らなかったが、劉少奇はこの発言は裏切りだと批判して高の帰国を求め、スターリンは二人を仲裁したという［同 45：二六 26］。この発言は記録されなかったが、コワリョフものちに回想録に記している。この高発言は劉少奇との路線の違いを示すものであったが、同時にソ連との関係の緊密さの表れでもあった。七月六日付劉少奇からスターリン宛ての書簡においても、満洲地域の経済振興とソ連との関係強化が要請されている［三二 106］。七月二一日にも劉はミコヤンに「ソ連と中国／満洲」との貿易に関する協議を求めている。七月末に高崗が満洲に帰国するに際し、それまで極秘にされていた中国共産党代表団の訪ソの事実が明らかにされた。中国東北部はソ連外交の独自な貿易対象国として記録された［八〇 49］。

東方コミンフォルム問題再燃

スターリンと毛との同盟によって、スターリンに内戦の仲裁を求めた国民党は最後の望みを打ち砕かれた。八月半ば、劉少奇はソ連から帰国すると、その足で中国東北部（ハルビン、長春、瀋陽）を訪れ、東北局工作会議を招集し、一〇月一日の北京での中央政府成立の工作をしたという［師哲 263］。その後、劉は毛沢東にソ連訪問の報告を行った。北京開城は林彪率いる東北人民解放軍によってなされたと、ソ連の総領事レドフスキーは述べている[2]。

中国共産党の権力掌握を前にソ連共産党との基本的な役割設定が固まったことは、東アジアの政治気象に直ちに連動した。先にも述べたように、一九四七年九月のコミンフォルム結成時前後から、東方でもこれに類似した機構、すなわち東方コミンフォルムを設置することが密かに話し合われていた［荒木 180］。しかし日本共産党、とくに「コミンテルンとの関係はおとぎ話[3]」といって自主性にこだわる徳田球一・伊藤律らが反対したことで、頓挫した可能性がある。しかし、人民中国が成立したことは、東アジアの新局面を構成した。そして、一九五〇年一月六日のコミンフォルムによる日本共産党批判とともに、中ソ同盟結成が契機となって、東方コミンフォルム問題が再燃したのである。

金日成は一九五〇年一月、この問題をめぐる毛沢東の意見を気にして、中ソ首脳会談から毛が帰国するとこの点を直接問いただしたがった［トルクノフ 89］。三月に金日成がスターリンとの面会を希望した際にも、議題の一つとしてアジアでのコミンフォルム結成問題を挙げていた。結局のところは、一九四九年末から五〇年初にかけての中ソ間の交渉と同盟の形成、そして朝鮮戦争により、東方でのコミンフォルムは形式的には誕生しなかったが、日本を含めた東アジアでの共産党活動は、確実に新たな段階に入っていった。

中国共産党＝アジア革命の司令塔

こうして、中国共産党はアジアにおける共産党の中で、特権的地位を獲得することとなった。東アジアでの革命運動における事実上の司令塔となったのである。アジアでの同盟のあり方はこのときに決まった。中ソ双方の共産党は相互に代表を送りあうことを定め、ソ連共産党の中国への代表は、先述のとおりイワン・コワリョフが務めてきた。そのコワリョフが、四九年末の毛沢東ソ連訪問に同行してモスクワに戻った際、中国共産党に関する極秘の覚書をスターリンに手渡した。とくに中国東北部に好意的であった彼は、中国共産党には労働者はほとんどおらず実態は農民の党であること、紅軍も国民党の捕虜が主体になっていること、李立三、李富春、彭真など東北部の党幹部は親米系が多いこと、劉少奇が東北局の高崗の追い落としをはかっていることなどを正直に報告した［八九 2004/1/131］。だが、この愚直さはコワリョフに思いもかけぬ結果をもたらした。スターリンは同盟の証としてこの秘密覚書を毛沢東にそのまま渡したのである。同時にスターリンはコミンテルンでの中国人関係者のリストも毛に与えた。その結果、これら数百の中国人が粛清されただけでなく、コワリョフ自身も一九五二年以降に追放となった［下斗米 2004/53］。

ちなみに、人民中国に赴任したソ連の初代大使は、職業外交官で南京政府への大使でもあったニコライ・ローシチンが横滑りした。新たな同盟国の誕生に際し、欧米政府からの不必要な批判を避けたいという動機もこの人事には働いた［二〇 47］。また、コワリョフの跡を継いで中国共産党におけるソ連共産党代表となったのは、全ソ労働組合評議会のワシリー・クズネツォフであった。このときから新大使はソ連外務次官を兼務するようになった。その後、朝鮮戦争休戦後の一九五三年一二月から中国におけるソ連共産党代表となるのは、毛沢東著作集編集にアドバイスを得たいという毛側の要請で、哲学者パーベル・F・ユージンがあてられた。赤色教授学院で政治局員のイデオローグであるミハイル・スースロフとも同窓であったユージンは、ジダーノフ傘下のコミンフォルムでソ連共産党を代表し、機関誌『恒久平和と人民民主主義のために』編集長としてベオグラードで働いた経験があり、ユーゴスラビアとの分裂問題を熟知していた。一九五三年一二月末、張聞天大使はユージン大使の任命を歓迎した［M1509/146］。ユージンは中ソ対立最中の一九五九年に大使を辞すが、フルシチョフは、ユージンが行く場所ではどこでも紛争が起きると皮肉った［一〇685］。

他方、ソ連における中国共産党代表は、東方勤労者共産主義大学（クートベ）出身で、一九三七年からコミンテルン中国共産党代表の活動経歴もある王稼祥（一九〇六―七四）が兼務することになった。王はそれまで中国共産党東北局宣伝部長、つまり高崗らのもとで働いており、本来コミンテルン人脈で反毛沢東派でもあったが、「毛沢東思想」を最初に提起した抜け目なさは、中ソ同盟体制形成のなかで培われたのであろう。ロシア語にも堪能であった。一九五一年一月に外国共産党との連絡を担う中国共産党中央対外連絡部ができた時に初代部長となり、一九六六年の文化大革命時まで務めた。ちなみに第一副部長は日本生まれの廖承志、第二副部長も日本通の李初梨が就いた［水谷 102］。この人脈は日本共産党内の親中グループとも接点を強めていた。もっとも王稼祥は、一九五〇年一月に日本共産党が分裂したさい、どちらに誰が属していたかが最初はわからず、仲介するのに苦労したといっている。第五章で紹介する徳田球一と野坂参三への劉少奇の質問は、この文脈で要請されたものであろう。ちなみに次のソ連大使兼中国共産党代表になるのは、張聞天、その後は上海党の活動家であった劉暁大使である。劉暁の帰国が同時に中ソ同盟の事実上の終わりを告げ、文化大革命が最終章となる。

中ソ同盟の枠が日本政治に直接影響したのは日本共産党との関係においてであった。少なくとも一九六〇年代はじめまでは、日本共産党の最高方針の決定から組織、人事、分派党争に至るまで、中ソと深い関係の下にあった。もともとソ連共産党員で、当時の共産党国際派つまり反主流派幹部の、しかも王稼祥と同じ東方勤労者共産主義大学の卒業生である袴田里見（一九〇四―九〇）の『私の戦後史』を引いておこう。一九五一年四月半ば以前のこと、北京滞在中の袴田に対し王稼祥から「日本の党の分裂や路線の問題は重大だから、北京だけで決めるわけにはいかない。モスクワに行き、スターリン同志のところで最終的な決着をつけることになろう」と言われている［袴田 89］。これが一九六〇年代の中ソ対立の時代になると、逆に日本共産党はその分裂に直接巻き込まれることになる。

二　中華人民共和国建国と中ソ同盟

新同盟締結交渉

一九四九年一〇月一日に中華人民共和国は建国された。外相を兼務した周恩来首相は、ソ連の外交官チフビンスキーに建国を伝えた。翌二日、ソ連は、広東の中華民国政府は地方政府になったとして、中華人民共和国の国家承認をおこない、外交関係を正式に開始した。

同年一二月には毛沢東がソ連を公式訪問することになった。一九四七年に希望してからようやく叶った訪ソだが、当初は「休息」が目的で、補佐の陳伯達と通訳の師哲、ローシチン大使とソ連共産党コワリョフ代表が同行しただけであった。一二月一六日昼にモスクワに到着し、同日夜に首相スターリンと会見した。初めて毛沢東主席と会ったスターリンは、「我々に友好さえあれば、平和は五―一〇年どころか、二〇年、あるいはそれ以上続こう」と、その将来の関係に楽天的な言葉を発した［五三 229］。

もっとも、両者は新しい同盟関係を条約の形にすることには、当初は消極的であった。一九四五年八月に蔣介石政府との間で結ばれていた中ソ友好同盟条約や、その基礎にあるヤルタ会談での合意にまで触れかねない条約締結については慎重であり、少なくともスターリンは否定的であった。毛自身も当初はスターリンの一九四五年条約維持論に傾斜していた。

これには前史がある。一九四九年一月末、中国共産党の権力掌握を見越してスターリンが送ったミコヤンは、とくに旅順港のソ連軍駐留をふくむ一九四五年中ソ友好同盟条約は、中国の解放運動には一定の意義を有したものの本来は不平等条約であって、完全に意義を失った、日本との平和条約締結後にもし中国指導部が、駐留ソ連軍の即時撤兵を求めるのであればこれを支持すると、中国共産党側の問いに答えている［同 82］。この発言に毛沢東や中国共産党指導部は驚き、今これを行えば米国が喜ぶだけだからと、ソ連軍の撤兵論には即座に反対したのである。

そのこともあってスターリンは、国民党政権との条約が「ヤルタ協定の結果」であること、同条約の最重要命題（千島列島、南樺太、旅順港等）を検討した結果として中ソ間で締結されたものであって、英米も承知しているものであると一六日会見で述べた［同 230］。そして、もし一箇所でもこれを修正するとしたら、英米が「千島、南サハリン」についての変更を言い出す口実になるので、この条約のどの箇所をも修正するつもりがないと当初は主張した［同前］。したがって、形式的にはこの条約を維持しつつ、実質的にはこの条約を変えること、すなわちソ連軍部隊をひきあげるという提案を行った。

新同盟締結交渉の過程でスターリンにとって意外であったのは、旅順港撤兵に関する提案への毛沢東の態度であった。毛は、中国とソ連の条約は、ヤルタと関連した英米の立場を考慮することからではなく、我々共通の利害にとって利益となるかどうかの観点から出発すべきだと述べた。その上、東清鉄道は、中国側にとって技術を学ぶ学校であるし、旅順からの撤兵もまた急ぐ必要はないというのである。スターリンは、ソ連軍撤兵は、英国が香港から、そして米国が東京から撤兵する前例にもなるといって説得した。(4) このスターリンと毛沢東との相互懸隔は、長期滞在した毛のスターリンとの一月後の話し合いでいっそう明確になった。背景には、中国共産党の政権掌握にともなう東アジア情勢をめぐる急旋回、これに伴う緊張があった。

他方で、毛沢東と中国共産党政府には、英米両政府が自分たちを承認するのではないかとの楽観論があったようである［同 243］。とくに英国政府に対してはその見方が強かった。このため中国共産党は、毛沢東の武装闘争方針を主張した一九四九年一一月のアジア・大洋州労働組合会議でも、英国政府を刺激しないことを優先していたし、一九五〇年一月一日に訪ソ中の毛沢東はソ連大使ローシチンに対し、英国による国家承認が近いと語っている。そして実際、一月六日に英国政府は国家承認したのである。同日毛沢東はコワリョフ代表に英国政府の国家承認を伝えるとともに、英国政府は中国での経済権益重視の観点から国家承認したのだという解釈を示した［同 256］。(5) この結果、英国政府とアメリカ政府とのあいだには対中問題をめぐって亀裂すら生じた。(6)

一九五〇年一月一二日、米国国務長官ディーン・アチソンが東アジア情勢に関して著名な演説を行った。一七日にはモロトフが自らモスクワ滞在中の毛沢東を訪問し、アチソン演説においてソ連が外モンゴルや新疆で分離主義を促しているといった中傷がされていると指摘した。これに対し毛沢東は、中国外交部が批判声明を出すことで合意した（実際には、新聞署長胡喬木の個人的批判となった［師哲 283］）。米国の国家承認は急がず、北京の外国兵舎接収、公使館の閉鎖といった手段をとると中国側は説明したが、ソ連側には中国の外交能力の欠如に見えた。他方、毛沢東とモロトフが、このアチソン演説が米国の防衛線から朝鮮半島を除外していることについて触れた形跡は、公表された記録には認められない。このことから見ても、アチソン演説が朝鮮戦争の引き金になったという、一時日本で流行した解釈は、史料から見て根拠に乏しい。(7)

「最後まで行こう」

この中ソ最高首脳の齟齬、とくにスターリンの消極姿勢にもかかわらず、一月二二日のモロトフ・毛会談では中国側が新同盟条約を希望した格好になった。周恩来らの中国政府代表団がモスクワに急派されることとなり、李富春ら東北人民政府も合流した。二〇日にモスクワに到着した周恩来使節は、ほとんどが中国共産党満洲局関係者、強力な「満洲派」から高崗、林彪、李富春らを同行していた。こうした中で開かれた二二日のスターリンと毛沢東の二度目の会談は、①中ソ間の新条約、②新疆・満洲での事態を議論した。周恩来、李富春やモロトフ、ミコヤンといった両国政府首脳も、新条約の協議に参加した。

スターリンは「いったん条約を変更するなら最後まで行こう」、一九四五年の中ソ旧条約は日本の敗北以前、抗日戦の段階のものであって、いまやアナクロニズムだから修正したほうがいいと語った。これに対し、毛は内容的には旧条約にこだわっていた。旧条約などのおかげで固まった中ソ友好関係を強化したい、「日本からの侵略が繰り返されることを防ぎたい」と語った。スターリンも、日本には旧軍幹部が残されていると指摘した。毛沢東は国民党時代の友好だけでなく、根本的に性格が変わった中ソ間での「協力」が必要であるとも説いた［五三 267］。中ソ間での国際問題の協議も強調された。

スターリンは、ヤルタ体制からの離脱、旅順港からのソ連軍の撤兵まで示唆することにより毛沢東をあわてさせた。ヤルタ条約の極東条項では、ソ連参戦の条件として、大連商港の国際化とソ連の優先利用、旅順海軍基地の租借、外モンゴルの独立、東清鉄道運営でのソ連の優位など、中国の主権に関わることまでが中国側の了解なしで決められていた。このためスターリンはとりあえず日本との平和条約締結までは旅順港の現状を維持し、その後は撤退するという対案を出した［同 269］。毛は、対日平和条約までのソ連の旅順港使用を承認したが、同時に自国の海軍力の強化に役立てたい意図を示した。中ソの軍事協力の基盤とするというのである。

新疆、大連・旅順港、東清鉄道といったヤルタ条約での争点に加えて、中国側とスターリンとの間には、香港や台湾の解放をめぐっても意見の相違が表面化していた。なかでも香港、台湾の即時解放について、ソ連の援助を中国側は願った。だが、とりわけ台湾海峡問題が激化することには、米国の介入と第三次大戦の発生をおそれるスターリンは、まったく消極的であった［二〇 44］。前述したとおり、一九四九年七月の劉少奇・スターリン会談で、劉が火器、航空機の供給を求めたとき、この紛争への関与が米ソ戦争につながるからとスターリンは消極的に答えている。(8) 劉少奇もまた、七月のソ連共産党政治局会議において、とくに台湾、香港解放での対米戦争を回避したいスターリンらソ連側の消極的立場について一応の理解を示した。モロトフはこのスターリン発言について、対決を避け挑発を警戒したためだったと解説している。スターリンにとって、少なくとも一九四九年半ばまでは、対米関係の維持がとくにアジアでは最重要課題であった。

それでも中国国内でも周恩来らが強く新条約を主張しており、このため一九五〇年一月初の会見で毛は立場を変えた。スターリンも毛も新条約締結に傾いたというのが最新のソ連側史料が語るところである。こうして、強硬でいっそう反米的な性格を強調した同盟条約ができた。[9] 二〇〇五年に公表された最初の毛沢東とスターリンとの会見記録は、この過程を明るみに出した［五三 230］。[10]

こうして、一九五〇年の中ソ友好同盟相互援助条約は、一月二二日のスターリン・毛沢東会談に続いて、翌日から周恩来総理、李富春、王稼祥とミコヤン政治局員、ビシンスキー外相との間で交渉が行われ、二月一四日に締結された。友好同盟条約というのがソ連の草案であったが、周恩来がこれに相互援助という言葉を挿入させた。ミコヤンによれば、毛沢東ら中国共産党幹部は、台湾解放のためにはむしろソ連軍基地があるほうが有利であり、ソ連軍が満洲に来た結果アメリカが兵を引いたという実利主義が周恩来ら中国共産党幹部らにあり、当時は旧条約を不平等条約であるとは考えてはいなかった［三七 44］。こうして、日本との平和条約締結までは、ソ連が旅順港の租借特権をもつことになった。[11] 期間は三〇年と想定された。条約が同盟の対象としたのは、日本軍国主義、および日本と同盟している国、とあった。だが、それがアメリカを念頭に置いたものであることに疑いの余地はなかった。また、同日に締結された借款は、前年二月のミコヤン訪中や七月の劉少奇・マレンコフ会談において、党レベルで極秘に合意されたものであった。

同日の中国側宴席に続いて、一六日にはソ連側の答礼の宴会が催された。三月四日に毛沢東と周恩来は北京に帰着、三ヵ月に及ぶ異例な最高指導者の訪ソは終わった。

中華人民共和国の誕生と中ソ同盟条約締結は、アジア、極東の政治地図に大きく影響した。東アジアにアメリカ—中ソという、ヨーロッパに似た二極対立構造が成立したのである。そしてこの後、東アジアをめぐる対立は、朝鮮戦争となって火を噴くことになる。

人口五億人以上の大国である中国は、東ヨーロッパでソ連が作った衛星国のようなものでは、決してありえなかった。むしろ、スターリンの意図に抗して成立した同盟関係というべきであり、相互の思惑は必ずしも一致しない同盟であった。

三　中ソ同盟の衝撃

強まるスターリン独裁

一九五〇年二月一四日の中ソ友好同盟相互援助条約締結は、東アジア冷戦、そしてグローバル冷戦においても画期的事件となった。半植民地的状況から脱し、膨大な人口と古い文化、そして発展途上の経済をもつ大国中国が、独自の革命を成功させたうえ、戦後超大国となったソ連邦との同盟関係を結んだからである。

スターリンにとっても、中華人民共和国の成立に伴う同盟関係の形成は、毛沢東というカリスマ的指導者と、独自の基盤を持つもう一つの共産党政権との新しい関係が「東側」世界に生まれたということを意味していた。ユーゴスラビアのコミンフォルム除名問題やNATO（北大西洋条約機構）結成に見られるような、ソ連外交にとっての後退局面を少なくとも当面は覆すことができた（わずか一〇年後には、中ソはライバル関係となるとはいえ）。

一九四九年一二月二一日、毛沢東を招いて、自身の公称生誕七〇歳記念を祝ったスターリンは、ますます個人独裁の傾向を強めた。政治局員の家族であっても、たとえばモロトフやカリーニンの夫人などが政治犯収容所に送られた。外務次官だったロゾフスキーに至っては、一九五二年に粛清、処刑された。それどころか、スターリンは同年、モロトフ、ミコヤンも政治局からの除名および粛清の対象候補に挙げる始末であった。また、スターリンは一九四八年のイスラエル建国に賛成したが、そのときソ連東欧で広がったユダヤ人たちの建国支持の動きに驚いてからは、反ユダヤ主義に傾いていた。

このようなソ連内での変化は外交姿勢にも表れていた。すべては、判断力に衰えの見える独裁者の意図ひとつにかかっていた。政治局会議は、スターリンの別荘で開かれることが多くなったことが示すように、彼の意図を単に追認する機関になっていた。一九四八年に譴責《けんせき》された経済学者バルガのように学者や学術機関が独自に提言を行う可能性は、ますます少なくなった。

さまざまに波及する同盟の影響

新中ソ同盟の衝撃は、連合国の一員だったソ連と英米との協調体制が崩れ、冷戦の緊張がいっそう亢進したことを意味した。それと同時に、脱植民地主義という潮流に棹《さお》さす動きであるかに思われた。ヤルタの英国・米国・中国・ソ連同盟というそれまでの枠組みは、とりわけ東アジアにおいては、蔣介石政権の台湾への追放によって、完全に機能しなくなった。

こうした流れに沿って、そして何よりも中ソ同盟の絆を固めるために、ソ連は東欧諸国とともに国連での中国代表権を重視しはじめた。一九四九年一二月末、国連安保理においてマリク・ソ連大使は中華民国代表の国連からの追放を主張、かわって中華人民共和国の代表権を認めるよう弁論した。一九五〇年一月一〇日にも再度このことを訴えたあと、抗議のために国連総会出席をボイコットし、ソ連の同盟国もこれに従った。この状況は、マッカーサーを朝鮮における国連軍司令官にする決議に拒否権を行使できない事態になるまで続いた。

安保理だけではなく、日本問題を担当する極東委員会においても、パニューシキン・ソ連代表（駐米大使）は、それまでの中華民国代表の資格を否定し、かわって中華人民共和国の代表を認めるべきであるとして、一月二二日以降の活動の不参加を表明した［五632］。

中ソ同盟に基づく新路線の影響が、アジア全般に及びだした。日本を含む東アジア地域で非植民地化や民主化、そして共産主義の潮流が広がったのである。中国革命の影響も重なって、民主主義、民族主義と並んで共産主義が、アジアの多くの人々に浸透していった。スターリン流社会主義の考え方は戦後日本の思想状況において、きわめて有力な一翼を担った。共産主義に反対のエリートにとっても、ソ連の重工業優先の「計画経済」は新しいモダーニティ［一一七73］を代表する概念として理解され出した。中ソ同盟は日本の戦後のイデオロギー状況にも影響を及ぼしたのである。

アジアにおいて社会主義を目指す運動や体制だけでなく、冷戦という新しい国際関係を模索する世界にとっても、中ソ同盟は大きな刺激となった。アジアでの反米主義は民族主義との接点を持ちはじめたのである。こうしてイデオロギーという新しい次元を含み込んだ同盟体制が成立したことで、従来の植民地支配と民族独立に加えて、新しい対抗の次元が生まれた。

中国革命が成功し中ソ同盟がまがりなりにも成立した結果、日本との平和条約に関与する「連合国」の相互関係が根本的に変わることになった。内戦によってますます米国寄りの態度をとっていた蔣介石の中華民国は、もはやマージナルな存在となった。

このことは、極東委員会および対日理事会に作用してきた東アジアでの「力の相関」が、一転して米国側に不利に、そしてソ連側に有利に転換しているかに思われた。NATOがつくられることで不安定化したヨーロッパ情勢に加えて、英米同盟に対抗しうる中ソ同盟という「二つの陣営」の対立軸が東アジアでも成立したからである。新たな同盟＝中ソ条約体制の成立は、東アジアでの米国の影響を削ぐか、あるいは新たな分極化を東アジアの政治勢力にもたらすかに見えた。

このバランスの転換をさらに微妙にしたのは、本書でこれまでも触れてきた、英国による中華人民共和国の承認であった。このことで英国は、ソ連と米国に対していわば中国のチトー化という独自の外交を提示し、それによってソ連や米国に対しての独自性——いわばワイルド・カードをもつ立場になったのである。この自律性を利用して、蔣介石や金日成といったプレーヤーにも独自のアプローチができる余地が生まれた。実際、このような文脈の中で、北朝鮮が朝鮮戦争開戦に向けて動き出すことは後で述べよう。

中国の武装闘争に学べ

中国共産党政権成立後、「東風」はさらに吹き続けた。なかでも一九四九年一一月に北京で開催された世界労連のアジア・大洋州労働組合会議は、革命後の急進主義を世界に示す機会となった。中国共産党率いる北京こそ、アジアの革命・労働運動の中心となることを宣言したことになったのである。その動きに日本問題も影響され、とくに対日本共産党政策における転換点となった。

実は、一九四九年二—三月に世界（国際）民主婦人連盟アジア諸国会議を包含して世界労連会議の北京開催が決まったとき、当時の中国共産党は、北京が未解放であるとして反対したという。しかしそれから半年後に中国共産党は政権を握っていた。開催準備がはじまり、八月一〇日に劉少奇書記と全ソ労働組合評議会のクズネツォフが会談してから本格化した。

労働組合活動家というよりも中国共産党活動の専従書記だった劉少奇らは、中国は二〇〇〇万の労働者を抱えており、この会議では先進国ソ連の労働組合活動の経験を学びたいと資料を請求した。一転して積極論者となった劉少奇が主眼としたのは、世界労連会議の運営で主導権をとることであった。劉少奇はこの会合で、アジア、とくにインドネシア、ビルマ、マレーシア、フィリピンなどの労働組合活動は、農村では武器を取ることであり、都市では非合法な形態をとることであると説明した。このようなアジアにおける労働組合の特殊なあり方と、フランスやオーストラリアなど資本主義世界の労働組合とを架橋する役割が全ソ労働組合評議会に求められた。だがこのような急進主義は、その後の東アジアの労働組合活動だけでなく、左翼や解放運動全般の方向を決定することになった［M1409/3］。

一一月一六日に北京にて世界労連アジア・大洋州労働組合会議の開会を宣言したのは、あらたに中央人民政府副主席となった劉少奇であった。中華全国総工会をも代表することになった劉はその基調報告で、アジアの労働組合の基本任務は「帝国主義との闘争」であると宣言した。その内容はモスクワにも送られ、文書館史料にも含まれている［M1261/2-7］。ここで劉は、労働者階級の基本的闘争手段は武装闘争なのであり、しかも共産党に率いられた人民解放軍による武装闘争である、これこそ民族解放闘争の基本的な形態だと、きわめて政治的かつ急進的な主張を行った。「どこでもいつでも敵と戦うため、共産党の指導の下に人民解放軍を作り、この軍の行動のための根拠地をつくる」、という毛沢東の路線である。つまり、それまで中国共産党が行ってきた武装闘争の道はアジア全域の労働運動にとっても

「基本的」形態であり、世界の労働組合もまた中国の武装闘争に学ぶべきだというのである［同7］。この主張は、劉少奇テーゼと呼ばれることになる。

だが中国側が革命の勝利のユーフォリアに酔いしれていたとしても、とりわけ資本主義と市民社会における労働組合とはいかなるものかを彼らが知らないことも、また明らかであった。劉の基調報告は、世界労連執行委員会（本部パリ）のルイ・サイヤン書記長ら参加者を驚かせた。この劉少奇報告をそのまま公表すべきかをめぐって舞台裏で紛争まで起こった。出席していたのはヨーロッパの共産党系労働組合の他、アジアの労働組合、とくにインドシナ、ビルマ、インド、インドネシア、そしてマレーシアの労働組合関係者であった。ローシチン駐中大使を通じてソ連、つまりスターリンに報告内容を送ることには、中国の労組代表李立三までもが消極的だったし、ソ連の労働組合代表の一部やとくにヨーロッパからは明確に反対の声があった。劉少奇演説は各国代表に否定的な印象を持たれ、いったん公表記録から削除され、ローシチン大使もモスクワにこの箇所抜きの報告をした。ソ連の臨時大使シバエフへの劉少奇の説明では、世界労働組合連合は労働者の民主的権利を拡大するというごく穏当な内容に落ち着いたかに見えた。その内容で国連へアピールするともされた。

ところがこの直後の一一月二〇日になって、モスクワとくにスターリンから、劉少奇報告は、とくに「武装闘争」方針は正しいから公表すべきだ、そのことを毛沢東とも相談すべきだとの指示がソ連共産党代表コワリョフに下された。そして毛沢東もまた、劉少奇報告の公表に賛成であった［M1409/36］。スターリンが介入し毛沢東も合意したことで状況は一変し、劉少奇報告は公表されることとなった。まず中国国内のラジオを通じて放送され、その後主要な新聞にそのまま公表された［MI261/2-7］。

スターリンと毛沢東が労働組合活動での急進主義に支持を与えたことは、アジアの労働運動、共産主義運動だけでなく冷戦の行方にも影響を与える決定的な転換となった。例外的なものと思われていた、東南アジアの労働組合がとった武装闘争戦術が、いまや世界の戦略的方針に格上げされたのである。

急進路線の伝染と反発

その後の世界大会は順調に進んだかに思われた。だが、その後も問題は続出した。その一つはアジア・大洋州労働組合の連絡ビューローの形成であり、もう一つは労働組合への「共産党の指導的役割」をめぐってであった。ソ連労働組合のソロビョフの表現によれば、ヨーロッパやラテン・アメリカの代表は、この大会の呼びかけが武装闘争や共産党の指導的役割についてまでも論及していることに危惧を抱き、中国の提案に賛成しなかった［MI409/40］。しかしビューローが実際に中ソやインドの労組代表が加盟して五〇年から活動することになったことは、「東」の組合の特殊性を一般化するものであった。さすがに劉少奇も、この連絡ビューローが非合法活動を指導するものではないと述べた。けれども共産党が組合活動を政治的に利用し、非合法活動にも引き回すというこの時の精神は、やがて日本でも一九五二年のメーデー事件などの際に現れることになる。

さらに大会決議をめぐっても劉少奇は、執行委員会による労働者の権利拡大といった方針案では生ぬるいとして武装闘争路線をゆずらず、自身が唱えた武装闘争こそ労働組合活動の基本であるという決議案を再び提出した。だが、この劉の決議案はこのときも認められなかった。同時に開かれた世界民主婦人連盟のアジア諸国会議でも、劉らは武装闘争論を繰り広げた。フランス共産党書記長モーリス・トレーズの夫人であるジャネット・ヴェルメールシュらフランス代表が主張した女性解放運動での「ソ連の主導的役割」について、劉少奇らは文言から削除しようとし、ここに対立が生じた。武装闘争で勝ち取った中国革命の成功を絶対視していた中国共産党指導者は、ヨーロッパの代表こそ「アジアの特性を理解していない」とみていた。こうして世界の労働組合のなかでも衝突が生じた。

中国の路線の急進性はソ連のそれをも越えるものと、とくにヨーロッパやラテン・アメリカの労働組合や左翼関係者などは理解しはじめた［R100/43/302/10/18-30］。劉少奇は「毛沢東の武装闘争の道こそが半植民地・植民地での解放闘争の中心となる」とも強調し、これらの新路線はモスクワの祝福を受けた。

また、この時シバエフ臨時代理大使が書いた文書には、世界労働組合連合の執行委員会が、「まったく不要な国連」にアピールすることへの消極的、あえて言えば冷笑的なトーンが見られた。国連を批判的に見る中ソ最高指導部の風潮を反映してのことである。ソ連の国連代表マリク大使が国連での活動をボイコットしはじめたのもちょうどこの頃のことである［同前］。

ところで劉少奇によれば、アジア・大洋州労働組合会議後にベトナム共産党の二人の代表が北京を訪れ、ソ連と中国に対しホー・チ・ミンの人民政府を国家承認することを求めてきた。ここでおもしろいのは、中ソが、ベトナムの外交権をモスクワの中国大使館が代行することを検討した点である。この代行案は、一九五〇年三月八日のソ連外務次官グロムイコと王稼祥大使との会談で、ホー・チ・ミンがソ連側に提案していたとされる。それ以来ベトナム側は回答を待っていたのである。(12) このホー・チ・ミンの当初極秘とされたモスクワ訪問により、ベトナムの運動もまた急進路線をとることを強いられた。

四　朝鮮半島危機

南進の承認

まだ星雲のような状態ではあるものの、中ソ間のダイナミックな同盟関係が出現したことによって、旧来の連合国の枠組みが崩れだし、米ソという超大国間の対立状況は流動化した。このことは、その間にある国家に相対的な行動の自由を与えることになった。そして、このような状況をもっとも有効に利用できたのが、北朝鮮の金日成であった。

朝鮮半島では、米ソ間の三八度線での分断統治と米ソによる地政学的な統制という一九四五年の論理が、中国革命の結果、揺らぎだした。スターリンは一九四九年末までは朝鮮統一に消極的だったが、毛沢東は朝鮮労働党の金一に対し、一九四九年五月の時点で「五〇年はじめの国際情勢が許せば」としながら、南進統一を認める発言をしていた。このことは、コワリョフ報告を通じてスターリンも知るところであった。さらに四九年七月の段階で、中国紅軍の朝鮮人部隊の一部が鴨緑江を渡って金日成の指揮下に入っていた。中朝国境の込み入った民族構成は、それまでも両国にまたがるゲリラ部隊的な組織を生み出していたが、それらが平時と戦時との垣根をさらに低めた［下斗米 2004/74］。

さらに、一九四九年末に劉少奇が唱えた「武装闘争」の論理は、金日成の武力統一への志向と波長がシンクロナイズした。スターリンは同年秋まで南進統一を拒否していたが、中国革命と労働組合大会での劉少奇テーゼを受けた金日成は、中国人民解放軍の朝鮮人部隊を引き渡してほしいと中国側に要求していた。五〇年一月九日になって中国側はこれを基本的に承認したと平壌のソ連大使シュトイコフに伝えた。こうして、一個歩兵師団と二個連隊の中国系朝鮮人部隊の精鋭が朝鮮半島に投入されることになった。なお、この情報は早くも米軍が察知するところとなった。英国公文書館史料によると、GHQ参謀第二部（G2）はこの情報を得ていたことがわかる。朝鮮が次の衝突の舞台となることは、すでに暗示されていた。

このように、中ソ間の同盟関係成立を背景に、朝鮮半島での流れは変わった。次第に強まる東風の中、金日成は南進武力統一への協力をモスクワと北京に公然と求めるようになった。一九五〇年一月一七日、金日成は中ソ関係者を招いた宴席の場でスターリンとの会見を求める発言を行った。三〇日、スターリンは重い腰を上げてこの会見を承諾した。その後ソ連からは、有償ではあるが軍事援助が追加された。

　四月二五日モスクワで、スターリン・金日成会談が行われた。ここでスターリンは、毛沢東の了解を得ることを条件に、南進統一にゴーサインを与えた［トルクノフ98］。その後、五月一三日、そのためにスターリンから貸与された飛行機で北京を訪れた金日成は、毛沢東と会談に及び、ここに対南侵攻への合意が最高レベルでなされた［M1274/4］。このとき、毛沢東が惜しみなき協力を約束したのは言うまでもなかった。五月一五日、ソ連共産党政治局は朝鮮統一に関する極秘決定をおこなった。こうして、一九四五年八月一五日に米ソ間で合意された、三八度線を南北の軍事境界とする取り決めは、破棄されることが決まった。

　朝鮮半島についての決定は、中ソの対日政策における旋回と不可分であった。それまで尖兵の役割を担わされていた日本共産党への態度は、一九五〇年一月六日のコミンフォルムにおける野坂批判以前から転換しはじめていた（第五章）。金日成との会見後、四月二八日には、ソ連政府は対日理事会への不参加を東京のデレビャンコに指示していた。

　六月二五日、金日成の朝鮮人民軍がソ連製武器と顧問団の指示のもとに三八度線を越えると、一瀉千里《いっしゃせんり》にソウルを「解放」、さらに一挙に南下した。こうして朝鮮半島に熱戦が勃発した。

　北朝鮮による突然の軍事行動は、米国を本気で怒らせた。東京のマッカーサー元帥を中心とする国連軍の編成が国連安保理で決定された。既述のとおりソ連のマリク大使は安保理をボイコットしており、その結果、例外的に「国連軍」に国際的正当性が与えられることになった。アメリカ本国では共産党の禁止問題、戦費の増大、三〇〇万人の動員計画が報道された。パニューシキン駐米ソ連大使は、この情報を本国に報告している［五九 254］。

国連代表権問題で中ソが協調するという同盟の論理が朝鮮戦争への加速要因として機能したとすれば、英米のこの点での食い違いは一定の抑制要因ともなった。とくに英国が中国共産党政府を承認したことにより、英国外相ベビンとアチソン米国国務長官との中国代表権問題での食い違いが表面化した。

参戦か承認か

緒戦での電撃的勝利という金日成のシナリオが崩れ、一九五〇年七月に国連軍が介入し、一〇月には平壌まで陥落すると、長期戦があり得るという状況になったことが、インドと英国政府の動きに影響を及ぼした［トルクノフ 155］。朝鮮危機を憂慮したネルーらインド政府は、紛争拡大を平和的手段によって回避するため、国連でこの問題を審議することが必要だと考えた。そしてそのためには、中華人民共和国への代表権付与とソ連邦の安保理への復帰とが不可欠であると考えた［M1271/32,60］。インドの提案――①国民党政府を国連から脱退させ、かわりに中華人民共和国が加盟する必要がある、②インドその他あらゆる国家が中国の国連加盟に協力することに中華人民共和国政府は同意する、③中国の国連加盟問題と朝鮮で起こっていることとを混同してはならない、これらは別個に審議されねばならない

――は、周恩来と毛沢東によって検討された［トルクノフ156］。

毛沢東の中国政府を早々に承認していた英国も、中国の国連参加が不可欠と考えていた。D・ケリー駐ソ英国大使は、七月五日、グロムイコ外務次官を訪れソ連とこの件の仲介について討議した。英国が平和解決を進めるといった噂があったことは、ロンドンやパリ、ローマのジャーナリストたちも報じた［M1271/10,49］。グロムイコは、仲介の条件としてアメリカの中国承認を求めたという。二〇日にグロムイコと再会したケリー大使は、中国の代表権問題と朝鮮半島をめぐる安保理決議とを混同しないようにとした上で、北朝鮮の撤兵を求めた。労働党のアトリー首相は二九日に演説したが、ソ連の言う中国代表権問題と朝鮮半島問題は別個であるという議論であって、結局は平行線のままだった［M1273/3］。

一九五〇年九月、マッカーサー国連軍の反撃で北朝鮮軍は仁川から敗退した。このタイミングでは、戦争を早期に終結させ中国軍の参戦を阻止することで、革命中国の「チトー化」をはかるといったシナリオもあり得た。九月一九日付『ウォールストリート・ジャーナル』紙は、アチソン国務長官が密かに中華人民共和国の早期承認と中国の代表権を承認するという評論員の記事を掲載した。「中国が赤いのは朝鮮戦争のせいだ」という論文は、金日成の敗色濃いこの時に、中国承認をちらつかせ参戦を防ぐ意図があっただろう。九月三〇日には、元副大統領でトルーマンの対ソ政策に批判的なヘンリー・ウォーレスが、毛沢東政権の国連代表権承認論を示して自重を求めた。報道では、アチソン国務長官は承認に時間をかけたいが、英国のベビン外相は即時承認を求めていると伝えられた。この情報は即時スターリン、マレンコフ、ベリヤなど八名のソ連の最高意思決定者に伝えられた［M1062/19］。
　この論理を逆転させると、中国が朝鮮戦争に深入りすれば、米国との和解の機会、国連加盟の可能性は失われることになる。この問題は中国指導部間で戦争関与とその目的をめぐる内部論争となったようである。一〇月前後、政治局は出兵かそれとも不介入かで分裂した。急進的な毛沢東と東北ビューローの高崗は参戦論であった。しかし周恩来ら多数派は朝鮮への関与には消極的であった。消極派の理由は、台湾解放も経済再建もはじまっていないのに、なぜ朝鮮を優先するのかという発想からであった。ソ連を訪れていた周恩来が一〇月九日にスターリンと行った会談では、中国は半年間は派兵しないといったん決められた［下斗米 2006/103］。一一日に金日成は平壌から脱出し、一二日にはスターリンが北朝鮮政府の半島脱出までをも金日成に勧告した。フルシチョフによれば、スターリンは米国が隣人となっても構わないとまで述べていたという［同 101］。

　しかし、中国側の躊躇もまもなく終わった。北側政権の全面崩壊は中国の望むところではなかったからである。毛沢東ら主戦派の巻き返しがあり、一〇月一三日には「抗米援朝」のかけ声のもとに参戦が決まった。二五日、一〇〇万人の中国人民志願軍が国境を越えた。「歯と唇」の関係、そして中ソ朝の連帯が再度確認された。

　だが、この選択は中国には高くつく結果となった。中国はその後二〇年間にわたって国際連合の敵となり、国内では政治的経済的混乱に入り込むことになる。また同時に、英国が提案していた中国承認による参戦阻止というカードも水泡に帰した。

五　対日講和問題

平和条約へ動き出す

一九四九年末から五〇年初、もはや極東委員会も対日理事会も機能していなかった。これらは米ソ間の対立と宣伝の場と化した。一九四九年一〇月二一日付のソ連外務次官グロムイコから本国への要請により、対日理事会ソ連代表部へのアメリカ官憲の「数限りない」嫌がらせに対する抗議声明が出されたことに、そうした状況はよく表れている［M1384/32］。一一月には、マッカーサー司令部はソ連の出版物を日本で配布することを認めなくなった［同62］。一九五〇年五月、モスクワはデレビャンコに、日本政府の「反動的政策」についての「原則と履行状況についての侵犯」に関して声明を出すよう指示した［同44］。また、労働組合活動に関する「反民主的政策」（公務員のストライキ禁止のこと）についても批判することとされていた［同46］。

ソ連側の姿勢が急旋回していることは、昭和天皇の戦争責任問題再燃にも見られた。一九四六年春にいったん米ソ間で決着したかに見えたこの問題が、突如一九五〇年初になって再浮上したのである。二月一日、ソ連政府は英米中の各国政府に対し、数名の軍人と並んで日本の天皇を軍事法廷に引き渡すことを求める覚書を送った。これは四九年一二月末にハバロフスクで行われていた七三一部隊などによるＢＣ（生物化学）兵器関連の軍事裁判において、御璽（天皇の印章）が捺された文書が提出されたからであった［R81/2/1387/141］。これに対してアメリカ政府は、ソ連側の昭和天皇訴追は、日本軍人三七万人以上の引き揚げ遅延問題から目をそらすためのものだという声明を出した。

だが、「日本軍国主義」を対象とした中ソ同盟が成立したことが背景となり、天皇の戦争責任問題はさらに争点とされることとなる。モロトフらは一九四九年一二月以降この問題を再度提起し、グロムイコ次官もスターリンにこの問題を訴えた。政治局はこれを許可し、中国にもこの趣旨で書簡が送られていた。一九五〇年五月三〇日、ソ連政府は英米政府に新覚書を送り、天皇ヒロヒトを裁判で追及すると提起する。六月初、アメリカ政府高官は天皇訴追には反対であると述べた［M1387/61］。なお、これらの動きは、いずれも朝鮮戦争前の緊張した局面においてのことであることに注目したい。

マッカーサー最高司令官が日本の再軍備へと舵を切ったとみたソ連側は、「非軍事化」をうたったポツダム宣言に違反すると主張した。五月三日、デレビャンコは日本で旧海軍・航空基地などが再建されていると、マッカーサーへの抗議の手紙を送付する［五 632］。ソ連の「日本軍国主義復活」批判は、マッカーサーが東京軍事裁判での戦犯を早期釈放したことにも向けられた。中でも、かつて駐ソ連大使を務めながらスターリンに疎まれた重光葵が五〇年一一月二一日に刑期満了を待たずに釈放されたことに、グロムイコは抗議を行った［M1387/89］。

朝鮮戦争開戦を目前にした五月二七日、ソ連代表デレビャンコが帰国した。その後、六月二四日にデレビャンコに替わって代表代理となったポリャシェンコは、共産党や労働組合活動家への抑圧を批判する手紙をマッカーサーに送付したが［五 638］、前任者と比較して軽量であることは否めなかった［R81/2/1384/60］。前述したとおり、デレビャンコ帰国後は実質的には政治顧問のキスレンコと政治副代表のルーノフが代表部を取り仕切った。また、三月には、かつて金日成を平壌で首相に育て上げた張本人であるコビジェンコが、本国から東京に派遣されてきた。

かくして、極度に緊張した東アジアをめぐる米ソ関係において、日米間で独立に向けた平和条約交渉が進捗しはじめた。この問題に積極的な米国務省と消極的な国防省との対立は、前者の優位に推移した。朝鮮戦争直前の一九五〇年六月、国務省顧問として平和条約を担当するダレスが訪日したことが、条約交渉開始の予兆となったと、ソ連外務省はスターリンに報告した。ソ連共産党中央委員会は対日講和に関して中ソ共同声明を出すことを指示した［R81/2/1385/14-19］。

金日成の軍事的冒険は、支持を失いつつあった吉田茂首相にとっては、僥倖ともなった。駐日英国大使が一九五〇年八月九日に本国に送った「朝鮮戦争への日本の態度」での表現を借りれば、それまで日本がこの地域で演じてきた「悪ガキ（naughty boy）」の役割を、替わって金日成が演じることになったからである［P83806/69］。逆にいえば、英国大使が七月一一日に本国に送ったように、朝鮮戦争開戦によって「日本が完全中立の夢に浸っている時期は終わった」［P83816/29］。英国にとっても、米国の中国政権承認というカードが失われ、米国との連帯に戻るべきことを意味した。

中国抜きか否か

日本が国連軍の基地と化した現状について、極東委員会ではソ連代表による批判が開始された。一一月三日、ワシントンに復帰していたソ連代表は、日本の施設を使用しての軍事活動はポツダム宣言への違反であるとの声明を発した［五 639］。

こうした状況の中、米国政府は極東委員会の参加国と個別に、対日平和条約への意見交換をはじめた。ソ連も朝鮮戦争では直接参戦してはいないため、米国との協議を行うこととなる。一〇月二六日、ニューヨークでダレス顧問とマリク国連大使が話し合った。もっとも、その雰囲気は固いもので、決して好意的とはいえなかった。ダレスは、日本に対する講和には「リベラル」なそれと「厳しい」ものとがあり得るが、米国としては前者を選択したいとして、他の極東委員会メンバーにも渡した覚書を手交した。とくにソ連に対しては、条約に参加すれば「南サハリン」と「クリル」とが引き渡されるとも説明した［F/1950/6/1332］。これに対しマリクが持ち出した厄介な問題は、かつて日本領であった台湾の帰属についてである。これは中華人民共和国の内部問題であるとソ連側は主張したが、物別れに終わった。

一一月二〇日、ダレスとマリクの会談が再度行われた。このときの雰囲気は前回よりやや好意的であったという。マリクは中国共産党政府を対日講和に招くべきであるという内容の覚書を提示した。ここでダレスは、招くのは国交がある国だけというアメリカ政府の立場を口頭で説明した［同 1353］。マリクは中国抜きで平和条約を締結するのかと問うたが、ダレスはさらに考えたいとだけ答えた［MI385/69］。追って一二月二八日にダレスから最終回答が示されたが、中国との間には国交がないというものであった［同 81］。ちょうど中国人民志願軍が平壌を奪還し、さらに三八度線を越えて南進をはじめた時であった。

一二月四日、中国人民志願軍が全面攻撃を始めた時点で、周恩来は「日本との講和条約に関する声明」で中国政府の立場を表明した［MI062/95］。ダレスとマリクとの二回の交渉内容をソ連側から入手していた周恩来は、満洲事変以来の日本の侵略行為に触れて、中国が参加しない平和条約は不法であり機能しない、日本との全面的講和を難しくしているのはアメリカの態度であると激しく批判した。また、日本はアメリカの植民地と化しているとも主張した［同 99］。しかし、中国軍と国連軍との戦いという局面において、もはや全面講和が結べる可能性はなくなっていた。この頃、北京のチェコスロバキア大使が周恩来に外交交渉での解決の可能性を問うと、周恩来は言下に「戦争はすぐ終わると思わないほうがよい」として、それを否定した［MI271/137］。

司令官解任と動き出す講和交渉

だが、マッカーサー国連軍司令官が、人民志願軍に対抗するためにウラジオストク、北京、大連等に二六発の核兵器投下を検討するよう本国に打電したことは、英国労働党政府を驚かせた。一九五〇年一二月初、英国アトリー首相が米国に飛んでこの件について警告したことで、米英間の亀裂まで明らかになった［ラフィーバー 189］。英国のある記者は「アトリーがトルーマンの核行使をとめた」と書いた。これにはアチソン国務長官も「チャーチルならアトリーほどはやらない」と述べている［九三 421］。アトリーの「平和使節」によって、第三次世界大戦が寸前のところで回避され、軍事から外交へのギアチェンジがなされたことは、日本の独立と再軍備に「死活的」関連をもつこととなった［細谷 145］。この危機において、アチソンの対ソ分析を急遽助けることとなったのは、いったん国務省を外されたケナンであった［九三 421］。

米国は中ソ同盟との和解による全面講和に見切りをつけ、多数派講和に歩み出した。マッカーサーの強硬方針に異議を唱えて一時関係が緊張した英国も、多数派講和方針を支持した。一九五一年一月一〇日、トルーマン大統領はダレスを中心とする平和条約委員会を正式に立ち上げた。「マッカーサーがアジア本土で自由世界と共産世界の力試し」をすべきではないと考えたダレスは、一月二五日にも日本を訪問し、吉田政権と話し合った［シャイラー 316］。ちょうど、中国人民志願軍がソウルを占領し、さらに南下しているときのことであった。

三月二九日、アメリカ政府は講和条約案を各国に提示した。その後、四月二一日、ダレスはまた日本を訪れ、吉田政権と講和の七原則を確認した。これは、平和条約締結に際し、国連加盟をはじめ、領土や請求権、そして安全保障などの個別案件についての指針を提起するものであった。

その直前には、マッカーサーが中国への核使用を再度主張して、トルーマン大統領から国連軍最高司令官を解任されていた（四月一一日）。解任の背景には、先述のとおり英国がいた。ガスコイン駐日英国大使は、マッカーサーがますます「完全な独裁者」となって「我々を無視」することに不満を募らせていた。また、トルーマンが日本との早期講和を望む背景として、マッカーサーを早く日本から追放したい勢力の意向が絡んでいると、ガスコインはベビン外相に報告している［P83810/159］。これは、マッカーサーは極めて危険と考えたガスコイン本人のことを言っているかもしれない［シャイラー 302］。国交のある英国の立場からは、中国への核攻撃などあり得ない暴論だった。ソ連大使パニューシキンも、マッカーサー解任の理由のひとつとして同盟国との不和を挙げた［五九 399］。

一九五一年五月七日、ソ連政府は対日平和条約問題に関する長文のコメントを出した［同 355］。ソ連が挙げた問題点の第一は、中国の代表権であった。A・カー駐ソ米国大使と面会したソ連外務次官A・ボゴモロフは、中華人民共和国が参加しない平和条約に異議を唱えた。その上で、七月にも英米ソに中華人民共和国を加えた四ヵ国外相会議を開催せよと迫った。なお、ソ連代表部がモロトフの要請で下田条約や樺太＝千島交換条約などについて文献収集や日本の主張についての詳細な調査をはじめたのは三—五月ごろである［M1385/52,152］。これは当然、講和条約交渉における本格的な論戦に備えての動きであった。

講和とあらたな対立構造

対日本講和をめぐる交渉は、アメリカ軍の反撃後に一進一退となっていた朝鮮半島情勢と、微妙に交錯した。

一九五一年五月末ごろには、北朝鮮だけでなく中国側でも厭戦気分が漂いはじめていた。一〇〇万以上の派兵と毛沢東の子息毛岸英の戦死を含む犠牲を払ってもなお、朝鮮統一は未だ果たされていないという挫折感である。それ以上に、金日成は財政破綻で継戦困難となっている窮状を、六月初には周恩来総理に、そして九日にはモスクワでスターリン首相に訴えていた。金日成はついにスターリンに休戦を提起し、一応の同意を得た［下斗米 2006/118］。こうした状況を踏まえ、六月二三日にマリク大使がアメリカ側に休戦を提案した。

この間を縫って、英米は対日講和についても、最後の詰めを行っていた。六月一〇日にソ連側は米国案に対する詳細な覚書を提示した。そのポイントは、米国案では台湾帰属など中華人民共和国の権利を無視している、対日講和は全面講和でなければならない、分離講和は日本をアメリカの極東侵略計画に組み込むものだ、という従前の立場と同様であった［五九 368］。しかし、英米は対日妥協と早期講和の方針で一致しており、作業を最初からやり直すことを求めるに等しいソ連側の覚書は受け入れ難いものであった。七月二〇日、グロムイコ外務次官は、駐ソ英国大使D・ケリーと同米国大使A・カーからの要請で会談を行った。英米政府の代表は、九月四日にサンフランシスコで対日講和会議を開くつもりであることと、ついては八月一三日に最終案が英米から提示されることをグロムイコに通告した。一〇ヵ月にわたる交渉によって、すでに対日講和の機は熟していると英米側は主張した［同392］。

結局、米ソは対日平和条約をめぐって、これ以上の歩み寄りの気配を見せなかった。八月一五日、ビシンスキー次官はスターリン宛の手紙で、英米案へのソ連側コメントについて指示を求めたが、それに対する回答は、国連での中華人民共和国の主権を承認し、南サハリンとクリルでのソ連の完全主権を認めるべきこと、そして米軍が日本から引き揚げるべきことといった、従来のソ連の立場が貫かれていた［同 427］。グロムイコ、ビシンスキーが参加した政治局の会議では、サンフランシスコに派遣するグロムイコ代表団への最終的指示が決まった。ここでは、中華人民共和国の参加、「分離講和でなく全面講和」でなければならないこと、日本が平和愛好、民主、独立国家でなければならないこと、英米案はこの基準を満たしていないとして批判すること、かわってソ連案を提示すべきこと等が定められた。同時に、グロムイコには、中国代表権問題ではインドなどの理解を得ること、日本からの米軍撤退等の英米案への修正と、もし撤兵要求が拒否されれば署名は拒否し、記者会見で英米案への批判を行うべきことが指示された［同 420-424, 436］。

翌一六日、米国政府は、講和条約最終案は、一九五〇年秋から意見交換を積み重ねてまとめられたものであり、会議は講和条件をめぐる交渉の場ではないとソ連側に念を押した［同 445］。こうして、対日講和をめぐる状況は決定的なものとなった。

一九五一年九月四日、サンフランシスコで五二ヵ国代表が参加する講和会議が開催され、八日には四八ヵ国によって対日講和条約が調印された。結局、ソ連のグロムイコ次官は、このサンフランシスコ会議に参加はしたものの、調印は拒否した。中華人民共和国は呼ばれもしなかった。

スターリンは、八月半ばに対日講和交渉の状況が明確になった時点で、従前の立場に戻っていた。中国共産党の毛沢東が要請した休戦交渉容認論にも、金日成の早期休戦論にも、スターリン自身は平和を望んでいるが問題はアメリカ側だ、と否定的に応じた［下斗米 2006/125］。大元帥が示したこの方針の下、中朝とも再び戦闘に戻るほかなかった。

こうして、米ソは再び世界戦争への準備に戻り、宣伝戦を繰り広げた。一九五二年一月八日、トルーマンは大統領教書において「ソ連の帝国主義」について語った。ソ連大使館はこれについて直ちに政治報告を本国へ送り、「新たな戦争」への準備であり、「反ソ的虚構」であると批判した。その中では、ソ連抜きでの分離的な対日講和条約が、「極東での新たな戦争への準備」であるとも主張された［五九 493］。だが、その批判は自身の鏡像に向けられたものであった。

日本はようやく占領を終え、独立を確保することになった。しかしそれは、同時に締結された日米安全保障条約が表象するように、肝心の中ソや朝鮮半島などとの講和を先送りにしたものであった。日本は冷戦における第一線とみなされ、日本をめぐってあらたな対立構造が築かれるようになった。日本は朝鮮戦争への軍事的な負担からは免れつつ、空前の経済ブームを享受したという側面もあったが、もっともそれは、アジアへの負債を清算する機会を逸したということでもあった。

第五章　日本共産党とアジア冷戦

一九四〇年代末からの東アジアにおける政治的激変の影響をもっとも受けた日本の政治組織は、日本共産党であろう。もともとコミンテルンの日本支部（準備会）として一九二二年に成立したこの組織は、成り立ちからして国際的性格を示していたが、スターリンの「一国社会主義」やその急進路線、さらには三〇年代—四〇年代の国内での抑圧によって、その後は国際的に隔離された少数組織となった。

一九四五年八月からの民主化によって新たな大衆活動の基盤が生じてからも、獄中から解放された徳田球一・志賀義雄・宮本顕治といった国内の活動家と、ソ連、中国それに米国でも活躍した野坂参三などとのあいだには戦後革命のイメージをめぐる差異があった。コミンテルン文献にいう「君主制」を「天皇制」と訳したところに、政治体制理解の差異が懐胎したのかもしれない。[1] そして、一九四九年一〇月、中国内戦が中国共産党の勝利に終わって中華人民共和国が成立したことによって、さらなる大変動に至ることになる。

本章では、「外部化」を遂げることになる冷戦期共産党の知られざる側面について解明しよう。

一　コミンフォルム批判・日本共産党への影響

徳田と野坂

日本共産党は一九四九年一月の第二四回総選挙で二九八万票余を獲得、三五人の議員が当選、戦後日本社会に地歩を得たかに思われた。当時党員数は約九万人を、そして組織（細胞）数も六〇〇〇を数えたという［M1391/12］。それは日本共産党が一九四六年から追求してきた柔軟路線の成果ともいえた。

最高指導者である徳田球一（一八九四―一九五三）は、沖縄生まれの共産主義運動活動家で、獄中一七年余の闘士であり弁護士でもあった。徳田は一九二〇年代にモスクワを数回訪問した経験があり、ソ連派という評価をされていた。一九四五年一〇月に出獄後、一二月の第四回日本共産党大会で党書記長、すなわち最高指導者となる。党内には戦前からの幹部である宮本顕治や志賀義雄などからの批判がありつつ、開けっ広げな性格で党内外から人気を得ていた。

もう一人のキーマンは、野坂参三（一八九二―一九九三）である。一九一九年にロンドン大学（LSE）留学中に英国共産党に入党、一九三〇年代はソ連で過ごし、さらにその後は反戦活動のために延安に滞在していたという国際派だった。敗戦後も、一九四五年一〇月から一一月にモスクワを密かに訪問し、軍参謀本部情報部長のフョードル・クズネツォフ、ソ[2]

連共産党のポノマリョフ国際部長と会談、天皇問題について柔軟な対応をとる方針などを打ち合わせた［名越 100］。一九四六年一月に帰国した野坂は「愛される共産党」を謳《うた》い平和革命路線を追求した。一九四七年一二月の第六回党大会では米占領軍のもとでも平和革命が可能であると唱え、内部での反対論を押し切ってその戦略を推し進めた。(3) 戦前は主として国内、獄中にあった徳田と、英国共産党をはじめ世界の労働運動を知り尽くしていた野坂という対照的な二人のあいだには、非合法活動や天皇制問題などについて対立点がなくはなかったが、野坂は一応のところ徳田の方針を受け入れていたし、米ソが同盟の枠組みを完全に否定しないうちは、野坂路線は国際的な支えがあった。

一九四九年六月一八―一九日の第一五回党中央委員会総会でもこの関係は継承され、野坂参三は平和革命に論及した。この総会では、中国共産党による「新民主主義」の勝利に大きな関心が注がれた。実際、東アジアでの政治気象は次第に急進化していくことが明らかであって、日本での九月革命説が取りざたされだした。とりわけ、毛沢東がモスクワを訪問し中ソ同盟が成立したことは、戦略環境が大きく転換したことを意味した。なお、この当時の日本共産党政治局は、書記長の徳田球一以下、野坂参三、伊藤律、志田重男、長谷川浩《こう》、紺野与次郎、宮本顕治、志賀義雄、そして金天海の九名がメンバーであった。このうち朝鮮系の金天海は一九四九年一二月までには南朝鮮労働党に配置換えとなっており、翌年六月には朝鮮に帰国していた。(4)

一九四九年一〇月、中国で共産党が権力を掌握する前後には、国際問題に敏感で中国との関係が深い共産党員のあいだで新しい路線対立が芽生え始めた。中西功《つとむ》は九月の総会に意見書を出し、主流派の二段階革命論（まず民主主義革命を行い、それから連続的に社会主義革命へと至る）を批判して日本独自の社会主義革命路線を唱えた［中西 28］。中西は一九五〇年一月に早々と除名されたが、この意見書提出をきっかけに党内の意見分岐が次第に広がっていった［MI391/3］(5)。

当時指導部の中では、徳田の方針や指導が、他の幹部たちとの理論的、実践的な対立の源泉となりつつあった。八月の第一六回党中央委員会総会では徳田と宮本顕治とが対立した。宮本は文芸評論家で、作家宮本百合子の夫だあり、文化担当の理論家として若手や全学連指導部に支持があった。政治局員で『アカハタ』紙の主筆だった志賀義雄がソ連代表部に説明したところによると、一〇月三〇日に政治局員たちの、徳田書記長に対する不満が表面化したという。宮本の影響下にあった全学連系『学生評論』誌上で、徳田はポーランドの民族主義的共産主義者ゴムウカになぞらえられていた。

それまで徳田に「柔軟で待機主義的」態度をとっていた野坂は、志賀の言い方を借りれば「待ちかまえていた」ように、徳田批判を行った(6)。病気がちの徳田は一日一時間しか勤務しなかったことや、人事において側近の伊藤律ばかりを重用したことが、不満を呼んでいたのである。だが、野坂は機を見るには敏であったが、その狡猾さを嫌う向きもあった。党内では志賀義雄が徳田と野坂との仲裁役となっていたが、次第に野坂側に傾いていた［同 10-12］。一一月二日にデレビャンコがソ連指導部に伝えた報告では、徳田やこれに近い伊藤律と他の政治局員（野坂、志賀、宮本、金天海）との間に内部での対立が生じているとしている［同 40］。[7] この頃には、野坂は、それまでの徳田寄り路線を修正することに積極的になっていた。

日本共産党が武装路線へと急旋回する背景には、このような内部対立だけでなく、中ソ両共産党からの国際的圧力もあった。英国公文書館に保管されている駐日英国代表部のファーガソン書記報告も、またこの対立に注目していた。英国大使館は一九五〇年一月末には日本共産党問題に本格的な注意を向けていたが、GHQ参謀第二部（G2）と親しい関係にあったファーガソンは、「信頼できる報告では、一九四九年一〇月と一一月に〔徳田と野坂の〕二人はソ連大使館に呼ばれ、党の戦略と戦術とについて批判された」と記した。同様の記述は、日本共産党の不破哲三がソ連文書館文書を利用して執筆したとされる『日本共産党にたいする干渉と内通の記録』にもある。一〇月二九日、ソ連大使館の諜報専門家が野坂参三と面接したという［一一 537］。なおこの不破の記述には日本語版とロシア語版とで相違があり、日本版ではセーシキンとなっているところ（おそらくこちらが正しい）が、なぜかロシア版ではスリーヴィンなる人物に変わっている。[8] それはともかく、ソ連側の目には「静かな」野坂に対し、徳田は「粗野で、自己抑制がたりない」と映っていた。そして二人の間に政治的対立があるという話は「嘘」であるともソ連の情報将校は断言している。一一月九日、対日理事会ソ連代表デレビャンコと、徳田球一、野坂参三、伊藤律との会談が行われ、ここでソ連共産党は日本共産党を地下活動へ導こうとしたと、不破は述べている。歴史家の和田春樹の見解はやや異なっており、一一月一一日、デレビャンコと徳田、野坂、伊藤が非合法活動への移行を話し合ったものの、半年も実施されなかったと、ソ連報告書を根拠に和田は指摘している［和田 1996/221］。

徳田主流派を「国際的観点から」批判していたのは宮本らであった。当時は、志賀、野坂、宮本のほうが国際権威主義であったといえる。後に主流派が急旋回し武装路線に走り、国際路線を追求しだしたころから、両派の立場は腸捻転のように逆転することになる。

一九四九年一二月には日本共産党周辺でいくつかの動きがあった。一七日に、その一ヵ月後に党中央委員会総会を開くことが決まった。また一二月二九日、ソ連政府機関紙『イズベスチヤ』は、関東軍の生物化学兵器開発に関するハバロフスクでの軍事法廷の長大な記事を掲載した。昭和天皇の責任追及という側面を持つこの裁判報道は、ソ連の東アジア戦略の見直しのはじまりでもあった。また同じ一二月に、徳田書記長が中国東亜同文書院出身の党員安斎庫治《くらじ》に密命を与え、日中両党の「連帯と革命祝賀」のため、北京に派遣した［安斎73］。この際、信任状と課題とは野坂参三が与えた。安斎は一九五五年まで日本共産党在外指導部、つまり北京機関で役割を担うことになる。(9)

コミンフォルムの野坂批判

一九四九年末の中国革命の成功と、各地における運動の武装路線の台頭、中ソ同盟への傾斜という東アジアの国際的雰囲気の変化は、何よりも日本共産党に対する中ソ両共産党の政策転換となって現れた。一九五〇年一月六日コミンフォルム機関誌『恒久平和と人民民主主義のために』は、米軍占領下での平和革命が可能であるという野坂参三の理論がマルクス・レーニン主義に反すると批判した評論員論文を突如公表した（いわゆるコミンフォルム批判）。日本共産党に衝撃を与えたこの論文は、スターリンの発意によるともいわれたが、モロトフ文書に収められているこの文章の草案の原題は「破産した日本労働者階級の日和見的『理論』」であった。これがモロトフの手によって「日本の情勢に寄せて」と訂正され、彼による書き込みが行われた［M1390/116］。直接の執筆者は、おそらく一九四五年秋に朝鮮に派遣された赤軍第二五軍の政治将校で、金日成を世話していたこともある日本と朝鮮の専門家であり、後に中央委員会国際部日本課長となるワシリー・コビジェンコであろう。

アメリカ帝国主義との闘争を拒否する野坂理論への批判は、実際には書記長徳田への批判に他ならなかった。デレビャンコらの報告にもあるように、志賀らとも意外に近かった野坂は、すでに党指導部内では書記長徳田とは一線を画し、中ソの支持する路線へと立場を転換していた。それでもコミンフォルムがいきなり書記長である徳田を批判することは、当時の共産党相互の事情からいってあり得なかった[10]。それゆえ国際的権威は、野坂批判という形で日本共産党に左派路線と武装闘争への路線転換を求め、そして天皇批判という原理主義に戻ることを要請したのである。

ちなみに、本来はヨーロッパの共産党・労働者党の情報機関であったコミンフォルムの機関誌『恒久平和と人民民主主義のために』は、一九五〇年一月から日本の党員とシンパのために日本語版を不定期に刊行しはじめた。東方コミンフォルム問題が一九四九年末に中ソ間で棚上げにされたかわりに、コミンフォルムの守備範囲を東アジアにも拡大したためである。なお、同誌は北朝鮮でも、スターリン宛ポノマリョフ書記の要請に基づき、モスクワの指示によって四月からは朝鮮語で発行された［MI274/4］。コミンフォルムの異例な日本共産党批判は、中国とソ連の共産党が本格的に日本共産党対策に乗り出したことを示していた。

コミンフォルムによる平和革命論批判は、日本共産党指導部内にあった亀裂を拡大させ、分裂を促す巨大な爆弾となった。この論文は翌一月七日『プラウダ』紙に公表されたが、しかしこれをいちはやく転電したUPなどによる報道について、日本共産党政治局は「党攪乱《かくらん》のデマ」であると『アカハタ』で発表し、翌日に報道が真実とわかると今度は釈明に追われるという醜態をさらした。しかしこのことは、衝撃の序章にしかすぎなかった。後に述べるように、徳田・野坂が一九五一年五月に劉少奇に答えた際の表現を使えば、コミンフォルム批判はちょうど「反対派の形成にとって都合いい時期に起きた」のである。しかもこの国際的衝撃は中ソ連繫のもとで行われた。一月一七日中国共産党の『人民日報』社説は、コミンフォルムの日本共産党批判をただちに支持した。当時モスクワにいた毛沢東は一四日付電報で、劉少奇らに対し野坂批判を督促していたのである(11)。

この批判をきっかけとして、一月の第一八回拡大中央委員会総会で、志賀義雄・宮本顕治らのいわゆる「国際派」と徳田・野坂ら主流派によるいわゆる「所感派」（徳田球一がコミンフォルムへ反論する「政治局所感」を発表したことに由来）とが対抗していく。四月には両派の対立はさらに深まり、二八―二九日の第一九回党中央委員会総会において、指導部はいっそう分極化していく。この時期は、朝鮮戦争へと至る東アジア冷戦の熱戦化、政治気象の急進化の時期であった。ついに六月には、徳田指導部は自派からなる「臨時中央指導部」を任命し、本来の指導部は地下に潜行、そして徳田書記長や野坂政治局員といった最高指導部は北京に亡命指導部を作るべく、極秘のうちに日本を離れた。

中国共産党による人民志願軍の朝鮮戦争参戦といった環境の中、一一月前後から日本共産党内の主流派である所感派は、それまでの穏健路線を一転させ急進的な武装路線を掲げた。この結果、政治的な捻れが生じだした。所感派が国際的かつ急進的となり、国際派はむしろ国内にとどまって、戸惑いすら見せた。主流派は一九五一年二月には第四回全国協議会（四全協）を単独で開催し、武装路線を固めた。それに対し、それまで全学連などを配下に置いていた国際派は分裂し、北京から発出される急進路線への合流を求められることになる。そしてさらに、一九五一年に日本共産党はいわゆる「軍事方針」を定めた党綱領を採択、日本独立に反対する武装闘争を繰り広げることになった。これが、本章で詳細を追うことになる、日本共産党の五〇年問題と呼ばれる党内の分裂と紛争の概略である。

劉少奇の七つの質問

このような日本共産党の分裂は、なぜ起きたのか。徳田や野坂といった指導部の離日と、党の武装路線への転換は、何を背景としてのことなのか。ここに、ソ連と中国の共産党、さらには朝鮮労働党がいかなる関与をしていたのか。これらの問いについて、これまではいくつかのエピソード的な説明はあったが、冷戦終結以降も、史料に基づいた納得のいく説明はされてこなかった。

二〇〇九年に筆者は、モスクワの党史料館などにおいて日本共産党内事情についての興味深い文書を発見した。それはモロトフ文書の中の「劉少奇の質問に対する同志徳田球一、野坂参三の回答」である［M1392/55-110］。一九五一年五月三日付のこの文書は、徳田・野坂という二人の日本共産党最高指導者が中国共産党の劉少奇の質問に答えた記録である（以下「回答」とする）。このとき徳田・野坂は党綱領改定をスターリンらと協議するため、滞在先の北京から離れモスクワに到着したばかりであった。「回答」は実際にはそれ以前の四月までに北京で書かれたのであろう。劉少奇は、当時は中国共産党書記、中央人民政府副主席である。事実上中国での国際問題全般担当の最高権威であり、前章で見たとおり、一九四九年一一月のアジア・大洋州労働組合会議でいわゆる劉少奇テーゼを発表、毛沢東の武装闘争路線こそ労働組合を含めたアジアでの階級闘争の基本形態であると訴えた人物である。

劉少奇からは七点の質問が日本共産党最高指導者へ投げかけられた。

第一問　日本降伏後の日本共産党の最重要な論争は何であったか。（所感派と国際派による複雑な論争について、中国共産党は詳細をほとんど承知していなかった）

第二問　コミンフォルム批判後の第一八回中央委員会総会での意見の相違は何か。
第三問　志賀と宮本顕治は自己の意見をブルジョワ新聞で公表したことの誤りを認めたのか。なぜ志賀の声明が機関紙『アカハタ』にも掲載されたのか。
第四問　マッカーサー司令部によるレッド・パージの後、臨時中央指導部を選出した党全国協議会活動に反対派代表は参加したか。臨時中央指導部には反対派代表が入っているのか。
第五問　反対派の基本的な政治的綱領は何か。
第六問　いかにして党内で反対派は形成されたか、また現在の活動について詳説せよ。
第七問　何名が党を除名され、いくつの党組織が解体されたか。復権した党員数は。

というものであった［同 55］。

これら問いに対する徳田球一、野坂参三、すなわち日本の党の最高幹部の答えは、北京機関という実質的な亡命最高機関によって出された「回答」と理解できる。「回答」は、ソ連における中国共産党代表の資格をもつ中国共産党中央対外連絡部（以下、中連部）部長の王稼祥を通じスターリン、モロトフらソ連側最高首脳の下へ、五月八日に届けられた。このとき、徳田・野坂ら主流派と反対派の袴田里見を含む北京機関幹部は、八月までにモスクワに赴き、スターリンの臨席のもとで日本共産党の新党綱領つまり最高方針が策定されることになっていた。

さて、この「回答」は、当時の日本共産党内の論争をまとめたものであり、状況理解の格好の材料である。もちろん、これが主流派による文書である以上バイアスがあることは免れないし、主流派内でも徳田と野坂との間には相当の立場の相違があったが、それでもこの文書は、当時の日本共産党をめぐる状況を最高指導部自身が認識したものとして、紹介する意義があるだろう。以下、やや長くなるが「回答」を要約して紹介し、適宜、他の史料から情報を補いつつ、日本共産党内の論争の経緯を追っていこう。

日本共産党内の論争

第一問の敗戦後の日本共産党の論争に関して「回答」は、一九五〇年以前には理論的にも実践的にも大きな対立はなかったと指摘した。もちろん、意見の相違はあったし論争も存在していたが、「敵」との闘争では政治局のもと党員が結集し、統一は守られていた。一九四九年には、権力の性格が変化したことをめぐる中西功による提起があった。中西は、資本主義はすでに復活しているので社会主義革命を課題とすることを求め、民族民主革命をまず目指す二段階戦略を追求するという党中央の方針に批判的だった。

第二問「コミンフォルム批判後の第一八回中央委員会総会（一九五〇年一月）での意見の相違」については、かなり詳細な回答がなされた。

まず政治局における意見について。コミンフォルム批判とは、「日本の権力はすべてアメリカが完全に握っている、したがって党の課題とはアメリカ帝国主義からの解放となる、それまでの党内の右派的な議会主義偏重をあらためるべきである」というものと説明された。そして、政治局のすべての局員は、このコミンフォルムの見解と一致した意見であると徳田・野坂はいう。一九四九年九月の特別総会ではすでに党はこの政策に転じており、コミンフォルム批判を受ける前の一二月にすでに執筆されていた第一八回総会向け報告も、また一月五日の野坂参三の国会演説もこの路線に沿ったものであったと説明している〔同58〕。

したがって、コミンフォルム批判を受けた後の党内議論は、この批判からどういう結論を引き出すかをめぐってなされた。「徳田、野坂、志田〔重男〕、伊藤〔律〕、紺野〔与次郎〕、長谷川〔浩〕」ら主流派は、「野坂参三によるアメリカ帝国主義の美化」といった批判での表現の厳しさこそが有害なのであって、徳田ら政治局はこの点には反論すべきだと結論したというのである。これがいわゆる「所感」であって、一月一三日の『アカハタ』でそれが発表された。この内容は、コミンフォルムによる野坂批判の正当性は認めながらも、基本的にはすでに克服されたことであって、「外国の諸同志」がこの事情を考慮しないのは「極めて遺憾」とするものであった。

だが、『アカハタ』主筆で国際派である志賀義雄は「所感」に反対した（「回答」では志賀を「国際派」とはいっていないが）。志賀は、国際的批判は無条件に受け入れるべきだと主張し、それに条件をつけるような「所感」に反対した。この点をめぐって三日間の議論でも意見は一致せず、結局は多数決によって「政治局の所感」が一月一二日に採択されることとなった。ここに、政治局会議に戦後初めての分裂が生じ、この「志賀意見書」をめぐる対立は党中央の分裂へと繋がった。
ちなみに、総司令部G2は、共産党の「信頼できるエージェント」から、政治局での「多数派」について情報を得ており、意見は「七対五」で判断が分かれ、コミンフォルム批判から「一時後退」を決めたと伝えられた。この「エージェント」は、「党内にモスクワとは絶対一緒に行動する」という「ハードコア」があるといった［P83806/21］。これについて日本政治史家の升味準之輔は五対二（『所感』への反対は宮本と志賀。徳田派一名欠席）であったと指摘している［升味下392］。[12]
第二問についての「回答」は、次いで一月一八―一九日の第一八回拡大中央委員会総会での討論について触れている。志賀の意見書が提出され、政治局内の対立が総会において表面化した。討論のテーマは、「コミンフォルム批判」は無条件に受け入れるべきか、それとも「政治局所感」とともに受け入れるかであった。前者を支持したのは志賀義雄と宮本顕治であったが、そのふたりにも意見の差異はあった。志賀は政治局の意見は右翼反対派のそれであるとして全面的に批判し、「所感」は「プロレタリア国際主義」に反した「ブルジョワ民族主義」であると主張した［M1392/59］。これに対し徳田ら主流派は、「所感」は国際的批判を受け入れている、しかし機械的には受け入れられない、すべての過去の闘争成果をも否定はできない、と反論した。こうした討議の結果、コミンフォルム批判を受け入れるということとなった。野坂参三は、自己の立場は変えないが批判は受け入れると二度自己批判した。先のデレビャンコの報告と併せて考えると、国際的圧力の中で志賀が旧来の路線の問題を提起し、野坂が批判を引き受けるという形で、全体が急進化し「左」へシフトしていく構図が透けて見える。

しかし総会では他方で、志賀は対立を公然化するものだとして批判された。志賀の意見書はすでに噂になっており、二月四日に英文の『Nippon Times』は共同通信電を転電する形で第一八回拡大総会の報道を細かく伝え、党外にも対立は明らかになりつつあった。「回答」は、この総会で「分派」が生じた理由として、志賀義雄と宮本顕治とが「所感」の原則的誤りを指摘したが、指導部の自己批判が不十分であったこと、そして志賀と宮本が、徳田報告自体が誤りだということにこだわったことにあったとしている。「回答」によると、総会後直ちに政治局は野坂参三に「民族の独立のために全人民諸君に訴う」の原案を作成することを委任した［同 82］。この呼びかけは、アメリカ帝国主義に対抗し、民族独立を主張する民主民族戦線の形成を訴えるものだった。しかし志賀らは、「社会民主主義的で解党主義的性格」を帯びていると反対した。これには反対派の宮本顕治も同調することなく、結局主流派の野坂参三案が志賀の反対をよそに採択された。「回答」では、一見して志賀義雄とは距離を置く宮本だが、実際は志賀と立場は同じであるとも記している。ともに東大卒業という知識人肌の反対派と、家父長的徳田との体質的な差異も存在していた。その宮本は会議後の政治局決定で、九州に長期派遣されることになった［一九会 5/12］。[13] 宮本が関わっていた統制委員会の後任には椎野悦朗が就いた。

志賀意見書をめぐって

劉少奇の第三問は「国際派は意見をブルジョワ新聞で公表したことの誤りを認めたのか。なぜ『アカハタ』にも志賀論文が掲載されたのか」であった。これに対し「回答」は、志賀意見書で党内の議論が広がったことを受けて、一月一五日には椎野が『アカハタ』紙上で反論した。ところが『読売新聞』が志賀書簡を掲載し、対立が広がった。このため『アカハタ』も志賀書簡を四月に公表したのであると答えた［MI392/66］。

第四問は、一九五〇年六月のレッド・パージ、すなわち総司令部によって日本共産党員とシンパ（同調者）が公職追放された後、臨時中央指導部を選出した党全国協議会活動に反対派代表は参加したか。臨時中央指導部には反対派代表が入っているのかというものであった。「回答」によれば、第一八回拡大中央委員会総会の以前から、志賀・宮本反対派の密かな活動が展開されており、総会終了後にさらに広がった。三月九日に開かれた政治局会議において、党統制委員長である椎野らが志賀と宮本とに対し、党に反対した誤りを認め、反対派と関係がないことを表明する自己批判を書かせようとした。しかし志賀はその要求を拒否し、宮本はこれを認めたものの、その表明内容は政治局員たちが要求したものとはほど遠かった。しかも、宮本は四月二四日に『アカハタ』、理論誌『前衛』に論文を寄せ、自分は反対派問題での「局外の傍観者」に過ぎないと述べたのであった。主流派にとってみれば、党の決定を実施せず「党内での討論の自由」を語っただけだった［同81］。

実際には、反対派のイデオロギー的中心となったのは志賀であって、宮本の行動を志賀が利用したと、徳田・野坂ら主流派は認識していた。「志賀義雄意見書」に沿って全国に各種の反対派組織が形成されたが、その指導者は野田弥三郎や、志賀とは「一面識もない」宇田川恵三であった。全国の党組織と党員に彼らの意見書が密かに配布され、党中央委員会付属の研究所やとくに大阪の知識人党員が彼らを支持した。なかでも野田らは、「人民の敵・徳田」といったビラを配布し、「共産主義者・国際主義者団」を名乗った。宮本らは、彼ら国際主義者団を極左集団と呼んで、距離をおいた。

「回答」は、四月七日の政治局会議において、志賀に対し意見書についての説明を求めたという。一八日に『アカハタ』に志賀意見書全文が掲載されることになったが、それより先、一五日の段階で、統制委員会の椎野悦朗による志賀意見書の挑発的性格を批判した論文を『アカハタ』に掲載することで反対派に警告を示し、党規律違反であるとして「悪質な反対派」が除名されることになった（以上の記述は、実は第六問の反対派の発生についての回答の要約であるが、第四問における臨時中央指導部の形成と六月一八日の第三回全国協議会の関係をわかりやすくするため、先に言及した）。

こうした状況下、六月六日に共産党幹部がレッド・パージされたことを受けて、代わって表向きの「公的」臨時中央指導部が作られた（椎野悦朗、輪田一造、杉本文雄、多田留治、鈴木市蔵、聴濤《きくなみ》克巳、河田賢治、谷口善太郎）。これには反対派が関与していないという批判があったが、「回答」は、六月一八日の第三回全国協議会に参加した五〇名の中には六名

の明確な反対派がいたと指摘した。具体的には増田格之助、多田留治、原田長司、遠坂良

一、山田六左衛門、平葦《ひらよし》信行である。臨時中央指導部にも反対派の多田留治が入ったので公平であるとも「回答」では答えている［同 75］。

反対派の理論と実践に対する反論

第五問は「反対派の基本的な政治的綱領は何か」ということであった。「回答」はこの質問について、党内反対派は理論面でも実践的にも、きちんとした統一性や明確な意見をもっていなかったと酷評した。むしろ原則的な反対ではないがゆえに、主流派への闘争が厳しい性格を帯びたとも指摘している。

「回答」は、志賀らが、日本の権力を「アメリカ帝国主義の完全な支配」下にあると規定したコミンフォルム批判を敷衍《ふえん》し、日本における権力はアメリカ帝国主義の一方的な支配と規定して日本国家の相対的独自性すら否定していると批判した。

なお、それまで主流派は、徳田の五〇年テーゼ（「戦略戦術の問題に関するテーゼ」）などで、日本国家の権力をアメリカだけでなく地主や資本家など三つからなるブロック権力とする見方を示していた。コミンフォルムや反対派はもっぱらアメリカ帝国主義の闘争・打倒だけを挙げており、戦略的なものだとしてもそれは問題の単純化に過ぎるというのが、主流派の見方である。この点について、具体的な論点は以下のようなものである。

①アメリカ帝国主義：志賀ら分派主義の視点からは、徳田ら主流派はアメリカ帝国主義との闘争をサボタージュし、大衆の日常的要求、日常闘争だけを行う「右翼日和見主義」に陥っている、となる。だが、「回答」は、日本の「反動政府」にも相対的独自性があり、それがアメリカ帝国主義とブロックを組んでいるとして、これはコミンフォルムとも同様の見方であり、アメリカ帝国主義との闘争に主要な打撃を与えることから目をそらしているという反対派の批判は当を得ないとした。共産党が合法闘争を完全否定しているわけではない以上、アメリカ帝国主義打倒へのオープンな闘争は不可能である。反対派の要求は逆に日本反動との闘争を否定しているもので、それこそむしろブルジョワ・ナショナリズムなのである、日常生活における闘争により、広い大衆を日本帝国主義との闘争に動員しなければならないと主流派は考えた。
②革命の内容と性格について：志賀・宮本ら分派主義者の見解では、農地改革で封建制の残滓《ざんし》は解体され、農業問題は基本的に解決されたとされる。しかし「回答」は、アメリカ主導の農地改革は地主の抵抗により不完全なものとなり、山岳森林地帯では、とりわけ階級闘争がおこなわれている土地問題は解決しなかったとした。[14] なお、この論争から、後の「山村工作隊」などの中国モデルに依拠した極左戦術が導き出されることとなった。
③革命の主導力：反対派はロシア革命を世界革命の一環と認識し、一国だけの解放闘争は民族主義的偏向だとしている。つまり国際的連帯と兄弟党の支援が重要であり、コミンフォルム支援は正当だということになる。これに対し主流派は、日本革命の主力は日本の労

働者だと考えて、世界革命運動は革命の予備とした。「回答」は反対派は観念的であり、人民の現実の願いがわかっていないと批判する。
④朝鮮での侵略戦争への反対について：反対派は「北朝鮮擁護の戦いに立ち上がれ」と主張している［MI409/68］。これに対して「回答」は、北朝鮮から手を引け、というのがスローガンだ。反対派は挑発的で、民衆の政治的意識の水準を考えていないと主流派は主張した。
⑤「中立」について：反対派は「中立」という要求がプロレタリア国際主義に反するとしているが、主流派からすると、高まる民衆の反米的意識を「純粋の反米主義」へ導入するよう「中立」を提起しているのであって、中立要求は当然だということになる[15]。
⑥赤色労働組合主義：公然とではないが、反対派は党の指導に反して、赤色労働組合主義（共産党の支持者や同調者だけを組織する極左的労働運動論）となっている。党の立場と大衆組織の立場を混同していると「回答」は述べている。なお、この反対派の傾向は、袴田などが一九二〇年代のソ連留学時代に吸収した赤色組合主義をそのまま持ち込んだことによるものであろう。
⑦臨時中央指導部の立場：反対派は内部で理論や政治的意見の一致がないが、主流派が組織した臨時中央指導部に反対することでは一致していると「回答」は指摘する。実際には、一九五〇年秋から五一年にかけて志賀派が反対活動を控えたのに対し、宮本派は五一年秋まで続けていた。また、反対派は、「徳田派」が規約に違反し、中央委員会を開くこ

となく粛清を通じて非合法の党協議会を開き、一九五〇年六月に臨時指導部を形成したが、これは党民主主義違反であり解党主義でもあると批判している。主流派は、臨時中央指導部の椎野悦朗が指摘しているように、非常事態が起きた段階で党規約にはとくにこのようなことに規定はなく、反対派の立論は根拠がない、党規約の精神にのっとって新指導部を決めた［同72］としている。「回答」では、指導に問題があることは事実だが、党員の責務はこれを支持、援助することであるとする。また、五〇名の代議員に六名の明確な反対派があり、執行部の八名にも反対派が一名（多田）含まれていることは、反対派を除外して臨時指導部ができたのではないことを示している、としている。
⑧政治局と中央委員会の回復という要求：主流派からすれば、反対派の意見はますます大衆から遊離している。反対派は、ただ統一したいがためだけに旧政治局と中央委員会の回復をいっているだけだが、その見解は「意識的か無意識にか、危険な挑発的性格を帯びている」［同76］と批判した。また、反対派の中に、分派を解散したほうが党内で働きやすいと考える者もいることを察知した主流派は、一二月に党内に裏切り者やスパイが入っているとして警戒を呼びかける指令を出した［RI17/137/738/15］。

さて、劉少奇への「回答」に戻ろう。第六問はいかにして党内で反対派は形成されたか、また現在の活動について詳説せよ、ということであった。「回答」は、戦後に党が再建されてから当初四年は反対派の活動は目立たなかったとした上で、それが活発化した四九年ごろの状況――勤労者の生活水準が悪化し、国際的危機のために日本の軍事基地化が進められ、レッド・パージが行われた――を受けて党内に極端な左派が現れたと説明した。

第七問の除名者については、「回答」は約六〇〇名、そのうち党除名は二九五名、解任された者は三〇〇名と答えた［MI409/100］。ただし、ソ連共産党が反対派から得たと思われる別のデータでは、実際に除名されたのは五〇〇〇名とされていた［MI391/72］。

以上、劉少奇への徳田・野坂の「回答」を概観しながら、主流派と反対派の初期段階をざっと追ってみた。この「回答」文書は、徳田・野坂といった一九五一年春の時点での主流派が、その時の党内事情を中国共産党とその背後にある国際的権威であるスターリンとソ連共産党に説明したものである。これを冷戦史の観点から見ると、コミンフォルム批判に端を発する日本共産党内の分裂は、徳田の「右派」路線をめぐる論争と、徳田個人に対する野坂を含めた他の政治局員たちとの対立とが、入り組んだ紛争であったことがわかる。

その遠景にあるのは、一九四九年一〇月に中国共産党が権力掌握したことにより、それまでの米ソの同盟的利害がほぼ完全に消失したことである。一九四五年一〇月に野坂とソ連指導部とが合意した柔軟な対日政策、米国占領下での平和革命論なるものの基盤も失われていた。したがって、コミンフォルム批判が野坂を名指ししたのは偶然ではなかったし、このことを文字どおり日本共産党きっての「国際派」である野坂はその時点で十分に理解していた。この設定の中、ソ連側の事情にもある程度通じていた志賀が、実際には野坂と組んでいた側面も無視できない。

さらにいえば、国内問題では野坂より急進的であった徳田だが、戦前戦中は獄中につながれていたこともあり、一九三〇年代以降の国際共産主義運動の変化について体感的に理解していなかったと思われる。それゆえ、コミンテルンについては戦後とくに否定的であり、したがって、その後継という色彩の強いコミンフォルムについても消極的であった。また、一九五〇年初の論争の時点で、国際派のほうが急進主義的な、あるいはスローガン的な反政府闘争を求める傾向があり、所感派は従来の路線との整合性を求めてソフト・ランディングしようとしたといえる。国内派として経営細胞などの要求に配慮してきた徳田らは、国際情勢の転換を理由として急転換を求める学生や知識人、朝鮮人党員などを母体とする国際派には、少なくとも当初はついて行けなかったであろう。

日本共産党の急進化

さて、「回答」をひもときながらの状況整理ができたところで、あらためて一九五〇年初からの日本共産党をめぐる事態の展開を追っていこう。

一月のコミンフォルム批判をきっかけに、日本共産党の急進的旋回が対外的にも明確になった。一九四六年に棚上げされたかに見えた天皇の戦争責任問題をソ連政府と歩調を合わせるように取り上げはじめたのである。二月二日、タス通信は、日本共産党が天皇制廃止を掲げヒロヒトを裁判にかけることを主張したと報じた。三月二日には徳田書記長が天皇を裁判にかけることを主張した［M1391/84］。四月一日の『アカハタ』は、一九四五―四六年のソフト路線が、それまでの一九四四年一一月のスターリン演説や、四五年末のモロトフ論文での日本評価と食い違っていたと認めた［同96］。

そして、四月二八―二九日に第一九回党中央委員会総会が開催された。しかし、この場でも主流派と国際派の対立は決着がつかなかった。

総会では、①徳田書記長の党の革命戦略に関する演説、②党内の反対派と党規律維持に関する徳田書記長と統制委員会委員長の演説、③六月に行われる参議院議員選挙にむけて、といった事柄が議題となっていた［同84］。ここでも基本的な対立点は、「アメリカの支配下にもかかわらず、存在している封建的体制や要素は一掃されて」おらず、したがって「革命の課題は民族の独立と封建的要素の一掃」なのか、あるいは、すでにアメリカ帝国主義は「封建的勢力や封建制度を一掃して」おり、革命の課題はアメリカ帝国主義の一掃とプロレタリア革命の遂行であるのか、というところにあった。志賀の意見書をめぐって政治局は再度批判を求めた。しかし、袴田里見や春日庄次郎らが反対派として論陣を張り、総会は紛糾した。

こうした中、マッカーサー総司令部が共産党の非合法化を検討しているという情報がもたらされ、総会の雰囲気は変わった。党は一致団結して戦うということになったのである。徳田報告は修正なしで採択され、参議院議員選挙に向けて準備することとなった。しかしながら、志賀意見書等をめぐる党内の対立が解消したわけではなかった。

ちなみに、当時の宮本系反対派であった歴史家の犬丸義一は、この第一九回党中央委員会総会が終了した直後、徳田と野坂は、志田、伊藤、紺野、西沢〔隆二《たかじ》〕らとともに、宮本、志賀ら反対派を排除した秘密会議を行って、非公式体制への移行を決めたと主張している。この総会で、弾圧があった場合の連絡の取りかたについて「申し合わせ」があったにもかかわらず、これに違反して主流派だけの地下潜行がおこなわれたという〔一九会 5/13〕。これが劉少奇の第四問にいう臨時指導部の正統性の問題に連なっていく。

東京大学細胞

宮本顕治は全学連指導部との関係が強く、大学では反対派の影響が大きかったことを徳田・野坂の「回答」でも率直に認めている。反対派の中心は東京大学細胞であって、「挑発的冊子」が内部で密かに配布されたという〔MI409/88〕。その事実について調査を行おうとした東京都委員会に対し東京大学細胞は抵抗し、その筆者は特定されなかった。

一九五〇年五月二日には、東北大学にて「反共演説」を行ったイールズGHQ高等教育顧問に対し、全学連にいた反対派が「イールズ打倒」を叫んだという。主流派はまだアメリカとの直接対峙を求めていなかったのにもかかわらずのことであった。徳田・野坂「回答」では、学生のストライキなどを通じて東大等で「極左的分子」が現れるようになり、学生運動の「極左」部分が「反党的反対派」になったという認識を示していた。徳田ら共産党主流指導部は、大学など知的部分への影響が乏しかったことをはからずも認めたことになった[16]。これは、共産党指導部と全学連等学生との対立という、その後の学生運動史のドラマの先駆けであった。

朝鮮戦争がはじまった後の七月六日、椎野悦朗が責任者となった臨時中央指導部は「もっとも悪意ある反対派」を除名することを決めた。反主流派の拠点であった東大細胞が解散させられたのはそれにさかのぼる五月五日であった。こうして学生間の反対派の影響は減少した、と指導部は判断した［同91］。

一〇月には「赤色教授」追放への反対運動があって、天野貞祐文部大臣は全学連解散を宣言したものの、実現はしなかった。アメリカ軍が「もし全学連を解散させれば、すべての学生が共産党の指導下に入る」として圧力をかけたからだという。この経緯をとらえて、「アメリカ帝国主義者と日本共産党内反対派との関係・政策が証明できる」、つまり全学連などの反対派にはアメリカの密かな支えがあると、徳田・野坂らの主流派は主張した。

また、元は日本共産党が発行していた暴露雑誌『真相』が、反対派の手によりマッカーサー占領軍や「反動派」の雑誌となっていることにも徳田・野坂「回答」は触れているが、牽強付会はまぬがれがたかった［同93］。

朝鮮戦争と共産党

一九五〇年六月二五日、金日成の南進によってはじまった朝鮮戦争が、日本共産党の活動を基本的に変えた。このことにつき、先に紹介した劉少奇の第六問に対して徳田球一・野坂参三は「回答」で見解を示している［M1392/95］。以下、再び「回答」を見ていこう。

五月三日、マッカーサーは「反共産主義」的声明を出し、これを「日本共産党への全面的攻撃」のシグナルとして共産党側は受け取った。党指導部を「非合法」状態へ移行させると決定した党は、非合法組織を作るために動き出した。第一に、党書記長徳田球一の逮捕の噂もある中で、徳田をはじめとする政治局員たち（野坂、志田、伊藤、紺野、長谷川）を半合法的特別レジームに置いたのである。志賀義雄や九州にいた宮本顕治ら反対派指導者については、この措置を執らなかった。

こうした中で行われた六月四日の参議院選挙では、全国区で一三三万票、地方区で一六四万票の計三〇〇万票弱を獲得したのは、少なくとも敗北ではなかった。しかし、その矢先の六月六日、日本共産党中央委員の二四名が追放され、さらに翌日『アカハタ』の一七名が追放された。マッカーサー指令によるレッド・パージである。この六月六日に政治局会議が開かれ、志賀義雄と宮本顕治が欠席する中、①臨時中央指導部を直ちに作る、②第一八―一九回総会の路線を継続する、③臨時指導部に信頼できる同志を入れることが決議された。ただ、志賀・宮本らは「正式の機関決定」を経なかったのでこの決定は無効だと主張した。

こうして八名からなる臨時中央指導部――椎野悦朗（統制委）、輪田一造（統制委）、杉本文雄（東海）、多田留治、鈴木市蔵（鉄道）、聴濤克巳（議員）、河田賢治（議員）、谷口善太郎――が発足した［M1409/96］。この臨時中央指導部は合法活動のみを遂行することになり、政治局は地下に潜り、非合法組織の政治指導と組織的活動を指導することになった。また、反対派は非合法活動へは移行しないが、マッカーサー指令でも抑圧されなかった宮本顕治、志賀義雄ら反対派指導者は、党の秘密を守るため臨時中央執行部への忠誠を要求された。宮本は即刻、正規の中央委員会開催を野坂に要求したが、野坂は答えなかったという。神山茂夫もまた中央委員会総会の開催を要求したが、野坂は時期が良くないと拒否した。

こうして非公然化する寸前の六月一八日に開催された第三回全国協議会は、臨時中央指導部が中心となって指導し、五〇名が参加して開催された。占領軍によるレッド・パージの公示後も二〇日間は活動の自由があったために、この協議会は可能となった。協議会では、①アメリカ帝国主義が日本の植民地化、基地化を進め戦争準備をしているとして、民主民族戦線に結集しつつ、独立、自由、平和擁護の闘争を行うとし、②このため党の統一を守り、党指導への不信を批判し反対派の内外での活動に対する闘争を唱える、『アカハタ』に掲載された志賀の「反対活動をやめよう」も反対派への有害な協調であると批判し、③協議会は臨時中央指導部を承認した。あわせて、地方での非合法活動への準備のために、密かに春日(庄次郎)、松本(惣一郎)、細川嘉六、松本(三益)、遠坂といった中央委員が派遣された。また、合法出版と非合法出版が区別されることも決められ、『内外評論』は党主流派の非合法の理論誌となった。禁止された『アカハタ』の機能は『平和と独立』が担うことになった。

協議会に数日先立つ六月一五日、政府は党中央委員の逮捕を命じたが、すでに多くは地下に潜伏していた。この間の経緯について、徳田・野坂「回答」は、マッカーサーと日本反動政府とは日本共産党を一貫して抑圧しているが、党は動揺することなく、合法、非合法の活動を結びつけ敵と戦っているると述べた。また、反対派が主張するように、すべての問題を民主的に処理していたら、このような成果は得られなかっただろうとも指摘した。こうした見解に対し、反対派である国際派は、そもそも正規に中央委員会開催がなされず、したがってそれにもとづく臨時中央指導部は正統性がなく、協議会開催も規約違反だとして受け入れなかった。

こうして、日本共産党は、その宿痾《しゅくあ》であった国際的権威主義と内部対立をかかえたまま、朝鮮戦争という危機に突入していく。

戦争のなかの共産党

一九五〇年六月二五日、朝鮮人民軍が金日成の指導下で南進に踏み切った。日本共産党主流派の動き、非公然活動への移行は、モスクワや北京による緊密な指導下で、朝鮮戦争という状況と連動した動きであった。

日本共産党唯一の朝鮮人政治局員であった金天海は、この直前、六月一五日に北朝鮮に渡ったといわれる。ソ連代表部への志賀からの情報では、金は徳田指導部に批判的であったもの の、前年九月の団体等規正令適用により強制解散命令を受けていた在日本朝鮮人連盟の解散問題にかかりきりであって、党内問題にはあまり関与していなかった［M1391/40］。

七月四日、統制委員会は、臨時中央指導部の指導の下、「分派活動の全貌について」という文書によって、反主流派の中央委員排除・除名の決定を下した。八月には、排除された八名の中央委員ら反対派を中心に大阪で「全国統一委員会」が作られ、九月には統一会議を組織、主流派への反対活動をおこなった。ソ連側の評価では、反対派側は自己のセンターを作ったと指摘している［同 72］。ちなみに、反対派は「国際派」と呼ばれるのを好まなかった。

だが、中国共産党が九月三日付『人民日報』社説で党の統一を訴えたことから、次第に国際派＝反対派内でも対立が生じだした。一九五一年二月に志賀義雄が第四回全国協議会に寄せた手紙では、一九五〇年一二月には宮本らは志賀らと離れ、独自の中央委員五名（宮本、袴田、春日庄次郎、蔵原惟人、亀山幸三）を選出、さらに分派を結成、一九五一年二月末に「全国統一会議」となる。党内にもう一つの党ができたのである［MI392/26］。こうして、所感派と国際派との対立は、さらにその内部での紛争も相まって、ますます深刻なものになった。

このような日本での展開は、ソ連や中国側にとっても問題となった。中ソから見れば、日本共産党は一丸となって反戦・反政府活動に従事すべき情勢であるにもかかわらず、分裂を繰り返していたのである。モロトフ文書の中にある、七月頃に書かれた「日本共産党の状態について」というソ連共産党の分析では、日本共産党の政治路線は第一八回総会で鋭角的に転換したと見ていた。その結果、祖国戦線組織をつくり、ストックホルム・アピールを発表するなど国際的潮流に合致するようになったが、まだ混乱も見られ「人民の手での産業復興」といった従前の方針に沿った主張もしているとしながらも、一定の評価をしている。それに対して、志賀らの「国際派」に対しては、いまだ分派行動に及び、指導部への挑発を止めていないと批判した。志賀たちは指導部への反対活動の中でソ連共産党の支持を当てにしている、だから日本共産党の統一のためには、志賀の反党活動を批判すべきであるとも指摘している。いまや、コミンフォルム批判に始まる過程は、ソ連側にとっては、志賀ら反対派活動を批判するべき段階に移ってきた［MI391/134］。

朝鮮戦争への中国人民志願軍の参戦に呼応して、日本共産党主流派は、より反政府的軍事的路線に軸足を移した。かつて中国で武装闘争を経験していた野坂は、一九五〇年一一月に非合法機関紙『内外評論』に論文「共産主義者と愛国者の新しい任務——力には力を以てたたかえ」を発表し、武力闘争方針を表明した［安東 141］。

一九五〇年末にソ連共産党対外政策委員会がスターリン指導部に提出した「日本共産党の情勢に寄せて」では、分派主義者の「志賀派」への批判はいっそう強まった。だが、臨時中央指導部と三〇万のメンバーのいる反主流派系全学連との関係が切れるといった予想外の展開も起こった。主流派は、それまで宮本が強い影響力をもっていた全学連指導部を利用したいと考え、対外政策委員会が「志賀とその支持者」に対し、マッカーサー指導部がスパイを日本共産党に送り込んできていることに十分注意していない、あるいは「分裂を利用している」ことに注目していないと批判した。「兄弟党からの援助」が必要であり、臨時中央指導部の中の「敵対的エージェント」をあぶりだす現実的手段が必要であるとも触れた［MI391/183］。これが不破・戸塚事件（国際派東大細胞の指導的立場にあり、後に共産党委員長となる不破哲三と後の東大教授戸塚秀夫らがスパイ容疑をかけられた）と呼ばれた全学連内部でのスパイ・リンチ事件が起きる伏線となったのであろう［安東 145］。

北京機関

先述のとおり、こうした状況において、徳田球一書記長、野坂参三ら日本共産党の最高指導部は、相次いで中国へと脱出した［徳田 413］。中国に入ったのは、徳田が一九五〇年一〇月で、野坂参三が五一年一月ともされるが、北京に着いたのは野坂参三が先だったともいう［水谷 101］。中国共産党側（趙安博）によれば、徳田が北京に赴いたのは実は野坂の監視のためだったというから、表面上の一体性にかかわらず、両者の関係は実はよくなかったという分析を裏付ける。

なお、徳田と野坂が中国入りするに先立って、地下に潜行した主流派が一九五〇年九月頃に日本共産党北京ビューロー（別称北京機関）と呼ばれる在外指導部を北京に創設した［藤井］。さらにそれ以前、朝鮮戦争以前には、安斎庫治が北京に派遣されて中国共産党傘下の「日本問題研究班」を組織したというが、戦時中満鉄とつながりのあった安斎の訪中は必ずしもうまくいかなかった［石堂 上 273］。その後、六月に当時日本の党書記局にいた映画撮影監督の宮島義勇が北京に入り、八月一〇日頃に周恩来と面会、党内事情を説明した。これに対して周恩来は「幹部を大切に」といって、北京の「亡命政権」につながる方針を提示した［宮島 423］。[17] これは伊藤律によれば、スターリンが毛沢東と相談して決めた措置であっ

たという［伊藤 1999/226］。(18)

このような経過で生まれた日本共産党在外本部の存在は、毛沢東、周恩来、劉少奇のみが知る、まったくの秘密組織であった［同 241］。この組織は、中国共産党とソ連共産党とのイデオロギー対立が激化した一九六三年まで、どうやら存在していたようである。一九五二年にこの機関に関与することになったNHK出身の共産党員藤井冠次は、以下のように述懐している。

私たちが着いた先は、西単とよぶ盛り場に近い胡同の一角にある、元高級官僚の邸宅と見える古い門構えの大きな家であった。(20)以後、私は便宜上、この家を〈胡同の家〉と呼ぶことにするが、そこに機関があり、徳田球一（中国名孫《そん》）、野坂参三（丁）、伊藤律（顧《くう》）、西沢隆二（林《りん》）、土橋一吉（周《しゅう》）ら主流派の幹部と、内地から彼らと前後して随行した日共党員、その他中国の東北《トンペイ》（旧満洲）出身で機関の要請をうけて参加した日本人同志合せて十余名の人々がいたのである。彼らは、いずれも日常は人民服を着て中国名を名乗り、私たちも招待所で人民服に着かえ、中国名をもらった。私の場合は、任超という。到着時の接見に、徳田はホー・チーミン髯をはやし、古い中国服の袍《パオ》を着ていたが、すでに高血圧の病気療養中で、やつれた印象が目立った。［藤井 21］

北京機関が本格的に機能するのは一九五二年五月に入ってからのことであった。幹部会の前房と、後房と呼ばれる作業班とのふたつに分かれ、後者には工作員がいたという［伊藤 1999/278］。その活動で重要なものは、日本独立に合わせてはじまった宣伝用の自由日本放送であった。

伊藤律がいわば徳田の書記役で北京機関にやってきたのは一九五一年一〇月以降のことであった[20]。しかし伊藤律は、徳田の病気と相まって翌年暮れには粛清されることになる。一九五三年秋に不調を秘匿されたまま徳田が亡くなったあと、紺野与次郎、河田賢治、宮本太郎らが新たに日本から派遣され北京機関の指導部に加わった［不破 下 361］。そのころの実権は、本来的には国際派であった野坂、西沢、そしてモスクワから戻ってきた袴田らが握った。

二　武装方針と軍事綱領

開戦後の各国の動き

朝鮮戦争がはじまってから、日本共産党は対権力関係では「静かに」していた。英国大使をして「辛辣な反共主義者」と言わしめた吉田茂は、彼らの非合法活動を徹底的に追い詰めることを公言した。レッド・パージに並んで、治安的手段で彼らと対抗しようとした吉田政府を、英国大使館は危惧の念をもって注視していた。共産主義との闘争とは政治の次元の話であって、治安で対抗できるものではないからである。英国側が懸念したのは、吉田がコミュニズムの脅威を真に理解しているのかということであった。

国連軍の仁川上陸により北朝鮮軍が追い詰められていた一九五〇年九月二二日、アルバリー・ガスコイン駐日英国大使を驚かせたのは、吉田の一言であった。それは「ロシアは西ヨーロッパばかり見ていて、日本から何の利益も取ろうとしていない」というものである。朝鮮戦争開戦三ヵ月未満で、戦争にソ連の関与が取り沙汰されていた時期においては、ほとんど不可解な一言であった。だが、ガスコインは「愚かではない、むしろ抜け目ない狡猾ですらある外交官」としては驚くべき言明であるので、何を意味するのか少し様子を見よう、ということを公電に書いている［P83806/118］。ガスコインは、マッカーサーや吉田のいう「日本人の反ソ、反共」観には疑いを示していた。とりわけ、日本人は「まったく日和見主義者」なのであって、「私にはそうは思われない」［同 160］と。

英国はこの頃、とくに北海道における共産党活動に懸念を抱いていた。参事官のクラットンが北海道を訪問したのは、一〇月初のことである。スターリンは一九四五年八月半ばにその半分を米国に要求したことがあったが、北海道への各国政府の注目は目新しいことではなかった。そして北海道は、封建制がなかった革新的風土だと認識されており、それに加えて、鉄鋼、石炭、鉄道、大学といった拠点が共産党の浸透に都合良かった。なかでも、炭労など労働組合での活動はめざましかった。

徳田書記長の娘婿西沢隆二や袴田里見らは北海道との関係が深かった。西沢は、ぬやま・ひろしというペンネームの詩人であったが、北京で西沢は親中派に傾斜、両者は対立したという。ちなみにソ連共産党資料では一九四七年時点で彼を「北海道の指導者」、政治局員レベルの政治家として特別に扱った［M1390/76］。なお、スターリンの北海道分割構想が四五年八月に消えた後も人民共和国構想がくすぶったことがあり、北海道は当時の日本共産党内で特別な位置づけがなされていた可能性がある。一九四八年に日本共産党がソ連党に送った書類中には、党本部の北海道移駐説が取りざたされた［R17/128/698/13］。都委員会の瀬下某ら幹部たちも、この目的のため北海道に関与していたという。またクートベ出身の服部麦生らの指導した北海道防衛委員会といったアクチブ組織もあった［同 11］。

だが、クラットン参事官によれば、朝鮮戦時下の北海道は「貧しく」、「北海道大学のコミュニスト」たちが「鉄道」への働きかけを強めていたものの、「ソ連の浸透」は認められないと見ている。この英国大使館の北海道への関心は、ひとつには当地に領事館がないことにも由来した。それでも彼らの楽観主義は、二ヵ月後『ニューズ・ウィーク』誌の記者で英国人のパッケンハムが北海道を取材したときも変わらないように見えた［P92523/3］。記者は北海道の炭坑夫達と話したが、彼らは「二年前だったら暴力的な示威をおこなった」が、今は「共産主義者は人気がない」、と話していた。その理由は、第一に、コミュニスト達は希望から脅威になった、第二に、労働組合は協調主義だ、第三に、北海道の漁民などの同胞がソ連に抑留されている、というものだった。

このような英国大使館の楽観的な見方は、朝鮮戦争の早期収束論とも絡んでいた。ひとつのカードは、すでに切った英国の中華人民共和国との国交、前述した共産中国の「チトー化」というシナリオである。米国内にもこの考え方があったようで、既述したように一九五〇年九月一九日、『ウォールストリート・ジャーナル』の評論員は、アチソン米国国務長官が、中華人民共和国の早期承認と国連での中国代表権承認を密かに認めたと伝えた。英国のベビン外相は即時このシナリオを認めるべきだ、と主張していたという。

このような動きにソ連指導部が敏感になったのは、もともと英米間での中国承認と代表権をめぐる意見の対立に注目していたからだった。中国がソ連との同盟に到ったひとつの契機は朝鮮戦争である。しかし金日成政権はいまや中国へ脱出しようかという状態であった。もしこの段階でアメリカが中国を国家承認したら、中ソ同盟はもはや機能しなくなる。実際、中国共産党におけるソ連代表コワリョフが指摘していたように、もともと中国共産党には強い親米的潮流が存在していた。そうでなくとも周恩来など中国の政治局多数派は、朝鮮戦争には消極的であった。そして米国世論もまた割れていた。

この頃ニューヨークでは、日本との平和条約問題が話し合われていたが、その中で、一〇月二六日付でダレスからソ連マリク大使に宛てられた、千島をソ連に引き渡すというメモランダムが伝わっていた。だがその米国の提案では、台湾の帰属が明確に中華人民共和国になっていないこと、中国共産党政府の国連における代表権がないことにマリクは批判的反応を示した。周恩来は一〇月一二日にスターリンと会って朝鮮への中国派兵をめぐって議論したものの、この頃周らは派兵の効果に懐疑的であった。他方、中国は日本との平和条約問題の行方にも、当然関心を強めていた［朱］。

ダレスの提案はソ連や中国にも伝わったが、アメリカの態度は日本との全面講和を難しくしていると、転電された周恩来は分析していた。そしてダレス方針は、日本を米国の植民地化するものだと読んだ（少なくとも一二月四日の時点で、周恩来は「日本との講和条約に関する声明」でそのように分析した）［MI062/95］。米国では、中国を早期に国際社会に復帰させないためにも日本と単独講和しようとする動きが生まれていた。

合わせ鏡の対日観

一九五〇年一〇月後半、逡巡していた中国指導部は決断、こうして人民志願軍が朝鮮戦争に参戦し、事実上の米中間の国際戦争となった。翌一九五一年初、彭徳懐将軍は三八度線を越えた。ふたたび釜山が落ちる懸念も広がった。中ソ同盟は強化され、中国が国際的に承認される道はさらに遠のいた。逆に、中国に対するマッカーサーの核兵器投下といった極端な選択肢まで現れた。これに驚いた英国は五〇年一二月にアトリー首相の訪米でこれを阻止した。こうして米政府は、五一年一月末ダレスを日本に派遣し、英米主導の多数派講和条約へとますます傾斜した。

この動きは、必然的に日本共産党の急進化を促す中ソからの圧力となった。野坂参三が匿名で執筆した「共産主義者と愛国者の新しい任務――力には力を以てたたかえ」に表された新武装方針が、やがて主流派全体の活動に現れはじめた。

こうした中で、総司令部参謀第二部（G２）が一九五一年二月二六日付で出した資料では、山形などで共産党員たちが「春期革命説」を信じている、新潟では朝鮮人達がゲリラ組織を作っているなどと報じられた。この情報についてG2の分析官は、このような情報は「共産主義者の元気づけ」のためである、と指摘している［P92523/22］。「来るべき日本侵略」なる文書でも、「群馬の共産党員」が、「ソビエト陸海軍」は「釜山、ウラジオストーク、イルクーツク、千島列島、そしてサハリン」からいつでも出撃できる（五〇年一二月末）、あるいは青森の党員が、中国共産党軍は一九五一年三月には国連軍を一掃するので革命のときだといっていることを紹介しつつ、この情報の「評価は低い」が、無視はできないと分析官は見ていた［同32］。

さらに英米側に衝撃をあたえたのは、ソ連から帰還した旧軍人を通じて「中国共産党員Yen」なる人物から伝えられた情報だった。その人物は、「徳田と野坂」が三月一七日現在北京にいて、対日戦略策定に当たっているという情報をもたらした。北京の日本人が「特別オペレーション・グループ」を形成しているというのである［同38］。この情報が北京機関のことを指しているとしたら、正確にして予言的だった。というのも徳田・野坂は北京からモスクワへ行って、政治・軍事協議に参加することを言い当てていたからである。それは四月に予定されており、事実そうなった。

同時に、この事実は、「ソ連代表部のキスレンコ将軍から椎野悦朗に口頭で伝えられる」とも指摘されていた。この情報源は内部に詳しい人物であった。ちなみに臨時中央指導部の椎野悦朗は五〇年八月三一日段階で、キスレンコが対日本共産党の最高責任者であると語っていた、と英国大使館は理解していた［同 42］。

さらに重要な情報が（これもG2から）もたらされ、英米とくに英国大使館に衝撃を与えた。それは「日本向けの共産党の計画」という文書であった。そこでは、一九五一年二月四日、中国の紅軍、外交部、ソ連外務省が参加し、また日本専門家の郭沫若までもが動員され、「単独講和」後の日本について話し合われたというのである。郭は元々国民党系で、日本で学んだ文学者・歴史家であるが、中国科学院院長として毛沢東とも親しかった。[21] その結果①日本共産党がストやゲリラを組織する、②日本共産党を通じ左派・右派と連絡を作る、③ソ連と中国で訓練された日本人党員の本国への浸透、④中ソ国境に日本の戦時捕虜を主体として「日本解放軍」を作り、同時に中ソの「志願軍」も認める、⑤中ソが日本を占領する権利を留保する、⑥中ソの利益に害を与えることが自明となって、和解による平和という機会が完全に失われたときには日本に戦線を広げる、⑦太平洋諸国家で、米による日本軍国主義化への反対運動をおこなう、⑧日本での米国人暗殺、親米派暗殺、⑨日本でのアメリカによる搾取反対キャンペーン、が課題としてあげられたという［同 22］。この報告についてG2の分析は、他の最近の報告とも合致しているということであり、とくに「日本解放軍」なる存在については、ソ連の抑留日本兵三五万人の利用について香港からの報道があるとして、信憑性をもって受け止めていることに注目される。

こうして、英米政府の対日本共産党観もまた、中ソの対日観とあたかも合わせ鏡のような表象で理解されるようになった。G2は日本共産党の非合法活動と合法活動の分離が進んでいると見ており、一九五一年七月段階で五万七千余名の党員の他に、三万五〇〇〇名の未登録党員、また一万五〇〇〇名のシンパが支えている、とも分析していた。

こうした非合法活動の「分析」のなかでも、BBCのワイン大尉から送られてきた日本共産党による北海道解放計画なる文章は、具体的日時が特定されていないとして大使館のなかでは軽視されたものの、北海道を二ヵ月かけて占領し、その後の共産党（西館仁、荒井エイイチ）による解放計画なるものまであった(22)。とりわけ、英米政府は、ソ連からの抑留帰還兵たちについて関心を持ち、それへの監視をゆるめなかった。

抑留者と共産党

この問題のひとつの分岐点が、日本帰還者同盟、正確にはソビエト連邦帰還者生活擁護同盟、略称日帰同の問題であった。シベリアから帰国した帰還兵を対象として一九四八年四月に作られた組織で、帰国者の共産党系支持組織としての性格を色濃くもつようになる。だがその結果として、党内の抗争が生じた時、組織内の対立が表面化した。それは抑留者の兵士だけでなく若手幹部クラスも共産党に関心を示したことの表れでもあった。帰国後の彼らの軌跡が戦後日本のソ連認識の一部を構成するようになる。抑留経験をもつ政治家も、反ソ派から親ソ派まで分かれた。中には板垣正のように、収容所でアクチブであって一九五〇年帰国後日本共産党に入党するものの、やがて自由民主党に鞍替えするものもあった［小林 158］。

こうした中、一九五一年九月、G2は、日帰同に関する調査結果を関係機関に密かに流した。これによると、日本に戻った約四〇万人のシベリア抑留者の中に、ソ連と日本共産党と、少なくともいずれかに忠誠を誓うことになった者が、検察資料では約一〇四二名とされ、あるいは潜在的メンバーを含めると「多くて八万人」と報告していた［P92523/135］。帰国者数の総数からすれば、G2から見ても「少ない数」であった。また、日帰同の中では、日本共産党の若き書記である津村謙二が当局からの注目の的であった。津村は、本来「ソ連帰還者」同盟であった呼称を、一九四九年一一月の総会の場で「ソ連」をはずさせ帰還者同盟とした［同 138］。このことで非党員間での評判を集め、当局からは「チトー主義」の傾向があったと見られるようになった。

しかし、日帰同に日本共産党本部が介入した。その結果、各地でその支部ができ全国組織となったが、それは同時に日本共産党の支配下の組織にされることであった。なかでも高山秀夫が楽団カチューシャを率いてソ連風の文化運動を始めたとき、津村は「ハバロフスクでのいやな雰囲気」を理由に辞任を表明したという。ハバロフスクの「反ファシスト」委員会の高山は、小林昭菜の研究によれば、それまでの浅原健三や『日本新聞』のコワレンコらの活動を「トロツキスト」として告発した人物としても知られる［小林 114］。こうして共産党系の人脈が強化され、平和擁護委員会、全学連など他の「フロント」組織との関係も強まった。ちなみに、平和擁護委員会でも一九五一年三月に同様な分派闘争が起きていた［M1392/7］。一九五一年一〇月になると日帰同は「同伴者」大山郁夫の選挙にも積極的に荷担し、楽団カチューシャなどが動員された。

このような共産党との親近性は分派闘争の問題を起こした。この組織のソ連派寄りの姿勢は、一九五〇年六月以降の日本共産党の分裂の中で、「国際派」寄りと理解された。なかでも土井祐信や高山秀夫らは宮本系であると指摘された。この争いは七月になると日帰同内部の三日間にわたる極秘の闘争に発展した。そこでは主流派で大衆路線を主張する「チトー派」が敗北、宮本系国際派の勝利に終わったと英国大使館は見た。だがその後、国会議員でもあった細川嘉六ら主流派が関与し、その結果、再度主流派寄りとなった。

だが、宮本系も黙っていなかった。一九五一年七月、早稲田の全学連本部で開かれた会議で、土井執行部が成立し、このラインが復活する。組織名も帰還者同盟と名乗ることとなった。しかし、共産党主流派と遠坂良一ら国際派との争いは、しょせん戦術レベルでの違いに過ぎなかった。この直後、日帰同執行部は、当時の共産党執行部、臨時中央指導部との間で、この組織の政党支持の自由を一応確認する。もっとも国際派の帰還者同盟書記の青木某がソ連代表部に語ったところでは、主流派との話し合い後も地方では国際派独自の動きがみられたという［R17/137/731/100］。しかし、それまで米国側資料から見ても相当な潜在的支持があったこの大衆組織は、こうした共産党の内紛によって少数組織へと転落していく［P92523/147］。

当時の共産党の活動には、このようにシベリア抑留問題が影を落としていた。帰国するときはシベリアでの「民主化運動」の結果として日本共産党への入党を決意した抑留者も、いったん日本に戻ると、日常に復帰して消えていった。

この関連でソ連関連史料館に保存されている興味深い記録によれば、この頃一人の抑留者出身の民主化運動活動家が、ソ連共産党への入党を要請した事実がある。それは日本共産党国際派幹部袴田里見の実弟、袴田陸奥男であった[23]。一九五一年一月に入党を申請し、事情は不明であるがそれが六月末まで留め置かれていたようである。なお、その六月には実兄袴田里見が国際派の代表として、後述する日本共産党の綱領問題に関連してモスクワに滞在していた。

四全協と武装方針

一九五一年二月二三―二七日、日本共産党は第四回全国協議会、略称四全協を非合法下で開催した。本来は五〇年秋に第七回党大会が予定されていたところ、危機のため延期された中でのことである。主催者の臨時中央指導部は、この協議会は党大会に等しいものに位置づけられるとした。なお、国際派など反対派は招かれなかった。

この四全協で、軍事方針が決定された。報告者名は不明であるが、臨時中央指導部の一人により「一般的政治報告」といった報告がなされた。その副題が「全面講和への闘争」であったことから明らかなように、講和問題が大きな比重を占めた報告であった。論点は、「原爆と米国との単独講和」か、それとも「平和と全面講和か」という二項対立でとらえられた。そして、日本共産党規約草案が出された［日本共産党中央委員会 3/40］。マルクスやレーニンと並んで、スターリン主義を指針とすることになり、党と革命のための秘密厳守が命じられ、民主的権利や選挙制には制限が課せられた。一五名の臨時指導部、五名の政治局員（徳田、野坂、志田、伊藤、紺野）が選ばれた［MI392/12］。

この会議で示されたのは、全面講和のためには武装闘争が必要であるという奇妙な理路であり、党員でも理解しがたいものであった。アメリカ帝国主義の侵略や日本軍の復活に対抗するために、軍事問題についての党の方針も決められたが、警察や新たに作られる「傭兵軍」（警察予備隊）内部での闘争を求めるというものであった［同25］。

さらに、分派主義との闘争として、志賀派に分派活動を停止し自己批判することを求めた。その後、志賀は五月半ばに自己批判したが、宮本派はこれを拒んだ。なお、この頃に対日理事会代表部のA・マーミンが警察の資料をもとに各派勢力の推計をしており、それによると主流派支持が五万九〇〇〇名、反対派支持は二五〇〇—三〇〇〇名と見られていた［RI17/137/9/737/182］。

反対派に帰順を求める圧力の一方で、徳田主流派に対しても、「国際的基準」に同調させようとする力がいっそう強まった。そして、一九五一年三月二二日付で徳田球一の「私の欠陥について」という文書が出された［MI392/34］。この文書は五月四日付で、駐ソ中国共産党代表兼大使である王稼祥によって、スターリン宛に訳文が提出されている。ちょうど、徳田が王稼祥らとモスクワに着いてスターリン会見に臨む頃である。提出された文書はグリゴリヤン・ソ連共産党対外委員会委員長によってスターリンに伝達され、マレンコフ書記、モロトフにも送付された。

この徳田自己批判では、第一に自己の「理論水準の低さ」が挙げられている。分派という現象は、自分の怒りっぽさ、小ブルジョワ的虚飾、そして理論闘争の軽視といったことに由来するとしている。第二に、議会を通じた平和革命論が誤りであったと認めており、合法闘争と非合法闘争の結合について理解の不十分さから議会を通じた平和革命が可能であるという誤りを犯したと述べている［同 34-39］。コミンフォルムによる野坂批判で始まった日本共産党最高幹部への「国際的」批判は、こうして最高の標的である徳田球一をとらえた。㉔なお、そのころ徳田は、ソ連共産党に一〇万ドルの資金援助を要請しており、これは東京のゾーリンなる職員を通じて日本側に渡された。㉕

この徳田自己批判文書が収められたモロトフの同じファイルには、四月一五日付で中国共産党に提出された、野坂参三の自己批判文書も収められている。「日本の同志に」と題されたそれは、日本共産党の分裂をめぐってブルジョワ新聞が、徳田球一のラインと野坂参三ラインとの対立といったことを書き立てていたが、自分のラインは改良主義であったと述べている。ただ、野坂ラインは右翼日和見主義的な山川イズム（一九二〇年代の日本共産党内における山川均の考え）の焼き直しであるとされているが、それはデマであると弁明している。そして最後には、徳田の下に結集せよと訴えた［同 50］。

五一年軍事綱領問題

日本共産党を中ソ同盟の枠内で位置づけ、戦略・戦術的に取り込むという目的から、武装闘争方針を明記するべく党の綱領を改訂するという動きが、一九五一年春から夏にかけて中ソ指導部と日本共産党との間で持ち上がった。それまで日本共産党の綱領については、野坂が一九四五年一〇月前後にモスクワと相談したときに受けた指示は、改訂を急がないということであった［名越 二二］。それが一九五〇年頃から、徳田が中心となって綱領改訂運動がはじめられたのである［日本共産党中央委員会 ニ］。その結果、一九五一年一〇月の第五回全国協議会で定められるのが、「日本共産党の当面の要求——新しい綱領」、いわゆる五一年綱領、軍事綱領と呼ばれるものである。

この綱領問題の背景に関する研究は、当時、ソ連外務省の通訳として現場に立ち会っていたN・G・アドィルハエフが、一九九〇年の「歴史の空白を埋めよ」というキャンペーンにおいて、『極東の諸問題』誌に「スターリンと日本共産主義者との会合」を執筆したことで、新しい段階に入った。それ以前は、この五一年軍事綱領が問題視されるようになって、ソ連共産党側はもっぱら中国共産党の武装闘争路線を背景にしたものであったと主張し、中ソそして日本の共産党相互の責任のなすりつけ合いがなされており、誰が主導したのかが不分明であった(26)。

以下、そのアドィルハエフの記録と、この交渉にタッチしていた反対派の袴田里見の説明、さらに、日本共産党有力者で交渉に参加したひとりである西沢隆二から藤井冠次が聞き取った記録［藤井］をもとに、経緯を追っていこう。

綱領改訂の過程は、国際的な急進的風潮の中で急速に進められた。先述した徳田、野坂ら党幹部の自己批判が進む中、五月一三日付で「日本共産党の綱領改定問題について」という文書がグリゴリヤンからスターリン宛に提出されている［M1392/101］。マレンコフ、モロトフに加えて、ベリヤとミコヤンにも回覧されたこの資料の中に、五月八日付でスターリンに報告された、先に紹介した「劉少奇の質問に対する同志徳田球一、野坂参三の回答」が含まれている。あの劉少奇による七つの質問は、徳田の自己批判論文と野坂参三の「日本の同志に」を受けてのものであったことを、ここであらためて強調したい。

これらの経緯を通じてわかることは、日本共産党綱領を策定する最高責任者は当時「全民族の父」スターリンであったということである。また、モスクワの決定に中国共産党、とくに劉少奇も関与していたという構図になる。

五月九日には、日本からスターリン宛に提出された「日本における当面する革命」という文書の露訳版が提示された。四〇頁ほどの長文の文書であるが、これこそが、日本共産党綱領の草案で［同102-140］、後にスターリンが徳田との会見で「新聞のタイトルのようだ」と酷評した文章であった（この一言が綱領のスターリン執筆説を退けている）。当面という訳はあまり正しくなく、「来るべき」とでも訳すべきものだった。

らもわかる。

モスクワでの審議

いま述べたとおり、この綱領改訂はスターリン流「聖断」であって、巷間伝えられるようなソ連共産党と日本共産党との交渉の産物ではなかった。そのことは、日ソ両党の交渉に先んじて五月三日に、駐ソ中国共産党代表兼大使の王稼祥がスターリンと会談していたことからもわかる。

スターリンと王との協議内容は広範なものであり、国際共産主義運動からアジア情勢、中国国内問題までが議論された。注目すべきことは、スターリンがこの席で、「中国を中心としたアジア社会主義国家連盟」を作ろうという構想を披瀝したことだった。その理由としてスターリンは、小さな国は建設や防衛について困難があり、大国と連合しないと難しい問題を解決できないと語った。この連盟とは、一九四九年七月の劉少奇訪問時にスターリンが提案した、いまだ権力を奪取できていない日本共産党を包摂する、一種の東方コミンフォルム構想の再案であった可能性がある［徐 402］。過去の構想との違いは、「中国を中心とした」と明記されたことであろう。しかし、この点ではすでに北京からの指示を得ていた王は、即座に拒否した。朝鮮戦争に参戦していた中国はそれ以上突出した役割を望まなかったのである。この席にはモロトフ、マレンコフ、ベリヤが同席しており、あきらかに中ソ両党間の協議の性格があった。そして、この席に日本共産党が参加することはなかった。

スターリンと日本共産党の指導者との会議は四回にわたって、いずれもモスクワ郊外クンツェヴォにあるスターリンの別荘で行われたと、アディルハエフは回想した（これら会議の記録は取られていない）。その回想によると、日本共産党代表団が北京からやってきたのは一九五一年四月末であった。[27] 主流派の徳田、野坂参三そして徳田の女婿でもあった西沢隆二、それに反対派から袴田里見、以上の四名である。なお、初回から三回目までの会議には、野坂ら主流派の意向で袴田は参加できなかった。[28] アドィルハエフが担当したのは徳田・野坂、西沢の主流派であった。この他、通訳としては安斎庫治も参加した。ソ連側で、常に参加していたのはモロトフと党中央委員会の対外政策担当グリゴリヤンである。マレンコフ、ベリヤらも最後に加わった。さらに、このアドィルハエフの回想によれば、中国共産党代表の王稼祥も出席していた。

一回目はいわば顔見世だった。戦勝記念日後の五月九日の少し後のことである。冒頭スターリンは、四全協が反対派抜きで軍事路線を決めたことについて触れ、党指導部は非常時には中央委員会総会の開催なしでも活動できるという規約上の確認を徳田に求めた。それは自己自身決めたことだと徳田が認めると、スターリンは、ソ連の党でも同じことがかつてあったと好意的に答えた。これで、反対派抜きの組織決定に最高レベルでのお墨付きが出た。その後、分派の問題は触れられなかったという。スターリン時代の世界の党運営では、分派が主流派と対等ということはあり得なかった。

問題の綱領作成の主導性については、スターリンは日本の同志に作成するよう促したとある。この段階では、まだスターリンは綱領そのものには直接立ち入っていないのである。徳田ら代表団と王が提出した各種資料に、完全に目を通していなかったのであろう。日本側の三名が次回までに原案作成を行うことになった。

もっとも、西沢隆二の話はやや異なっている。ソ連側は最初から「民族民主革命」を掲げる綱領草案を提示してきたという［藤井］。土地革命を含むその草案に徳田は激しく反論したが、しかし最後にスターリンが出てきたので、「ううむ、スターリンが出てきたのではしようがない」といったと藤井の記録にある［藤井 139］。なお、スターリンは、他国の共産党の内部問題に関与するつもりはないといったが、語義どおりにとらえる者はいなかったとも振り返られている。

二回目の会議についてアドィルハエフは時期を特定していないが、王の年譜によれば一四日のことであった。前日一三日にグリゴリヤンが、綱領文書への日本の同志の修正と補足がスターリンに提出されたといっていることから判断して、この後であった可能性が高い。会議にはスターリン、モロトフの他、党の関係でマレンコフ書記も出席し、中国共産党中連部の王稼祥部長、通訳を兼ねた李初梨副部長も参加した［MI392/141］。中ソがそろって軍事綱領策定に関与したのである。

スターリンは綱領のタイトルの抽象性を批判したという。「日本における当面する革命」という草案の表題についてのことであろうか。スターリンは文章に具体的な「行動綱領的性格」を持たせるべきことを要求した。マレンコフが助言を行い、それを受けてスターリンは、この綱領採択に際しては日本の組織で時間をかけて討議するべきだと要請したとある。

誰が草案を起草したか

ここで問題となるのは、原案をどちらが準備し、いつ採択したかである。中国共産党の対日工作担当者趙安博は、スターリンの直接の起草によるものといったがこれは疑わしい。趙はこの過程には直接タッチしておらず、また論争の推移から見てもあり得ない。

モロトフ文書によると、第二回会議の前日である五月一三日に、「日本における当面する革命」という原案に対して、日本の「同志」たちから「修正」と「補足」とが寄せられたことを、ソ連共産党国際委員会がスターリン宛に報告している［同 156］。日本側の修正箇所は「米独占と日本の買弁的資本による直接的搾取」の「直接」を削るといった、ごく微細な修正であった［同 157］。正確に言えば、日本側から「補足」としてやや長いものが示された。(29)それは野坂らによって原文に加えられたと推測されるが、しかし革命の性格や解放闘争の原則などに関わるような、原案への根本的な変更や提案はなかった。「国際的権威」に弱かった日本側からは、大きな修正が不可能になっていたと考えられる。それはすなわち、モスクワ訪問以前の段階から中国共産党側の関与があったということを示唆するだろう。そう考えれば、二回目の会議に日本語通訳として中連部職員、野坂とも親しい李初梨が参加していた理由もわかろう。

こうして、六月六日に第三回会議が開かれた。モロトフや王稼祥も参加し、前回に続いて中ソそろい踏みとなった。この場で王稼祥から、前回会議からこの日までの間に、日本の同志が綱領案を準備し、スターリンがそれに手を入れたとの発言があった。また、日本の綱領案のロシア語訳は、王稼祥のもとにもあらかじめ届けられていたという。[30] そして、先に紹介したアドィルハエフの回想を収めている『極東の諸問題』ロシア版原文と英文には、この会議についてきわめて興味深い記述がある。それは、王稼祥が綱領案本文の「改良」という箇所を「革命」という表現にすべきことを提言したら、モロトフがこれに賛意を表明し、原文は日和見主義的な感じがすると指摘したというのである。するとスターリンもまた「そうだ、王は正しい、修正すべきだ」と応じたという。ただし、準備された綱領案について、条項ごとの検討も、あるいは全体としても議論されることはなかった（なお『極東の諸問題』日本語版では、この注目すべき王発言については省略されている）。

ここで徳田球一は、この文章は格調が高すぎて、我々の仕事ではないと日本でとられることになると述べたという。これに対しスターリンは、取り繕った言葉よりも中身だ、日本の言葉でいちばん良いようにしたらいい、その「高い調子の文書」は、日本の同志が書き直して、日本に合うようにうまくやったらいいと応じたという。たしかに、後日一〇月に発表された綱領「日本共産党の当面の要求」では、「アメリカ帝国主義者は（中略）日本を、自分のメシタの同盟者として、これから新しい戦争に引きいれようとしている」といった、くだけた調子になっている。この「メシタ」という表現は国語改革論者であった、北京の高倉テルの筆かもしれない。

こうしたやりとりのあと、スターリンは次回会議には反対派の袴田を招くよう指示している。そのため、袴田による農民に関する論文の骨子が、今回はモロトフらだけでなく、同席したベリヤ、ミコヤン、スースロフにも配布された〔同 142〕。

六月六日夜、袴田里見が招き入れられた最後の第四回会議は開かれた。アドィルハエフによれば、日本の同志が作った綱領案を読んだかとスターリンが袴田に問うたのに対し、袴田は読んだが咀嚼《そしゃく》する時間がなかったと答えたという。これには日本の主流派が軽蔑と不満を示した。スターリンは再度袴田に、綱領案の原則で異論があるかと聞いたが、袴田は研究する時間が必要だと答えている。そこでスターリンが内容を説明して、小さなことがあっても大きな問題を前に団結すべきだ、おまえは金属労働者だろう、労働者が労働者の党の意志に逆らうのかと説くと、袴田は、スターリン同志が正しい最高の文書というならそれがもっとも説得的な評価だ、党の統一のために誓うと矛を収めた。

他方、袴田里見自身の回想では、一九五一年八月に入ってまもなくソ連の党官僚がやってきて文書を突きつけ、「袴田同志、これを承認するかどうかいってほしい、承認するなら、これからスターリンのところに一緒に行こう」といわれたとしている。会見の日付からして違っているが、これは袴田の記憶違いであろう。袴田によれば夜九時に始まって二時間を超えたこの会議に参加したのは、ソ連側ではスターリン、マレンコフ、ベリヤ、末席がモロトフであった。日本側からは徳田、野坂、西沢、そして袴田であった。「スターリンも筆を入れた五一年綱領」「暴力革命」案を見せられた袴田は、徳田と論争を行ったが、すでに大勢は決していた。また、袴田は分派活動の自己批判を求められ、応じた。袴田は、ソ連の大国主義には「腹立たしい思いもした」というが、国際共産主義運動の「あまりにも大きな存在」「偉大な指導者」であるスターリンの権威にしぶしぶ承認したと回想している［袴田93-100］。袴田自身が「いま見ても不愉快である」と後に振り返る、分派主義と関係を絶つという袴田自己批判書は、八月二三日に主流派の『内外評論』で公表された。こうして、日本共産党の両派が「和解」したことで、主流派と国際派との対立は一応決着がついた。同席したベリヤが日本共産党の団結が回復したことを祝ったというが、この箇所は袴田回想にはない。

なぜ国際派の袴田は最終段階でのみ招かれたのか。考えられる推測は、軍事綱領への抵抗が依然として徳田主流派の中にあったのではないかということである。実際、伊藤律の回想では、主流派の徳田と、彼の女婿で参謀役の西沢との間で激論が戦わされたとある［伊藤1993/23］。対立の理由は「五一年春のモスクワ訪問の後」から西沢が「中ソの幹部に迎合し、国際派宮本との妥協に与《くみ》したのに、徳田が抵抗した」ことだと述べている。この推測が綱領の審議過程からも窺える。袴田がモスクワの革命学校クートべ出身の「国際派」である限り、スターリンが決めた方針に当然賛成することは目に見えたし、事実袴田は賛成した。八月一〇日、コミンフォルムの機関誌『恒久平和と人民民主主義のために』は、統一をたたえ分派主義を否定する論評を発表した(31)。

平和条約交渉との隠れたリンケージ

このときスターリンは、悩みの中にいた。中国参戦後も朝鮮戦争は手詰まりとなり、肝心の金日成が早々と休戦を望んでいた。一〇〇万の志願軍を出したが効果がなかった中国共産党もまた、インドなどが提案する休戦案に傾きかけていた。

日本共産党綱領をめぐる四回の会議が終わった直後の六月九日に、中国共産党の高崗、朝鮮労働党の金日成がそろってモスクワに赴き、スターリンと会談している。会見を前に毛沢東は、すぐにはスターリンに休戦問題を提起しないよう高らに念を押していた。しかし金は、会談開始早々に休戦したいとスターリンに本音をぶつけた。こうして毛までが休戦に傾いた結果、スターリンは揺れていた［トルクノフ 234］。

そして一九五一年六月二三日、ソ連国連大使マリクは休戦と両軍の撤兵をアメリカに呼びかけた。六月末には、和平を求める声が米国でもわき上がったことを受け、マッカーサーから交替した国連軍司令官リッジウェーが金日成に停戦を呼びかけた。この情報は毛沢東を通じてスターリンに転電された。スターリンは返電で、毛沢東に対し和平交渉の主導を金日成に任せると語った［朱 119］。

ここで、歴史学者デイビッド・ウルフは興味深い指摘をしている。ダレスが、六月初に日本との平和条約交渉をはじめたことと、日本共産党の武装綱領採択に関連があるというのである。ダレスが中国を対日和平に関与させようとする英国を説得して、中国・ソ連をサンフランシスコ講和条約から事実上排除したことが、ソ連をしてふたたび強硬路線へと走らせたという考察である。日本共産党の党軍事綱領の採択に四ヵ月もかかったのはこの様子見の時

間であった、というこのウルフの解釈は、たしかにあり得ることである。(32)

日本共産党軍事化路線の決定は、スターリンにとって、米英が行っている日本政府との平和条約交渉と文字どおり表裏の関係であった。日本との平和条約交渉は、実質的には中ソ抜きで米英が吉田茂首相を招いて九月調印の運びになっていたが、これに対抗するためにスターリンは八月にも、軍事的な新方針を日本共産党に与えることになったと見ることができる。厭戦気味の金日成に戦争を継続させ、このことで中ソ同盟の永続化を目指すことの一環として、日本共産党を巻き込もうとしたのである。

日本共産党規約は「スターリン主義を指針」とすると書いた。対日講和問題、朝鮮戦争の休戦問題、そして日本共産党の軍事綱領、すべての交差する線がモスクワで集約され、そして放射された。

一九五一年一〇月の第五回全国協議会、いわゆる五全協で、日本共産党の軍事綱領、正確には「日本共産党の当面の要求――新しい綱領」が採択された。モスクワで四ヵ月以上かかって作られたものが国内ではわずか一月半の審議で採択された。当時反対派に近かった神山茂夫までが、「新綱領」こそ世界的水準を集約したものであり、同時に国内における理論的・政治的問題を正しく解決したものと高く評価した。「世界的水準」とはそのままスターリンを指した。

反対派は総崩れとなっていた。九月四日の時点で、『人民日報』は日本共産党の統一回復を主張する論評を掲載した。そして宮本系など反対派による「統一会議」も、解散声明を出した。日本共産党綱領をめぐる中ソ、そして日本の各派の駆け引きは、サンフランシスコ条約をめぐる米英、そして国内の外務省を含めた各派の駆け引きと似ていた。

ソ連共産党政治局は、日本共産党綱領問題とサンフランシスコ条約への参加問題を同時に決裁した。サンフランシスコ条約参加問題は、八月一〇日の持ち回り政治局会議で、参加はするが署名はしないという結論が出された。その一週間後、サンフランシスコ条約のアメリカ案に対するソ連代表団の補足と修正が決められた。

八月一五日に日本共産党の綱領問題について決定原案に関係者が署名する手続きが、その翌日には日本共産党中央委員会からの依頼についての決定が、いずれも持ち回りの政治局会議でなされた。日本側が何を依頼したかは不明であるが、考えられることは軍事路線への資金援助であっただろう［五〇 807］。

八月二九日には日本との平和条約に関する米国の覚書についての指示が与えられているので、講和会議における発言の文案でも作成したのであろう。そして九月四日、サンフランシスコ講和会議に出席したグロムイコ外務次官は、反対発言をしたものの、署名する権限も修正する力も与えられていなかった。

サンフランシスコ講和会議とほぼ同時期に採択された日本共産党軍事綱領は、ソ連からの意趣返しとして日本に還流されるはずだった。日本共産党に対する中ソの政策は、サンフランシスコをめぐる英米の対日政策と機能的には等価であった。野坂参三が前者を代表する人格なら吉田茂は後者の代表となった。前者は英国共産党と、後者は英国外務省と関係があった。

三　サンフランシスコ条約後の日本共産党

五全協と日本独立

一九五一年九月、多数派講和となったサンフランシスコ条約が調印され、一九五二年四月二八日に発効すると、ソ連や中国の対日平和条約への対応は複雑さを増した。同条約は三年間は同一条件で未署名国も参加できることになっていたが（二六条）、スターリンがそのことを考慮した形跡はない。他方で、連合国の日本占領が終焉した結果、対日理事会、極東委員会といったメカニズムの改組が課題となった。そうした状況において、日本共産党はソ連と中国とにとって、日本に関する外交上の数少ない政治資源となった。

一九五一年一〇月一六―一七日、日本共産党の第五回全国協議会が開催され、「新しい綱領」と武装闘争方針とが正式に採択されたことは、すでに見たとおりである。後者の内容は、モロトフ文書にいう「日本共産党の戦術的組織的問題」がそれにあたるであろう。公表を禁ずとされたこの文書には、「この最小限綱領こそ統一の基礎である」という表現がある。また「農民の武装闘争とパルチザン闘争」という節においては、「敵の武力」に対し、労働者の蜂起と農民のパルチザン闘争にいたる「労働者農民の武装闘争」を行うのが党の基本路線とされた［MI392/181］。実は、この論文は椎野悦朗が書いたものであった[33]。農民のパルチザン闘争を軽視しない方針となり（これが後に述べる「山村工作隊」活動につながる）、合法手段と非合法手段とを組み合わせるべきだとされた。この軍事方針に、国際派の宮本派も納得した。

『球根栽培法』と題した隔週刊の印刷物が刊行され、党の武装闘争方針を説いた綱領や四全協、五全協の方針が解説された。たとえば五一年一一月八日刊の第二巻第一二号は「軍事問題の論文を発表するにあたって」と題した巻頭論文を掲載した。この方針にしたがって、一九五二年二月一日、「中核自衛隊の組織と戦術」が公表され、武装闘争の戦術が実践されるようになった。なかでも、北海道での治安対策の責任者であった白鳥一雄警部が一九五二年一月二一日に暗殺された事件は衝撃を与えた。現場に残された犯行声明ビラに「日本共産党札幌市委員会」という正規の機関の名が公然と書かれていたからである。関係者の中には、日本共産党による北海道解放計画、人民共和国樹立という一九五一年九月に紋別で発見された不可解なビラとの関連を想像したものもいただろう。その後、青梅事件、吹田事件といった、共産党の関与がうかがえる事件が続けて発生した。

この間、共産党は一九五二年一〇月の第二五回総選挙において、得票数わずか九〇万票弱、獲得議席はゼロという結果に終わっていた。翌年四月の第二六回総選挙ではさらに六五万票まで退潮している。だが、こうした結果にかかわらず、共産党は「武装闘争の思想と統一のために」を発表し、その準備に着手していた。

サンフランシスコ条約が一九五二年四月二八日に発効すると、日本の共産党問題は、独立した日本にとっても、そしてそれとあらたな外交関係を持った欧米諸国にとっても懸念材料となった。とりわけ、独立直後の五月一日のメーデーが数千人の流血の事態に発展した。[34] 多くの犠牲者を伴ったこのような急進路線だが、それが実効性を持つ可能性はますます少なくなっていった。

日本共産党とケナン、ロバーツ

別の角度からではあるが、駐日英国大使エスラー・デニングもまた、共産党の武装化は深刻な事態であると認識していた。すでに一月からの「球根栽培法」や「中核自衛隊」、「山村工作隊」といった日本共産党の戦術に関する情報は英米政府も共有していた。各国マスコミは国際報道として「トウキョウの暴動」を報じていたが、日本の共産党問題がサンフランシスコ体制の安定にとって脅威となると認識していたからであった。五月一九日、デニングはイーデン外相宛の報告で、メーデー自体は尊重すべきものとしながら、そこに共産党が周到な介入を準備したことが窺われるとし、その例として全学連の火焔瓶など暴力行為を挙げた。デニングは共産党がさらに暴力化の様相を強めていくと見ていた。

デニングの見たところ、日本政府は今日の「コミュニズム」の性格を理解していなかった。日本では政府もアメリカ軍も不人気であるが、それにもかかわらず、警察行動のみで事態に対処している。暴力を政治目的に使うことで人々の不安は増しており、そのこと自体が、共産党の目的を達することになっている。そしてこの先に共産党は、いつかはアメリカ軍を巻き込むことになるだろうから注意すべきである――つまり、吉田政権の不人気と米軍駐留への反感、そこに共産党と警察の暴力、これらが不安を増しているのに、対処の仕方を日本政府は理解していないのだとデニングは報告した［P993933］。

このような懸念をもつデニング大使は一九五二年七月、吉田茂首相と白洲次郎（事実上の外相とデニングは認識していた）、そして外務省顧問の松本俊一とを招いて懇談した。この場では、独立日本の政治をめぐって、とくに「共産主義の脅威」と日本の政治についてデニングが話題を提供した。そこでデニングは、日本には健全な野党がないので、共産党の暴力的行動が生じてしまう、法のみで対応するのはまちがっているという自説を述べた。これを同盟国からの忠告と受け取った吉田は黙っていたが、大使が「軽量級の」と評する白洲がこれに反論したという。デニングは本国のイーデンへ報告する公電において、結局のところ吉田や白洲はコミュニズムとは何か、これにどう対応すべきなのかをわかっていないという厳しい評価を下している。なお、「白洲外相の話は不確かだ」とも述べている。また、外務省の松本俊一については、「成熟している」判断だが影響力は未知数とデニングは見ていた［同 54］。

七月二四日、英国側は行動を起こした。駐米英国大使が米国務省のジョン・アリソンと懇談、このなかでデニング駐日大使の考えを伝達した。アリソンは、米国側にも異存はない、英国の考えは米国としても望ましい、したがって、東京のアメリカ大使館のもとに研究会を組織し、英米が共通して行動すると申し合わせた。アメリカ側は、日本のコミュニズムが北京製なのか、それともクレムリン製なのか、アリソン自身はモスクワ製だと見ているがまだ見解は固まっていない、しかしいずれにしても、ソ連がドイツと日本とを標的にしていることは国務省の見解と一致しているので、意見交換を密にしたいと答えた［同63］。

こうしてはじまった日本のコミュニズム研究にかり出されたのは、米国からはジョージ・ケナン、英国はフランク・ロバーツという、一九四六年初の時点で米ソ冷戦を見とおした、いや構想した二人の大物外交官たちであった。ケナンは徳田球一のコミンフォルム機関誌論文（一九五二年七月四日付）にコメントを加え、①日本共産党は自ら革命党と言っている、②その中でのモスクワ派と北京派との争いは、今のところ一時的にモスクワ派の勝利となっている、③しかしまだ両者の分裂の目は残されている、④日本は帝国主義国ではなく従属国となっているという見解を示した。また、クレムリンは日本に大きな希望をもっており、日本共産党の国内の可能性にかけているのは、我々への警告のサインかもしれないとケナンは見た。したがって、日本共産党を封じ込めるには、通常のリベラルな議会主義を通じてではなく、抑圧をもってする必要があるという強硬策を提言した［同91］。(35)

これに対し、英国のロバーツは、野坂が北京派、徳田がモスクワ派という見方は単純化であって、日本共産党はモスクワ派以外であったことはないと見た。K・ドレイコットという専門家も、徳田と野坂は同じ派であり、国際派の勝利は一時的であって実権は徳田が握っているが、しかし彼の言う「トロツキスト」＝志賀派などの問題は残るだろうと述べた。

デニング大使は、この協議は理論レベルがまだ低いと感じていた。とりわけ、米国のマーフィー駐日大使が、一〇月一日の選挙で共産党の議席がゼロになったことしか見ていなかったことには、失望の意を表した。ともあれ、英米の在日大使館は、デニングの主導により本国の専門家も巻き込んで、協調を深めた。

この結果生まれたのが、一一月四日付の「日本のコミュニズム」という包括的な文書で、英国政府にはデクソン委員会報告として提出された。これは、一九五二年時点の日本共産党の組織と性格、とくにモスクワがコントロールしていることが詳細に説明された。そして、コミュニズムを防ぐには警察力や治安ではなく、経済や福祉など日本国家全体の力で当たるべきことが強調され、この点を日米とも十分に理解していないことが強調されていることに注目される［同 170］。デニングは、ケナンやマーフィーをも槍玉に挙げ、米国政府が日本共産党問題に十分な取り組みをしていないと強調した。日本の自由主義経済を強化し、日本がアジアでの安全保障上の位置を占めるべきことに注意を払うべきだとしつつ、他方では日本政府内や警察予備隊内部での共産主義者の存在等、三三もの問題点を挙げた。分析は結論として、①日本のコミュニズムは長期的な脅威である、②直近の脅威には警察でも対応できる、③農業と労働での対策の必要、④米国の協力の必要などを列挙した［同 141］。

日本共産党北京学校

一方、中ソ側は日本共産党にどう向き合ったのか。

重要な展開は、日本共産党の北京機関に付属する学校の創設である。二〇〇〇人規模の学校が北京郊外に作られることが決まった。一九五三年八月にフルシチョフ・ソ連共産党書記宛に送られた「中国における日本共産党特別学校」と題する文書によると、これが作られはじめたのは一九五二年八月とされる［RGANI 411/94］。軍事綱領の採択からさらに一年遅れてのことである。当初は、中国共産党マルクス・レーニン学院の付属施設とされたが、やがて独立の施設となった。

この学校を創立することは、一九五二年七月にモスクワに滞在していた徳田球一の発案であった。徳田は軍事と政治の二つの学校を作る考えであったが、王稼祥ら中国共産党側は消極的であった［水谷 103］。ちょうど日本では破壊活動防止法が創設されたころにあたる。「日本共産党北京センターの野坂」がソ連に伝えた記録では、徳田はこのような学校創設の件で劉少奇と合意していたという。ここで、この野坂のタイトルの表現に注意したい。ちなみに和田春樹は『歴史としての野坂参三』のなかで、伊藤律と野坂参三とが中ソ当局の粛清対象に挙がっていたと書いたが、野坂の立場については誤解であろう［和田 1996/252］。彼は完全な主流派＝国際派であって中ソの支持を背景にしていた。この年一〇月、日本共産党中央委員会総会が開かれ「武装闘争の思想と統一のために」が採択され、「武装闘争の準備期」と規定したので、これとの関係は容易に想定できよう。もっとも当時のソ連共産党はそれ以上には、この学校の志向や目的についての資料がないともいっている［RGANI 411/97］。

ソ連史料によると「日本共産党北京指導センター代表」の西沢隆二は、一九五三年三月の時点で、その規模が一五〇〇名となると報告した。学校は延安にあるが、秋には北京の近郊に移るということになっていた。学生の多くは戦後中国に残った兵士などであった。校長には旧中央委員の高倉テル、そして副校長には中国の同志を充てるとあった。(36) もっとも、それ以上の資料はソ連共産党には送られなかったようである。「北京センターの指導者」野坂は、このためにマルクス主義文献と教師をソ連から送るよう望んでいた。外国共産党連絡部長のV・グリゴリヤンは、一九五三年三月一八日付スースロフ書記宛に、マルクス・レーニン主義の古典を送ること、資金は党総務部が出すことを要請している［同96］。そして、フルシチョフ書記宛の八月六日付ステパノフ外国共産党連絡部副部長によると、この学校の重要さに鑑み、北京にソ連共産党各部や高級学校の関係者を派遣することを進めていた［同195］。

こうして北京学校なる教育機関が作られた。関係者の帰属については中国憲法に保障された政治亡命の枠組みのもと、中国共産党の統制下にあった。宮本派系から歴史学教師として招かれた「秋山」犬丸義一は、マルクス・レーニン学院での研究のために行ったのが、いきなり鉄砲を持たされたという。北京機関の下部には軍事学院ができ、中国軍の大佐クラスが主任であったが、ソ連軍人はいなかった。(37) 正確には政治学校のなかに軍事問題研究室があった。ロシア人としてはプロフィンテルン系の日本専門家トぺハ（のち東洋研の研究員）が通訳であった。「日本人民軍」を目指した軍事教練も行われ、一五〇名からなる一〇中隊という編成であったが、もっともこれは一九五四年一月までに閉鎖された。実際にはこの学校は一二〇〇名程度の規模だった。これに参加した西田理は、「日本人は潜行して中国に渡ってきた者一〇〇名ぐらいが含まれていた、徳田球一や伊藤律は顔を出さなかったが、高倉テルと河田賢治がこの学校の日本人の責任者であった」と証言している。

しかし、一九五三年三月のスターリンの死と七月の朝鮮戦争の休戦により、早くもこの学校の展望は不透明になった。同年八月六日、外国共産党連絡部のステパノフ副部長によると、野坂がソ連側に通告してきた情報として、この八月段階でまだ学校は開かれておらず聴講生も八二五名にとどまっていたが、一九五四年一月から正式開校するということになった［同 97］。

結局のところこの学校は、主流派に都合の悪い人々を滞留させる場所になったようである。この学校に在籍した経験をもつ日本共産党員川口孝夫は、当時の党統制委員から一九五六年三月に、中国に非合法に渡航するよう指示を受けたという［川口］。[38] 同年六月、川口は北京郊外の「人民大学分校」に送られたが、これは「ソ共、中共、日共の三者が協力して作った日本革命のための幹部養成学校」であり、多数の日本人の中には抗日戦争で八路軍に協力した人、満鉄等にいた戦前の左翼、解放後中国に残っていた人々と共に、一九五〇年後に日共から送られてきた人々も含まれていたと述べている。

ちなみに、このようなアジア諸国の共産党幹部学校が中国やソ連に作られたケースとしては、一九四八年北朝鮮の幹部学校がソ連共産党の付属として作られた例が知られている。ソ連共産党史料館史料によると、マレンコフあての一九四八年八月二七日の全連邦党の決定で、労働党指導幹部養成学校が作られている［RI7/134/409/71］。また、こうした学校の設立資金を含む革命工作を進める基金が、ソ連から各国統治党に呼びかけて作られた。ソ連共産党対外政策委員会の史料によると、一九五二年までにルーマニアの労働組合連合の中に付属して左派労働組織支援の国際労働組合基金が作られており、ソ連、中国、そして東欧の各統治党から拠金されることになっていた。どうやら朝鮮戦争勃発直後の一九五〇年七月からこの仕組みが始まったようである［名越 82］。たとえば一九五二年には、ソ連共産党が全体の三分の一に当たる八五万ドルを拠金し、中国共産党は六二万五〇〇〇ドル（四分の一）、ポーランド統一労働者党は二二万五〇〇〇ドル、以下、ハンガリー、チェコスロバキア、ドイツの統一労働者党が各二〇万ドルという拠金配分となっている。とくに、中国共産党がソ連に次ぐ比率を占めることに注目される［MI409/2］。この拠金から日本共産党は一〇万ドルを受け、ちょうど軍事綱領が決まった頃の一九五一年六月にソ連財務省から支払われた。援助を要請する窓口は北京機関であり、野坂と袴田がその署名を行った。

停滞と転換

朝鮮戦争をめぐっても、国連代表権についても、硬直した状況が続いた。歳を重ねたスターリンの判断力はあきらかに衰えてゆき、一九五二年九月一九日にはモスクワに滞在していた周恩来に向かって驚くべき提案を行った。それは、既存の国連とは別に、アジア版国連を作ってはどうかという提案であった。現行の国連はアメリカの組織となり果てているので、その弱体化を図れというのである［三二一331］。そもそもスターリンの判断で国連ボイコットを行ったせいで、アメリカが容易に国連軍を組織することを許してしまったのだが、そのことはもはやスターリンの目には入らなかったのである。また、スターリンは、日本が戦争を準備しているなどといったことも述べた。老独裁者の国際観は相当ゆがんだものとなっていた。朝鮮での戦局は久しく停滞していたが、休戦交渉は難航したまま膠着《こうちゃく》していた。その中で、英米の対策が長期計画をもつようになる反面、中ソの対応はしだいに現実味のないものになっていた。

そうした中、一九五三年一〇月一四日に日本共産党書記長の徳田球一が北京で死去する（その死は一九五五年七月まで外部には伏せられた）。また徳田が病に倒れるのと同時期に、伊藤律が「スパイ容疑」のため北京で身柄を拘束されるという事態が起こる。徳田の客死と伊藤の幽囚は、戦後の日本共産党内にあった「国際的指導」からの自立志向の終焉を意味した。徳田と伊藤らが東方コミンフォルム問題における慎重派であったのに対し、「国際派」として志賀義雄、宮本顕治、そして実は野坂参三らの指導者が現れたことは、その後の本章で追った顚末により、結果的には、中国共産党の内戦勝利と朝鮮半島での南進といった中ソの新潮流に、日本共産党は結果的に棹さすこととなった。しかしその成果は、党指導部の外部化と分散化、そして国内での一部の軍事的急進化に伴う運動の停滞であった。

そして、ここまでの潮流の最大の主導者であったスターリンが、一九五三年三月に突然に死去した。その後継体制は、平和共存の模索という路線転換を余儀なくされる。

第六章　五五年体制――冷戦の再編成

一　平和共存と東アジア政治

スターリンの死と平和共存

一九五三年三月のスターリン死去、そして七月の朝鮮戦争の休戦協定締結は、世界の冷戦の行方に大きな影響を及ぼした。

スターリンの権威が当時の日本でたいへん大きかったことは、当時の松川事件の被告が無罪へのアピールをスターリン宛に送っていたことでも分かる［RI7/137/735/64］。「拝啓スターリン様」現象と呼ぶべきような、左派の運動や平和運動におけるその大きな影響力のゆえに、その死が伝わると株価までが大暴落、築地本願寺では三月二八日に追悼国民大会まで開催された［石堂下77］。もちろん、その虚名にかくれていた巨大な「犯罪」の存在は、抑留問題などでうすうす感得されていたとしても、それを本格的に認識するための知的装置は、当時の日本にはまだ存在しなかった。

スターリンの死の床には、マレンコフ、秘密警察のベリヤの正副首相組、外相に復帰するモロトフ、カガノビッチといった古参組、そして党書記フルシチョフ、国防相ブルガーニン組が交代で番をした。後継指名はなかったが、ベリヤとマレンコフ首相のコンビがとりあえず主導権を握った。三月一〇日、マレンコフは平和共存を新しい課題として打ち出した。もっともベリヤの権力は三ヵ月しか続かず、九月に党第一書記に就任したフルシチョフを中心とする集団指導体制へと移行する。ベリヤに続いてマレンコフも失脚し、一九五五年一月、替わって国防相のニコライ・ブルガーニンが首相に就任した。

ブルガーニン（一八九五―一九七五）は過小評価されてきた。ニジニ・ノブゴロドの古儀式派商人ニコライ・ブグロフの関係者で、内戦時モロトフ、カガノビッチがこの地にいたこともあり、この地にあったミコヤン、ジダーノフなどスターリン党官僚と親しかった。一九三一年にはモスクワ・ソビエト議長となって第一書記フルシチョフとともにモスクワを仕切った［下斗米 2017b/95］。スターリンにより一九四四年以降、彼は共産党の軍に対する統制役として引き立てられ［一〇九 80］、戦後は第一副首相兼国防相となった。岡田美保による最新の研究では、一九五二年段階でブルガーニン国防相は、日本が独立しても「軍国主義」の脅威はないと、千島防衛の比重を大幅に下げたという［岡田美 28］。このブルガーニンが、フルシチョフの相棒として、「平和共存」の旗印のもと、スターリンの戦争不可避論を修正した。

異なる体制間の戦争は避けられるという発想をめぐって、旧世代のモロトフらと、短命だったがドイツ統一に積極的だったベリヤ、そして「核戦争に勝利者はない」というマレンコフやフルシチョフ、ブルガーニンなどの間には大きな対立があったが、新世代が登場しソ連外交を転換させはじめた。背景にはソ連が米国と並んで核開発を本格化させ、超大国化したこともあった。

フルシチョフとマレンコフらによって進められた平和共存の論理とは、英米中心の資本主義陣営に対する中ソ中心の社会主義陣営といったスターリン流の「二つの陣営」の論議にかわり、新たにその中間にある第三世界を認めてこれを取り込み、西側とも限定的な経済交流を図るというものであった。つまり、①ソ連の周辺に人民民主主義国を結集させ、②二つの敵対的軍事政治ブロックの間で可能な限り中立的構造を創出し、③NATO諸国とも経済的、そして正常の協力関係を築くというものであった［一 93］。どちらかといえば「防衛的」な戦略であるといえよう。その舞台は主にヨーロッパであり、オーストリア中立化や西ドイツとの国交を進めた。またモロトフが資本主義と呼んだユーゴスラビアとの和解も重要な対象であって、フルシチョフとブルガーニンがユーゴを訪問後、一九五五年七月四—一二日の中央委員会総会で、この方針が採択された。

この新戦略に対して、スターリン時代以来の大国外交を進めてきたモロトフ外相がブレーキ役となった。モロトフの目には、フルシチョフはかつてトロツキストであり、そして今は「右派」に転じたように映じた。だが、もはやモロトフはスターリン主義的すぎた。二〇〇三年に公開された一九五五年五—七月幹部会の記録では、フルシチョフ路線を支持した幹部会多数派が、ユーゴスラビア問題を批判したモロトフを「反レーニン主義」と批判した様子がみてとれる。とりわけ七月一一日の幹部会では、西ドイツとの和解と国交正常化方針について、フルシチョフとブルガーニンが従来の方針に固執するモロトフ外相と衝突した［五一55］。翌年のスターリン批判においては、この路線対立がいっそう明確なものとなる［一55］。

フルシチョフら「平和共存」の論理は、アジアにも影響を及ぼしはじめる。一九五四年四月末から七月にかけてジュネーブで、英米ソなど一九ヵ国に加え中国と両朝鮮が参加して行われた、朝鮮半島やインドシナ問題についての外相級会議は、モロトフや周恩来といった大物が登場し、各国が問題解決への意欲を示した。異なる体制間の平和共存を目指したソ連の姿勢によって、いったんは北朝鮮までもが韓国を国家承認すると発言するまでに至った［R102/14/35/8/201］。もっとも、その後再び状況が流動化し、一九六〇年まではそれを拒むようになる。

ソ連の東アジア政策、対日政策の転換の契機となったのは一九五四年一〇月、第一書記として力を得てきたフルシチョフが、『プラウダ』編集長のシェピロフやミコヤン幹部会員（政治局員を改称）などを伴って、建国五年を機会に北京を訪れ、朝鮮戦争後の東アジアの諸問題について毛沢東主席らと会談したことだった。そこでは、日本とのソ平和条約を結ぶための共通の課題が話し合われ、これを中ソ共同政府コミュニケで公表した。極東への新接近を象徴するかのように、フルシチョフは帰路に旅順に立ち寄って、駐留していたソ連海軍の引き揚げを宣言、さらにはサハリンにも回って、日本への関心を示した。スターリンが日本敗戦時に行った「日露戦争への復讐」との位置付けは清算されるべきで、日本軍国主義の脅威は減じたとフルシチョフは考えた。

だが、毛沢東からすれば、建国早々朝鮮半島で国連軍と闘ったことにより国連加盟が遠くなっていた反面、朝鮮戦争は休戦でしかないという中でのことで、ソ連海軍の旅順からの撤退は、地政学的には米国の脅威が増大することを意味した。そして、より大きな問題は、毛が核テクノロジーと潜水艦隊技術の提供を直接要請したのに対し、フルシチョフがそれを拒否したことであった［下斗米 2004/107］。シェピロフ回想によれば、フルシチョフはこの毛の要請を、米国による西ドイツ核武装化を惹起することを理由に拒絶したのだという。ここに、同盟関係の距離は広がった。

この動きは直ちに、日本共産党内での中国人や朝鮮人党員の帰属の変更につながった。コミンテルン時代の「一国一党」原則が平和共存下での内政不干渉へと原則が改められた。一〇月に中国の紅十字代表団の資格で日本を訪れた廖承志は、日本の華人党員からなる党細胞を解散させた。孫文の盟友であった廖仲愷の子である東京生まれの承志は、中国共産党統一戦線部主任であり、彼の演説は中国人だけでなく、『世界』誌を通じて在日朝鮮人党員の離党を促し、やがて翌年の日本共産党民族対策部の解散と朝鮮総連結成に結びつくことになる［黒川 265］。その廖承志が、高碕達之助とLT貿易（日中間で相互に連絡事務所を設置し、政府保証融資を利用する半官半民的な貿易の仕組み。L、Tは両人のイニシャル）を立ち上げるのは一九六二年である。

日ソ平和条約交渉

サンフランシスコで解決できなかった対日関係改善と平和条約締結への模索が試みられるなか、日本国内で親米吉田茂自由党政権が行き詰まり、かわって一九五四年一二月に鳩山一郎民主党政権が誕生したことが、日ソ平和条約への期待を高めた。

このことには伏線があった。一九五二年四月に日本が完全独立した以上、占領管理機関であった極東委員会や対日理事会ソ連代表部はもはや存在しなくなったことである。一九五二年二月にグロムイコ次官がスターリンに送った書類では、正式独立を前に代表部がもはや機能していないことを認めていた。対日理事会代表部のアレクセイ・キスレンコとルーノフ[1]は、独立を待たずにこの代表部を改組すべきであるという大胆な提案をモスクワに具申していた［R82/2/1384/64］。ソ連外務省は、日ソ平和条約も締結されていないうちに対日理事会を解散するという提案には反対であると伝えたが、それでもアメリカ側が解散を伝えてきた場合には応ぜざるを得ない。そこでグロムイコが提案したのは、ソ連としては対日理事会の解散案が提起されたら、アメリカ側の対日政策を批判した上で声明を出し、その活動を止め、それと同時に、日ソ間には外交関係がなくなることを避けるためにソ連通商代表部に外交特権を付与し、これを利用するということであった。また、その実現のために通商代表部のドムニツキーを高橋龍太郎通産大臣に接触させることも提案していた［同 71］。

ソ連外務省は、サンフランシスコ条約が締結された場合に備えて、周恩来などへの連絡の準備をしていた［同 91,157］。中ソ政府は日本との平和条約問題等について、五四年一〇月一二日に共同宣言を出した。中ソ両国政府が対日共同歩調をとるのは、新旧中ソ同盟条約以来の義務であった［R82/2/1385/15］。それはすなわち、ソ連が対日平和条約を結ぶ際は、中国も相前後して対日平和条約を結ぶという論理であった。

吉田自由党政権に替わって民主党鳩山一郎政権の新外相となった重光葵は、日ソ国交正常化交渉を相互に受け入れ可能な形で行うことを一二月一一日に声明した。実際には重光は慎重であったが、この表明を受けて一九五五年一月二五日、ソ連代表部のドムニツキーがチフビンスキーを伴って、東京・音羽の鳩山邸を突然に訪れ、首相に平和条約交渉をアピールした手紙を渡した(2)。このようにソ連側が焦りを見せたのには理由があった。実は、一二月一六日に外務大臣モロトフが、重光声明に応えることが好ましいと党中央委員会に勧告、フェドレンコ次官が起草した「日本との相互関係に関するソ連外務省の声明」案を認めると同時に、その声明を『イズベスチヤ』紙に公表する前に「日本政府」に伝えることと決めていたからである［A06/13/20/337］。しかし、この時点で国交がない以上、外交当局同士の交流回路も存在しない。その結果、このようなドムニツキーの不規則な訪問となったのである。しかし、このようなやり方は、ただでさえ共産政権を警戒する日本外務省や重光葵外相が好むものではなかった。ドムニツキーが携えた書簡に日付が入っていなかったため、外務省は国連のソ連代表部に真意を確かめたほどである［松本 24］。

この頃の北朝鮮も、東アジアの激しい潮流にのまれた点では、日本に劣るものではなかった。「歯と唇」の関係とまで呼ばれた北朝鮮と中国の関係だが、正式には両国に同盟条約はなく、したがって中ソとも北朝鮮の同盟国ではなかった。中ソが北朝鮮と同盟条約を結ぶことになるのは一九六一年のことである［下斗米 2006/293］。だが、北朝鮮も対日関係で中ソに後れを取ることはできなかった。一九五五年二月二五日、ソ連のウズベキスタン出身の北朝鮮外相南日は、貿易、文化、そして外交関係を樹立することを日本政府に呼びかけた［同 159］。

だが、正式には戦争状態にある北朝鮮にとって、平和共存の理念はまぶしすぎた。先述のジュネーブ外相会議における韓国承認の合意を反故にさせようと、金日成は一九五五年四月密かにモスクワを訪問し、北朝鮮が南解放のための社会主義の基地であるという労働党綱領案を持参した。これは再度の「南進統一」を意味し、このために軍事面でのソ連の援助を求めた。しかしモスクワはこれを拒否、かわって「個人崇拝」や急激な軍事的社会主義化、農業集団化をやめるよう勧告した。この批判を北朝鮮は受け入れたかに思われたが、一二月の党総会でこれを拒否、かわってこの時ソ連の文化政策批判を鮮明にした「主体《チュチェ》」論を次第に展開するようになる［同 184］。戦争の論理が北の首都から消えることはなかったのである。

二　五五年体制

「日本のコミュニズム」研究ふたたび

このようなアジア情勢の変化は、先に見た「日本のコミュニズム」研究会の関心をさそっていた。一九五三年後半の朝鮮戦争休戦以後、この研究会の活動はやや停滞していたが、五四年秋のフルシチョフ訪中後の中ソ関係の変化、そして鳩山政権への移行に伴って、その活動はふたたび活発化した。とくに英国は、朝鮮戦争休戦後の東アジア情勢を研究し、一九五四年五月には内閣が東アジアのコミュニズムに関する検討を行った。その結果、中国が日本と結びつくことへの懸念が強調された。駐日英国大使デニングの言葉を借りれば、その骨子は、「九〇〇〇万の日本の技術」と「六億の労働力が結びついた」ことが与える「自由社会への脅威の大きさ」に鑑み、「日本に西側の影響をてこ入れすることにより、日中間の結びつきを防ぐこと」が「我々の政策の枢要な目的」とされた［PI27525/1］。人民中国承認には熱心だった英国も、日本と共産党政権下の中国との結びつきは歓迎しなかったのである。もっとも、日本でソ連共産主義の魅力が低下していることから、中国の接近工作があり得るとしたら、親中的な世論を利用した中立政策を目指すだろうと分析された。

一九五四年一一月三〇日、一二月二日、そして九日の三回にわたって、東京で英米の合同研究班が意見交換を行った。米国大使館はこの間の日本共産党の非公式党員の増大を三万―三・五万人と見積もったが、シンパとして選挙で投票するものを含めると約六〇万人いるとみた。これに、朝鮮系の活動家二七万人を加えたものが、広義の支持者と見られた。一九五五年二月の第二七回衆議院議員総選挙での得票数が七三万余票であったので、この試算はそれほど現実と違ったものではなかった［PI15227/42］。

さらにこの協議では、労働組合や左派社会党などに対する共産党の浸透に関心が集まった。英国大使館が秘密の共産党員であるとみなしていた高野実総評事務局長などを通じて影響力が行使されている可能性も話題となった[3]。高野実は一九五三年一月にビルマのラングーンを訪れた際、中ソ両国の駐ビルマ大使に接触しようとした。このときソ連共産党対外政策委員会はモロトフ宛にこの接触を認めるよう求めながら、「我々のデータでは高野は共産党と協力している」としていた。これを受けてソ連当局は日本共産党の志田と接触したが、志田は高野については消極的で、高野の面会要請をソ連側も断らざるを得なかった［M1393/15］。このように、英米政府は日本の組合活動と日本共産党との関係に神経を尖らせていたが、それでも吉田政権の一部に見られたような、労働組合運動自体を敵視する態度に対しては、英米政府は批判的であった。

また、英米政府は日本の中立主義に警戒的であった。合同研究会の報告を本国に送ったデニングは一九五五年三月一五日付で日本の中立主義についてコメントし、インドのように社会党が政権につく場合、中立主義が力をもつ可能性があると語った。他方で、重光のような保守派の中立主義者にも問題があると英国政府は見ていた［P115227/39］。

このような日本内政への欧米諸国の強い関心や懸念の起源は、一九五二年にある。先に引いた、デニングが吉田首相、白洲次郎、松本俊一外務省顧問を呼んで独立後の日本について協議したときのことである。デニングは、とくに吉田の国会運営を念頭に置きながら、日本にコミュニズムの脅威があるのは、議会内に、英国でいう忠実な反対派、つまり健全な野党がないからだ、このため世論が共産主義に向かうのではないかと指摘した。この日の会談での吉田と白洲の反応に失望したデニングは、吉田について「日本人はどこに行くべきか、何をすべきかを知らないし、大胆に変えたくない」と本国に書き送った［P993-3/54］。

こうした中から浮かび上がる英米政府の日本政治についての見通しは、労働組合などを通じた共産党の浸透が続くだろうということ、そして日本での健全な野党を養成することが急務である、というものであった。労働党政権を経験した英国は、日本でも健全野党をもつことが好ましいと考えたのである。

保守合同

一九五五年四月、サンフランシスコ体制発足から三年が経ち、中ソ両国の対日平和条約への志向が顕著になる中、アメリカ政府にとっても両国と日本の平和条約は中心課題として浮上してきた。先に見たとおり、サンフランシスコ条約第二六条では、三年が経過するまでは、未締結の関係国も同一条件で調印可能であった。その期間が経過したいま、中ソが共同して平和条約交渉に臨もうとすることに、米国は無関心ではいられなかった。

四月九日、切迫するソ連の平和条約攻勢に対し、対日政策を基本的に再措定する必要に迫られたアイゼンハワー政権は、安全保障会議を開いた。そこで、アメリカ政府は日本での反米ナショナリズムの高まりに注目し、会議での決定「アメリカの対日政策」で「日本における効果的で穏健な保守の政府の発展」に期待した［F/1955/23/39］。軍事力増強よりも保守の政治的安定が米国の対日政策、とくに米軍基地使用にとっての課題であった。とりわけ鳩山民主党政権と吉田自由党との対立といった「穏健保守勢力の分裂」が、ナショナリズムへの志向を強め、また社会党勢力の台頭を招きかねない状況は、アメリカの極東における安全保障に関わる問題となった［同 59］。もし民主党と社会党の連合政権が成立すれば、それは日米安保体制の根源を揺るがしかねない。

他方、鳩山首相は持論だった日米安全保障条約への批判的コメントは影を潜め、基本的に親米路線をとる姿勢を示した。だが同時に、中ソとの関係改善にも積極的であった。一九五四年一二月の就任時には共産主義の軍事的脅威への警戒感と並んで、ソ連との外交関係正常化、そして経済交流拡大を呈示した。共産主義者を無視することが危険であるとも述べた。一九五五年三月一四日、まだ国連に入っていない中国を念頭に「二つの中国」を提起し、双方との交渉開始を暗示した(4)。

ダレス米国務長官らも一九五五年頃から日本の保守合同に期待をかけていた。なかでも八月末に訪米した重光外相、岸信介民主党幹事長、河野一郎農相に対し、強い軍事力と適切な安全保障を期待する旨表明した。知日派のシーボルト国務次官補は、鳩山や重光よりも岸の将来に期待をかけていたようである［池田 162］。岸、河野らは保守合同の実現をアメリカ側に請け合った［F/1955/23/105］。こうした国際的契機も手伝って、自由党と民主党との合併話が持ち上がった。仲介者には東久邇宮政権参与だった児玉誉士夫など多様な名前が飛び交った(5)。旧枢軸国ではすでにイタリアや西ドイツにおいて、キリスト教を基盤に安定した反共保守党を作り得ることが実証ずみであった。

一九五五年一一月、自由民主党が成立した。その直前の一〇月には社会党の左派と右派が一本化していた。こうして、一見すると二大政党のような構図が日本政治に浮上しだした。池田慎太郎が主張するように、保守合同に否定的であった吉田の替わりに幹事長となった岸信介の役割が大きくなった［池田 170］。ソ連側も日ソ交渉には消極的な岸幹事長の役割は認識していた。結局のところ、官僚組織を握る政権党が圧倒的な強みをもつという構造は、吉田政権と変わるものではなかった。

他方、左右合流するまでの社会党、とりわけ片山哲などの右派を、ソ連は「アメリカによって政権につけられた」勢力であると認識し、接触することすらなかった［RI17/134/736/50］。対する左派は、高野実や戦前の革新官僚である勝間田清一等を通して共産党が影響を及ぼしていた。共産党秘密党員からなるいわば党内共産党組織（紅会）まで組織されていた。そして、ソ連は徳田の意見を踏まえながら、勝間田らを通じて社会党左派を動かした［M1395/10］。勝間田は社会党左派として、対米講和問題への反対を主張していた［五十嵐 220］。しかし、社会党でも右派と左派との関係が強まった。その契機としては、英国労働党ベビン外相の一九五四年九月の訪日で、社会党統一への認識が強まったことがある。背景には、前述したような英国大使館の二大政党への志向があった［池田 170］。こうした経緯を経て、一九五五年一〇月一三日に右派と左派の提携による日本社会党再統一が果たされた。委員長は左派の鈴木茂三郎、書記長には右派の浅沼稲次郎がそれぞれ就いた。

三　共産党の再編成

新しい戦略の模索

一九五五年に成立した日本の政党システムの中で、一九五一年一〇月に軍事綱領を押しつけられ極左路線をとっていた日本共産党は、特異な変化を遂げていた。一九五四年一〇月にフルシチョフと毛沢東が合意した新しい東アジア政策の方針では、平和共存を謳《うた》い、中ソと日本の平和条約推進が主張された。その新方針は、当然ながら日本共産党との関係においても転換を要請することとなる。

日本共産党が議会外的な革命政党のままであっては、東アジアの新政策は機能しない。ソ連や中国にとっては、指導部が海外にあり半軍事組織化した共産党をどう処遇するかという問題と、平和条約締結とは表裏一体の問題であった。こうして一九五五年七月までに、中ソ両共産党は対日本共産党政策を根本的に変えるに至ったのである。

ロシア現代史史料館のモロトフ関係文書には日本共産党関係史料が収められているが、その中には日本語からロシア語訳され、当時関係者に提供された『国際共産主義・労働運動資料』が含められている［RGANI318/4-67］。とりわけ、delo. 318ファイルには、一九五五年七月の第六回全国協議会（六全協）に関する当時の『アカハタ』などの関係文書が入っている。これによると、第六回全国協議会が東京で開かれたのは七月二七日から二九日までである。その開催にこぎつけるまでには、長きにわたる国際的に行われた準備段階を経られていた。

まず一九五四年四—六月の時点で、政治局員野坂参三を団長とする代表団がモスクワに派遣され、ソ連共産党・中国共産党と討議を重ね、両共産党の「勧告」の下で、この協議会決議草案である「日本共産党の活動とその将来の任務」が執筆された［同6］。野坂は当時滞在していた北京機関から派遣されたが、この時期の関連史料は公開されていない。これまでと同様、野坂の訪ソには王稼祥が同行した。「内外情勢を加味した上で、日本共産党中央委員会がそれに加筆補足し、協議会の検討に提出された」と、その後ソ連共産党に報告された参考資料は述べている［同8］。この作業には、ソ連共産党の国際局担当のミハイル・スースロフ、ボリス・ポノマリョフ書記らが関与した。国際局とはもとのコミンテルン機構であったが、その作業でも軍事方針を定めた五一年綱領自体は正しかった、と規定された。だがこの五四年六月二六日の協議内容についての史料は公開されていない［徐419］。軍事綱領がモスクワで決められただけでなく、その「克服」を目指した六全協までもが北京・モスクワ製であると明らかにすることは都合が悪いのだろうか。ちなみに、日本共産党史家の犬丸義一は、六全協の決議原案は一九五四年夏にモスクワで、北京機関の代表（野坂、紺野、河田、宮本太郎、西沢隆二）が中ソ共産党代表と作ったと主張している［一九会3/18］。こうして、ブルガーニンの別荘で作られた「モスクワ原案」が、六全協活動の中心におかれたという。これが「勧告」の中身となった。中でも、スースロフは共産党綱領はすべて正しいと主張したため、五一年綱領は変えられなかったという。

これらの調整の結果、九月には「国際派」の袴田里見が北京機関に合流することになる。ここに国際派は復権したといえる。六全協の新方針はその一年前にすでにモスクワで検討が進められており、それは宮本顕治や志賀義雄等国際派の復権と軌を一にしていた。これらは、ちょうどモロトフが一九五四年九月に対日講和で動き出したころでもある。日本共産党の軍事綱領がサンフランシスコ条約の裏返しであったとすれば、六全協はこれまた日ソ平和条約への動きと表裏であった。なお、野坂がモスクワでの病気静養後に北京へ戻るのは一九五五年二月である［同 39］。モスクワではベリヤとマレンコフが失脚し、かわって、ブルガーニンが首相となっていた時期のことである。その潮流の変化は、日本共産党北京機関を介してソ連が招待した人物にも現れていた。「文化」攻勢が始まったのである。一九五四年一〇月、北京機関は、日本の若手作曲家で日ソ協会のメンバーである芥川也寸志を招くことをソ連に要請、五五年一月に実現した［同前］。

こうした動きは、日本共産党の新しい戦略の模索につながった。一九五五年一月一日付『アカハタ』は、従来と異なる平和路線を「党の統一とすべての民主勢力との団結」として公表した。これは志田重男の筆によるものであったといわれる。この直後に志賀が選挙集会で公然と姿を現した。もっとも、志賀は当局の逮捕リストには載っていなかったようなので、もともと姿を隠す必要はなかった［P115227/11］。その同じ一月、岩本巌を通じ志田が宮本顕治に会見を求め、モスクワで決められた六全協の新方針について伝達した［一九会

3/18]。

袴田の回想では、北京機関に戻っていた袴田、野坂、紺野、西沢らによって、志田を日本から招く計画が立てられた⑹。しかし中国の「同志」が志田招請には難色を示したという。同時に反対派だった宮本を招き「指導者としての自覚を持ってもらう」ことが決められた。紺野がまず日本に戻り、野坂が続いた。こうして、三月一五日には宮本と志賀とが党指導部に復帰した。一〇月に逮捕されていた主流派の春日正一が指導部に入り、米原昶《いたる》を加えた四名で中央指導部を構成することになった。ここに、国内においても旧国際派の復権が明確となった。

六全協の準備過程において、日本共産党指導部は以前の武装闘争方針を修正し、合法化への動きを進めた。党指導部は非合法な武装組織を解体し、多くの党員幹部は地下活動から表に復帰した。また、一九五一年に反党分子とされた志賀義雄、宮本顕治、袴田里見らが復帰した。この結果、党の影響力がやや拡大したことが、一九五五年二月の第二七回衆議院議員総選挙で志賀義雄と川上貫一の二議席を確保したことに示されている。

六全協と国際派の勝利

北京とモスクワで準備された六全協は、一九五五年七月二七―二九日に、全国の三万八〇〇〇の党員を代表する一〇〇名を集めて行われた。一九四九年から比べれば党員数は「抑圧の結果」四分の一に減っていた。志賀義雄が開会の挨拶をし、中ソ共産党、そして朝鮮労働党の代表が参加した。そこでは、第五回全国協議会以降の党活動と今後の課題、党規約改正、伊藤律政治局員の処分、そして党機関人事の選出が議題となった［RGANI3I8/8］。

六全協での志賀演説は、武装闘争方針は放棄したが、一九五一年一〇月の五全協での党綱領を全面的に承認し、また徳田の「日本共産党の三〇年」を引用するなど、ほとんど反主流派の降伏文書のようなものだった。また非合法活動を行ったのは日米反動の責任であるとし、もちろん主流派に対する責任追及はなかった。

主報告は春日正一が行い、これは一九五四年夏の中ソ両党の勧告に沿って作られた文章であった。党のこの二、三年の組織的・政治的活動が、平和、民族独立、民主的発展、労働運動の高揚、反米活動の活発化など現代の要請に沿っていないと厳しく批判された。しかし、極左路線への自己批判は不徹底だった。その理由について、クートベ出身の党員であり後に構造改革派となる春日庄次郎に一九六三年にインタビューした、米国の日本共産党研究者ロバート・スカラピーノによれば、野坂参三が過去の極左冒険主義への過度な批判は協議会では控えるべきことを求めたためだという。極左路線に関与した数名の中国共産党員に忖度したからだった［一一三 196］。

そして宮本顕治が、新規約採択に関する演説を行った。宮本には北京主導の和解の代償として書記長職が用意されたともいう［同］。実際には、彼が書記長となるのは一九五八年だが、宮本が党組織を手がかりに権力をねらう構図が透けて見えた。また一九五三年に「日本官憲の挑発者」として暴露されたといわれる政治局員伊藤律の除名が、春日正一の提起により全会一致で確認された。自主路線派であった徳田球一の下で活躍した伊藤は、徳田の死とともに「国際派」だけでなく野坂らによっても追放され、粛清されたことになる。日本共産党の要請で中国共産党により二七年間にわたり投獄されていたが(7)、後、一九八〇年に生存が確認され、奇跡の帰還をすることになる。

中央委員会が表に出てきた以上、それまでの「表」の組織は必要なくなり、臨時中央指導部は解体されることになった。また「党の統一について」決議が採択されたほか、北京で一九五三年一〇月一四日に徳田球一書記長が客死していたことが報告された。一人を犠牲として祭り上げて、残りの幹部の安定を「国際的権威」の下ではかるという構図となり、かくして一五名の中央委員が選出された。野坂参三が第一書記になり、政治局は幹部会と改められた。志賀、袴田が幹部会に入り旧国際派の影響が増した。旧合法組織の議長だった春日正一は統制委員長となった。八月一七日の中央委員会総会では、書記局員に志田、宮本、紺野が入った。なお、八月一一日の六全協政策発表会には、地下に潜行していると思われた野坂、志田、紺野が姿を現しマスコミを驚かせた。彼らは一時拘束されたが、独立以前の罪状であるとして、三日後には釈放された。

八月八日、日本共産党北京機関の袴田里見は、六全協が無事終了したことをソ連共産党に連絡した。なぜか原文は中国語で書かれたこの袴田報告は、「もっとも自己批判的な内容が肯定的結果をもたらした」と自賛した［RGANI317/79］。とくに宮本顕治、原田長司、多田留治らの自己批判が好意的に受け止められたと、かつての国際派宮本系の役割を強調する。

九月一三日、二年前に北京で亡くなっていた徳田球一前書記長の追悼集会が北京で開催された。劉少奇が追悼演説を行ったが、そのことについて英国の在中国大使館にいたJ・V・リレーなる分析官が、その徳田論を本国に打電している。これによると、その大衆性にもかかわらず徳田は、いわば地下活動の指導者としての性格があった。志賀義雄は、彼の死が二年も伏せられたのは日中両党間に連絡が欠けていたからだとしたが、もちろん両党は緊密な連絡を保っていた。結局のところ、野坂第一書記が公然と姿を現すまでは徳田の死を隠していたのであった。また、晩年の徳田が毛沢東の個人的資質を高く評価し、中国の党に学べといいつつ、レーニンやスターリンに言及がなかったことに、英国大使館は関心を示した。スターリン死後、中国がより強く日本共産党に影響すると見たのである。

日本共産党をめぐる党内外の混乱は、この形式的な「統一」によって終わったわけでなかった。六全協が発表された七月末から年内は「党内で六全協ショック」という虚脱状態が襲った［安東 213］。そして早くも内部対立が起こり、旧中央指導部の議長で中央委員に選ばれた椎野悦朗は、一九五六年六月末の中央委員会総会で除名された。さらに、新しい主流派となった宮本と旧所感派との暗闘が続いた。翌一九五七年五月には志田が同じく除名された。所感派の中軸だった人物がこうして除名され、かわって旧反主流派であった宮本の党内での立場は強まった。

懐疑的な英米

このような共産党の方向転換は英米政府の関心を集めた。六全協後「愛される共産党」キャンペーン、文化キャンペーンが行われるようになると、さらにその関心は強まった。

デニング駐日英国大使は九月七日の報告書で、六全協を契機として日本の共産主義に「若干の変化」と「組織の公然化」が起きていることを指摘する。文化政策などを通じて「愛される」党へのキャンペーンがくり広げられ「半軍事組織」を縮小させ、非合法地下組織を廃止したと言っている、と紹介された。また、党の隠れていた指導者が再登場し、書記長職が第一書記にかわるなど変化が生じている。労働組合などへの働きかけが強まっており、それへの対抗手段を講ずる必要が増している。こう指摘したデニングは、「以前から指摘したように日本のコミュニズム問題とは、大衆運動とか、武装蜂起とか、といった問題ではなく、統一戦線など大衆組織に隠れて浸透していくといった」傾向の問題なのであり、現在の状況もまさにそうである、と強調した。九月二〇日には再度、「日本におけるコミュニズム・一九五五」という約四〇項からなる報告書が英国大使館で作成された。そこでは、国際共産主義運動の日本における運動の目標は、日本と米国との結びつきを弱めることにあると指摘された。そして、朝鮮戦争が休戦し冷戦という本格的な政治的対立の時期を迎えるにあたり、そうした動きに備えるべきであると述べられている［P115227/97］。しかし、日本共産党各派も、英米や日本政府も、もう一つの大波が社会主義諸国を襲うことになることにまでは気づかなかった。

四　スターリン批判と日本共産党

スターリン批判の衝撃

一九五六年二月一四日、第二〇回ソ連共産党大会が開かれた。スターリン死去後初めてとなるこの大会では、資本主義から社会主義への「平和的移行」が唱えられ、スターリン流の全般的危機論等の議論が斥《しりぞ》けられた。そしてその閉会の日の二五日夜、フルシチョフ第一書記による秘密報告が行われた。スターリン批判である。

フルシチョフは、世界の共産主義運動の最高権威であったスターリンを痛打し、ソ連共産党の幹部や人民へ与えた犠牲の一部を明らかにした。一九七〇年代に反体制的作家のソルジェニツィンらが明らかにする収容所の存在や、一九八〇年代に明らかになる死者数百万人規模の飢饉の発生などはまだ伏せられていたが、それでも、かつての世界的指導者の権威は落ち、共産主義運動が分裂していく契機となった。

この秘密報告の場には、外国人は招かれなかったが、この時モスクワにいた外国共産党指導者には、その重要性を考慮して、事前もしくは直後のモスクワ滞在中に内容を読む機会が与えられた。秘密報告を示された第一のレベルは一三の友党の代表者で、外国共産党労働党連絡部から示された。同部の作成した表によれば、第一位は中国共産党の朱徳、以下、フランス共産党のトレーズ、イタリア共産党のトリアッチ、チェコスロバキアのノボトニー、ブルガリアのチェルベンコフ、以下アルバニア、ハンガリー、ルーマニア、ポーランド、東ドイツと、東欧の統治党の代表が続いた。そして一一位には朝鮮労働党の崔庸健、モンゴル人民革命党、第一三位がベトナム労働党代表であった［九 252］。簡単に言えば、これらは事実上活動停止していたコミンフォルムと中国共産党周辺の権力党であった。とくに朱徳やトレーズには事前に見せられ、それ以外は翌日の二月二六日に示された。

第二のレベルは、翌二七日に閲覧を許されたフィンランド、カナダといった、主として中立国や米州、そしてインドネシア共産党のアイジットなどアジアの政権についていない一六党の指導者である。第三のレベルは、上記以外の兄弟党であって、それぞれ帰国間際に「一〇—一五分間」見せられた程度である。この中にもノルウェー、スウェーデンそして日本共産党の名はない。秘密報告の閲覧者リストには、日本の共産党関係者の名は記載されていないのである。

この大会への日本共産党からの出席者は、北京機関から派遣された、袴田里見と河田賢治であった。彼らはその足で平壌での第三回労働党大会に出席しているので［下斗米 2006／256］、日本共産党の代表として袴田たちが公式にスターリン批判について知らされたのは、彼らが北京に戻ったときである。すでに中国などでスターリン批判の報道がなされた後、アメリカ国務省がスターリン批判を公表する寸前のことであった。袴田は駐中ソ連大使ユージンを通じて内容を知らされ、スターリンのことを少しは擁護しなければと思った、と回想している。また、日本においても、神山茂夫が「個人崇拝」問題は徳田批判ですでに終わっていると述べている。自分たちの運命を狂わされたはずのスターリンについて、日本共産党の理解の水準はその程度であった。

アジア共産党のスターリン主義擁護

アジア諸国の共産党は、スターリン批判に対して全般的に否定的な反応を示した。モスクワの第二〇回党大会に中国共産党の代表として出席した朱徳は、その挨拶の中であえて毛沢東の「レーニンによって創設され、スターリンによって育成されたソ連共産党の無敵さ」という挨拶を引用した［九 230］。朱徳の帰国後、中国共産党政治局の議論を踏まえた『人民日報』四月掲載の論文「プロレタリア独裁の歴史的評価について」では、あたかもソ連と一線を画すかのように、スターリンは「真のレーニン主義者」であると評価された。つまり中国共産党は、スターリン批判に否定的であったのである。

北京のソ連大使館は一九五六年の中国に関して、わずか四部しか作らなかった内部報告の中で、中国共産党幹部たちがスターリン批判をきっかけに、それまで控えていた中ソ関係やソ連内政への「批判的言説」を公然と行うようになったことに注目していた。とくに毛沢東が、一九五六年三月三一日と五月二日の二回にわたってユージン大使に示したソ連への批判を挙げている［RGANI409/106］。中国の同志はスターリン評価に関して当初からソ連共産党には同意していなかったと、この報告書は指摘した。このような中国共産党の批判的な態度の背景には、毛沢東の「個人崇拝」の問題があるというロシアの研究者、M・プロズメンシチコフの意見に同意しないわけに行かない［九 27］。

中国でも「百花斉放」（共産党批判をも含むあらゆる主張の発露を歓迎するとした政治運動）の八月前後には多少解放的な雰囲気があった。しかし一九五六年、ポーランドの六月ポズナン暴動、秋のハンガリー動乱という、スターリン批判が惹起した一連の反政府騒乱が発生してからは、中国共産党はいっそう強硬な姿勢を示すようになる。

一九五六年一〇月末のソ連共産党幹部会に中国共産党から劉少奇・鄧小平らが出席、ハンガリーへのソ連軍介入に対する支持を示した。ソ連政府は世界の共産党国家同士の対等と内政不干渉を訴えたが、毛はユージン大使に公然と、「レーニンとスターリンとは帝国主義への共産主義運動の闘争の武器であったのに、帝国主義者に一方を与え、それと対峙させた」とモスクワを非難した［RGANI409/107］。スターリンの「功績に比べれば、彼の誤りは二の次」であり、ソ連共産党の他の党に対する態度は、「ブルジョワ・ショービニズムの誤り」とまで酷評しだした。スターリン批判問題は兄弟党にまったく相談なしに「閉鎖的に」行ったことが問題であったとも論難した。そして、以降は中国の部内報ではソ連の内外での行動が厳しく批判されるようになった［同 110］。この論争を通じて中国共産党は中ソ間の意見の相違を明確にし、次第に中国共産党は独自の存在であることを誇示するようになる。

金日成政権の混乱

金日成政権は、フルシチョフのスターリン批判をよりいっそう大きな波としてかぶることとなった。それ以前にも、モスクワが行った金日成への「個人崇拝」批判は一九五五年初には平壌に伝わり、同年一二月に金日成はソ連批判を行ったが、これがスターリン批判の流れに逆らうものとなり、裏目に出た。

そうしたことの余波もあり、個人崇拝批判問題は金日成体制への痛打となった。金日成が五六年六―七月にソ連東欧訪問に出かけた折、労働党内の親中派と目された崔昌益副首相らが、親ソ派の朴昌玉副首相らと組んで金日成個人崇拝批判を行ったのである。彼らの目的が何であったかは不明確ではあったが、とくに中国派が熱心であった。しかし帰国後に金日成直系の南日や朴正愛等の反発を買い、八月の労働党総会で闘争が生じた。その結果、崔や朴等は八月三一日には副首相を解任された。また、数人の閣僚クラスが粛清をおそれて中国に亡命した（八月宗派事件）。

この顚末に激怒した中国共産党の毛沢東は、当時第八回中国共産党大会を訪問していたミコヤンと相談し、九月二三日に朝鮮戦争の英雄彭徳懐国防相をミコヤンとともに平壌へ送ることとなった［下斗米 2006/240］。折しも、先述のハンガリーとポーランドでの民衆動乱が発生し、この金日成個人崇拝問題は棚上げにされたが、この後遺症として、後年、このとき中ソに加担したとされた幹部たちの粛清へと至った。これが、中国軍の撤兵と相まって、金日成が中ソから自立した体制をめざすことになる。

なお、日ソが平和条約交渉をおこなっていた時期、日本担当の現場責任者であったワシリー・コビジェンコは、もともと一九四五年以降に金日成を政治的に補佐していた人物でもあった。その関係もあって、この八月宗派事件の処理に忙殺された［同243］。

岐路に立つ北京機関

このころ北京機関の最高責任者に戻った袴田里見は、スターリン批判後も、一九五六年五月一〇日のソ連共産党への書簡において、平和革命論への批判的立場を堅持した。もっとも二九日には、平和革命の可能性は少ないとしても、社会党や労働組合との関連から「暴力革命」のみを強調するのはまずいとして微調整した［RGANI441/145］。

また、スターリンによる粛清の犠牲者に対する名誉回復の動きがはじまった。五月一二日、袴田は野坂参三第一書記から書簡を受け取り、ソ連共産党に対し「一九三八年頃、日本共産党員でプロフィンテルン〔赤色労働組合インターナショナル〕日本代表としてモスクワで働いていた山本懸蔵」の裁判のことを問い合わせた。野坂が山本をスパイとして売ったというよく知られた説からすればつじつまの合わない問い合わせであるが、ともかくも、六月一二日にソ連の外国共産党連絡部副部長ビノグラードフは、「コミンテルン日本共産党代表」の山本懸蔵について、四月二六日のソ連共産党中央委員会の決定として、かつて一九三七年に内務人民委員部により逮捕され一九三九年に処分（処刑）されたが、根拠なく裁判にかけられ犯罪の構成要件が認められないため、事件を取り消す、とした［同115］。だが、この時点においても、日本共産党は「個人崇拝」という問題の意味、単なる個人支配の問題ではなくカルト的指導が問題となっていることを、理解していなかったように思われる。

さらに日中朝の共産党について重要な伝達が、日本共産党北京機関から五月一六日付でモスクワに送られた。かつて日本共産党籍があった日本在住の朝鮮人についての決定と、それに対する朝鮮労働党の意見である。日本共産党員として活動してきた朝鮮人党員について、日本共産党は今後彼らに党員としての資格を与えないこと、しかしその党員証を朝鮮労働党に自動的に移籍ないし入党させるものではないこと、かわって日本の朝鮮総連の活動を強化するためにも、両党間の緊密化が必要であることを決めた。また、在日朝鮮人の活動活性化のために、日本共産党は労働党に対し代表一、二名を日本に派遣することを求めた。朝鮮戦争時に最前線に立った朝鮮人日本共産党員たちの日本党籍は失われることとなったのである［下斗米 2006/256］。

さて、スターリン批判後の日本共産党は、いまだモスクワの関与を必要としていた。日本共産党北京機関の活動は、中ソ、あるいは北朝鮮との戦略的調整の場として重要であったが、権威の複雑な多中心化に当面していた。一九五七年六月、代表の袴田が最終的に平壌経由で日本に戻ることとなったのである。当人の回想によれば、劉少奇、鄧小平、周恩来らが彼の帰国パーティに参加したという。

日本共産党でも、次第に国際的潮流の変化が感得されはじめた。とりわけ、ハンガリー動乱等一九五六年秋の東欧の激動は日本共産党を痛打した。一〇月に理論機関誌『前衛』は、ソ連への「盲目的従属」を「反省」すると明白に主張した。また、ソ連系に近い志賀義雄までが、スターリンの「個人崇拝」批判を口にした。多くの日本の党員が殺されたり、追放されたりしたのは、権威的権力と官僚的盲従ゆえであると指摘したのである。またさらになぜ『アカハタ』は千島返還を提起しないのかという問いも出した。

こうした一連の動向を見た英国大使館のコミュニズム専門家たちは、秘密の地下組織が組織されているとみて、警戒を解かなかった［PI2525/10］。

混迷する日本共産党

こうした中、一九五七年に未だ北京に滞在していた日本共産党の川上貫一（一八八八―一九六八）は、党の委嘱により、日本の党についての現況を中ソに伝えた。一九四九年から衆議院議員、五八年には党中央委員となる人物である。川上は一九五七年四月五日付で北京機関の羅明を通じ、情報を中国共産党へ提出した。この文書「日本共産党の状況について」はソ連共産党のアンドロポフ書記が監督する共産党・社会主義党連絡部へと回された。この頃は日本の党からの連絡は基本的に北京機関を通じてソ連共産党日本課のコビジェンコのもとに入る仕組みになっていた(8)。

川上はこの文書の中で、日本共産党は統一に近づいてはいるものの、依然として平党員のあいだで「統一はまだない」と認識されていることを指摘し、一九五八年に予定される第七回党大会（七月二一日―八月一日開催）では一九五一年の（ソ連でつくられた）党綱領とは形式が異なる新たな綱領が採択される見込みで、それにより完全な統一をめざすと述べている。しかし、一万一〇〇〇名を抱える東京の組織は、労働者党員は一三パーセントに止まり、指導部は武井昭夫《てるお》、野田弥三郎、片山さとしといった「イデオロギー問題で歪曲した」、つまり反対派的人物によって指導されているといった説明がされている。さらに、労働組合などにおける党の影響力は拡大しているが、農民間の活動はまだ大きくないと指摘し、最近中央委員会に袴田、河田らが入って強化されたと評価した。[9] 川上のこの文書と並んで、日本共産党中央委員会はソ連共産党に宛てて、同党と中国共産党からの「援助」への感謝の手紙を出している。

この頃英国大使館は、志田のグループが一五〇〇―三〇〇〇名の組織を作り、六全協の「平和共存」や「右派的偏向」を指弾し、かわって民族主義的組織を作ろうとしていることを内部の研究会で指摘した［P12575/30］。この数字は誇張ではあったが、共産党下部で反対派の不満が渦巻いていることは事実であった。

結局のところ、スターリン批判への日本の党周辺の感度は鈍かった。当時党文京地区委員会にいた活動家安東仁兵衛は、スターリン批判に関する政治学者丸山真男の『世界』一〇月号論文を読んで研究室を訪れた際、こうなる予兆を感じていたと述べた安東に対して、丸山は「君のようなコミュニストは例外なんだ」と語ったという［安東234］。

この一九五七年一一月二七日、六四ヵ国の各国共産党労働党の代表がモスクワに結集して、革命四〇周年の記念行事が行われた。中ソの亀裂が深まる中でのこの開催が、最後の世界大会となった。宣言は中ソ両党によって準備され、毛沢東も金日成も出席した。日本代表は志賀義雄と蔵原惟人で、翌五八年七月の第七回党大会で選ばれることになる野坂議長も、第一書記宮本顕治も出席しなかった。フルシチョフは日本共産党を代表した志賀、蔵原と会談したが、五〇年問題の総括には反対の意向を表明した。帰国途中で中国を訪れた二人に、劉少奇もまた同様に反対を表明した。

一九五八年一月、北京のソ連大使館でK・クルチコフと会談した北京機関の羅明は、日本共産党の政治状況について語っている。羅明は岸内閣が衆議院を解散する可能性があること、また日本の資本家が岸内閣に必ずしも賛成していないことを明らかにした。これは中国がかねてから注目している、関西資本が中国貿易を重視していることを指すのであろう。羅は日本共産党の現状についてきわめて否定的であった。組織は「大変弱く」、選挙でも役割を果たせないといった。党内では統一はなく、また党綱領の審議では多くの党員が綱領の基本命題に同意していないとも語った。中央委員にも修正主義的な人々がおり、農村に基盤がないとも指摘している。なお、この「修正主義」という言葉は、この頃から朝鮮労働党や中国共産党が、主としてイタリア共産党などの動きを、そしてそれを通じてフルシチョフを批判する文脈で使いはじめたものであった[10]。

五　日ソ国交回復

国交か、あるいは領土か

鳩山内閣とフルシチョフとの日ソ平和条約交渉は、一九五五年六月一日からはじまった。スターリンの死と朝鮮戦争の休戦による「平和共存」の下で、領土やイデオロギー、ナショナリズム、同盟といった新しいパラメーターが動き出した中でのことである。このとき、国際関係の主役は、トルーマンやマッカーサー、他方でのスターリンといった顔ぶれから、アトリーやイーデン、フルシチョフ、ブルガーニンらに替わっていた。翌七月にはジュネーブでの戦後初となる米ソ英仏の首脳会談が開かれ、平和が演出される。さらに翌年にはブルガーニン首相が公式に訪英している。こうした状況下で、日ソ交渉ははじめられた。

交渉場所の選定の時点から、日本が求めるニューヨークか、それともソ連が主張するロンドンかで綱引きがされたが、日本通の元駐日大使のマリクが当時駐英大使であったことで、ロンドンとすることが五五年四月に決まった［松本 22］。

五月二一日、モロトフ外相の交渉指令により、課題は国交正常化と大使館設置であると定められた。五月二三日の党幹部会決定でさらに、交渉をマリク大使に委任し、その代表団には外務省のI・クルジュコフ、S・チフビンスキー、N・G・アドィルハエフ、G・パブリチェフが入った。この時の方針案としてモロトフが条約草案を書くこととされた。

他方、日本側では、終戦時の外務次官で、鳩山とも吉田とも関係がいい外交官出身の国会議員松本俊一が全権代表となり、代表団随員には外務省条約畑の高橋通敏、新関欽哉、重光晶、兼松武、都倉栄二らが選ばれた［都倉 170］。松本は、一九四五年七月の近衛代表団（29−31頁）モスクワ派遣が実現すれば中心的役割を担うべき存在であったたし、その後も日ソ外交の主役であり続けた。

ちなみに松本に与えられた訓令一六号では、歯舞、色丹の返還が重点として挙げられた一方、千島は挙げられなかったという［駒木 300］。この訓令文書は未公開だが、吉田首相と英国政府との関連から見れば当然であり、また吉田の回想録とも一致している［吉田 中］。

対ソ問題では、民主党は総じて平和共存派であったが、自由党は反ソ・反共派であった。さらには、国交回復交渉が先か平和条約かにおいても、早期妥結派の民主党鳩山総理と、緒方竹虎が率いていた自由党、重光葵外相など対ソ外交に慎重な外務省との間で意見の違いがあった。そして全権となった松本は、早期に平和条約を目指すことを考えていた。なお、重光は一九三〇年代の駐ソ連大使であったが、ソ連側からはむしろ否定的に見られてきたことは序章第一節でも述べたとおりである。

六月からロンドンにおける日ソ双方の大使館を舞台に、松本とマリクによる交渉がはじまった。最初の二回の会議で、抑留者帰国問題や国交回復問題、国連加盟などには早々に決着がついた。事前に日本側では、ソ連のいう平和共存とは、日本からアメリカ軍を撤兵させ中立化させるということを求めるものなのではないかという危惧があったが、ソ連側が日米同盟は交渉の妨げにはならないといったので、これは杞憂に終わった。問題の難所は領土をめぐる対立であった。六月二四日の会議は領土問題が焦点となり、ここに交渉会議は早くも行き詰まりを見せることとなる。

領土をめぐって、吉田の考えは明確であった。それは、サンフランシスコ条約の準備段階にさかのぼる。朝鮮戦争の勃発が平和条約交渉を加速したことはすでに見たが、その後の朝鮮人民軍の敗色が濃くなった一九五〇年九月二二日、吉田は英国政府代表ガスコインに電話し、朝鮮戦争勃発によって遠のいたかに見えるソ連との平和条約について、それは「難しくない」と語ったという。このとき吉田は、ロシア人によって占領された根室沖の「ふたつの島」（ガスコインは名前を覚えられなかった）は返してもらうといったという［P83806/117-119］。つまり、もし平和条約で戻るとしたら根室の先の歯舞・色丹二島であるとも非公式にその本音を伝えていたのである。この話はガスコインと昵懇《じっこん》の仲である松本も知っていた。吉田茂の『回想十年』では、このガスコインへの電話についての記述はないが、千島と「北海道の一部」である歯舞・色丹とは明確に区別していた。吉田の用語法には、一九五六年三月に下田武三条約局長が造語する「北方領土」という言葉は存在しなかった［吉田 中 266］。

その一月後のマリク・ダレス会談において対日講和問題が議論された際、ダレスは、中国軍の朝鮮戦争への介入阻止の目的で、「千島」はソ連に引き渡されるとの草案をマリクに提案した。しかし、その直後に中国人民志願軍が朝鮮半島に介入、ダレスは中国抜きの講和条約を促進、そこで千島は「ソ連への引き渡し」から日本の「放棄」へと旋回した。こうして、吉田は「日本国は、千島列島並びに日本国が千九百五年九月五日のポーツマス条約の結果として主権を獲得した樺太の一部及びこれに近接する諸島に対するすべての権利、権原及び請求権を放棄する」という条項を含むサンフランシスコ条約に署名した。だが、その演説では国後・択捉など四島は一度も帝政ロシアに帰属しなかったという、法的には意味のない主張をしたことは周知の事実である。

領土問題というこの隘路《あいろ》を、日ソ交渉は七月まで突破できていなかったと、従来は理解されてきた。ところが、二〇一九年二月、NHKが紹介したソ連史料によると、六月の段階でソ連党幹部会がすでに交渉方針を変更し、二島の引き渡しを定めていたことが示されている。これによると、五月から六月二日までの間に、党幹部会（政治局）ではモロトフの提案により、国交回復が主題であり領土問題を議論しないといったん決定した。平和条約抜きの国交回復交渉という態度で、たとえ日本側が提起しても解決済みと「申し立てを退ける」と決めたのである。ミコヤンはモロトフ案に反対していたが、七月四―一二日の党中央委員会総会でフルシチョフ第一書記らが平和共存派がモロトフら保守派に対する路線論争において勝利したことが、新しい政治状況をもたらした。(11) フルシチョフは総会最終日に、「モロトフのようにこだわると日本は米国の掌中にあり続ける、だからこそ主導性と提案が必要だ」と述べ、二島での妥協案提示に踏み切ったのである〔岡田美 51〕。

七月一五日、モロトフ外相は領土に関して「しかるべき時に日本代表に、「松本さん、あなたは歯舞・色丹に関する問題を設定した。この問題は平和条約のソ連案に規定されているほかの問題とともに検討することが可能だろう」と伝えること」を指示した。日本側がソ連の安全保障の利益を考慮し、領土に軍事基地が設立されないという条件下で、歯舞・色丹の引き渡しに合意する用意がある、と伝えることとなったのである。

ロンドンに戻ったマリク大使は、八月五日に大使館の芝生で喫茶中、歯舞・色丹の引き渡しをにおわせ、九日には正式に提起した［松本 40］。松本は内心で非常に喜んだ。他方、ソ連側代表団の一人で翌年には駐日公使となる保守派のチフビンスキーは、フルシチョフは譲りすぎで、マリクは焦ったと見ていた［七〇 72］。しかし、松本の想定に反して東京では「欲」が生まれた。八月末、重光外相から国後・択捉も含む四島が固有の領土であるという訓電が送られてきて、事態は暗転する。重光は鳩山に十分に諮ることなく要求水準を上げた［久保田 82］。松本はロンドンに立ち寄った河野一郎農相に外務省への不満を述べたが、河野は「複雑」な国内情勢を示唆するばかりであった。

日本国内では対立が生じていた。一九五五年一一月の保守合同の結果、鳩山内閣は議会では多数派となったものの、平和共存路線の岸・河野ら民主党と、反共路線の緒方ら自由党との合流で生まれた自由民主党では、党内の意見をとりまとめることが難しい状況となった。自民党結党決議では「日ソ交渉での合理的調整」という項において、要求は「歯舞、色丹、南千島」という「四島の無条件返還」に格上げされた。ここには米国の意向も働いていた。米国NSC（国家安全保障局）による対日政策決定において、日本の米国基地の維持と安定運営のため、穏健保守合同が方針とされていた。保守合同は安全保障、ひいては領土問題とリンクさせられていたのである。こうしたことを背景に、対ソ交渉がはじまると旧自由党吉田派が強硬論に動きだした。こと領土問題においては、世論が「対外硬」に振れがちなことは戦前から日本政治の常ではあったが、強硬な反ソ論の重光だけでなく、本来は二島論者のはずの吉田までもが、世論の政治と対米関係への配慮から、交渉のブレーキ役になった。

この動きに対し、国交回復交渉方式に動いていたのは鳩山首相その人であった。この時期のソ連文書を検討した岡田美保によれば、一九五六年一月一七日、ドムニツキーのもとに「シミズ」なる人物から「鳩山と河野」のメッセージが届けられ、その内容は、現在の内外情勢からして「平和条約を締結して議会を通させることは困難である」ため、国交回復と大使館開設、抑留者釈放での解決をソ連側からドムニツキー経由で松本に伝えてほしいというものであった〔岡田美99〕。

一九五六年初、ロンドンで交渉が再開された。松本は妥協を求め、諦めなかった。二月一〇日に松本は、南千島（国後・択捉）について旧島民の平和的経営を認めるよう、つまり後の表現でいえば「2＋アルファ」方式で非公式折衝を試みた〔松本87〕。公開されたソ連側史料からは、松本が示した試案は「国後・択捉での平和的経営」を求めつつ「ソ連軍艦・艦船の自由航行」を認めるというものであったことがわかる〔岡田美87〕。ちょうどマリクが第二〇回党大会に参加するため一時帰国する直前のことである。だが結果的には「おみやげ」はなかった。三月九日にモスクワから戻ったマリクは、「小クリル諸島〔のみ〕を日本に引き渡す」決定は「最終的な立場」であると、きわめて強い調子で松本に告げた。モスクワには、「小クリル」つまり歯舞・色丹以上の譲歩の用意はなかったのである。

北方領土問題の起源

日本外務省内での議論も収斂しはじめた。交渉が行き詰まりを見せた一九五六年三月二〇日、下田武三条約局長は、国会ではじめて「北方領土」という、南千島の国後・択捉と、歯舞・色丹とを一括りにする新たな表現を使った。それまで漠とした北の紛争地域という程度の含意であったところ、北方領土＝固有の四島という政治的定義がなされたのである。正確な定義としては、一世紀前の一八五五年に締結された日露和親条約（下田条約）で決着して以来の「固有の領土」ということである。この用語法は、ちょうど一九五四年に「南方領土」が沖縄・小笠原に限定された使用法となったことを応用したものであろう。この北方領土の定義は、国後・択捉を自領土とするヤルタ密約を金科玉条とするソ連としては受け入れられないものであり、新定義は平和条約交渉の足を引っ張ることとなった。同時に、この新定義は、日本の中立化や沖縄返還を恐れる米国ダレスにとっては都合のいいものであった。この北方領土新定義を生み出した下田武三は、戦中の一九四三年から四五年までソ連大使館に勤務した人物で、戦後はサンフランシスコ条約締結時の条約課長である。彼は自民党政権下では唯一駐米大使と駐ソ大使を経験したエースとなり、その下で外務省ロシア・スクールは冷戦期日本外交を主導することになる。

一九五六年四―五月、漁業交渉のためにモスクワに乗り込んだ政権の実力者河野一郎は、ブルガーニン首相との話し合いで、領土決着にこだわらない国交正常化を優先することに合意した。西ドイツのアデナウアー政権がはじめた対ソ交渉方針に倣ったものである。だが、西ドイツという国家は分裂国家であるためそもそも平和条約にはなじまないという、日本とは異なる前提があった。

こうして、「北方領土」というあらたな交渉の枠組みと、国交正常化方式という方針のもと、一九五六年七月に重光外相自身がモスクワに乗り込んで、ドミトリー・シェピロフ新外相との交渉に臨んだ。六月に外相になったばかりのシェピロフは前任のモロトフよりは柔軟であったが、しかし政治力はなかった。他方、かつて誇り高い帝国の外交官であった重光全権は、これまでで最も強硬な立場を主張し、もうひとりの全権である松本と対照的な姿勢を示した。七月末には日本外務省が国後・択捉は日本領であるとあらためて主張した。

ところが、八月一一日になると当の重光が、四島で交渉しても無理だとして二島での決着を突如いい出した。重光は「耐えがたきを耐え」として二島決着をモスクワから要請、本国からの訓電を求めた。だが、鳩山ら日本政府はこれを拒否した。さらには、その間の八月一九日に英国へ飛んだ重光を待っていたのは、ダレス米国国務長官からの、二島での決着はサンフランシスコ条約への違反であり、もし二島で妥協した場合は沖縄の米国併合もあり得るという発言だった。同条約第二六条によれば、ソ連に千島の主権を認めることは、沖縄での日本の主権を放棄することになるという理解が示されたのである[12]。ダレスは、二島決着が日本の中立化と沖縄返還の世論を刺激することを恐れていたのは前述のとおりである。チキンゲーム的な交渉の結果土壇場で妥協するという重光の戦術は、こうして破綻した。

鳩山訪ソ

自由民主党内部も混乱していた。一九五六年九月一一日、吉田茂前首相は鳩山の進める対ソ外交そのものへの反対を表明した。池田勇人など自由民主党の約四割もが反対にまわった。それでも、ソ連側から見て「動揺している」と見られていた岸信介幹事長をはじめとする自由民主党多数派、それに社会党や共産党、そして経済界は、アデナウアー方式での国交正常化方針を支持していた。もっとも、日本が千島を放棄したというサンフランシスコ条約そのものを承認しない共産党は、政府が国後・択捉を放棄していることを批判した。[13]

こうした中、九月に松本とグロムイコとが書簡を交換し、アデナウアー方式、つまり平和条約締結ではなく、国交回復優先ということで交渉を前進させることが決められた。その書簡では、歯舞・色丹両島を日本に引き渡した上で、いずれは領土問題（国後・択捉）をも含む平和条約締結の交渉をするということを条件に、一〇月の鳩山訪ソが決まった。

しかし、モスクワもまた国際問題をめぐって混乱を極めていた。フルシチョフのスターリン批判は東欧での政情不安を加速化させ、また平壌では中ソを巻き込んでの金日成批判が混乱をきたしていた。こうした情勢は日ソ関係にも跳ね返ることになる。幹部会と呼ばれた最高指導部では、外相を解任された長老モロトフを中心にスターリン批判への批判が巻き起こり、翌年の反党グループ事件の議事録においてグロムイコが述べたことによれば、当時モロトフは対日問題でもフルシチョフのやり方に批判的であったと述べている〔三八 231〕。グロムイコは明言していないが、その批判は二島論での譲歩についてのものであっただろう。

鳩山の訪ソは、一九五六年一〇月一二日から二〇日にかけて、共産圏全体を覆う政治危機が進展する中でのこととなった。ソ連共産党の対日担当課長コビジェンコが北京での「八月宗派事件」対応に忙殺されていたことは、すでに述べたとおりで、対日問題は放置されていたようであった。さらには、ポーランド、ハンガリー情勢が緊迫し、フルシチョフは一九日の共同宣言署名式を欠席している。鳩山帰国直後の一〇月二三日には中国共産党の劉少奇・鄧小平がソ連共産党幹部会に招かれ、中国側は東欧政策には厳しい態度で臨むべきことを要請し、翌日にソ連軍がハンガリーに介入する。他方では、英仏がエジプトを攻撃したスエズ危機がこの月末に勃発（先に重光が日ソ交渉中に英国に赴いたのはこの関連であった）、「平和共存」は危機に瀕していた。

こうした一連の危機の中、一三日のブルガーニン首相への表敬を経て、一五日に日本側全権である鳩山、河野、そして松本らと、フルシチョフ、ブルガーニンらソ連側との交渉がはじまった。しかし、日ソ間に国交のなかった一一年間のブランクは大きく、日本側はソ連の最高決定者をブルガーニン首相だと思い込んでいて、フルシチョフ第一書記が交渉の場にいることの意義も理解できていなかった。

今回の交渉はすでに見たとおり国交正常化が主眼で、必ずしも平和条約のための領土交渉を行ったわけではない。しかし、自民党内の反対派の突き上げもあって、この問題に鳩山代表団は触れざるを得なかった。交渉の山場は、共同宣言のソ連側原案が日本側に届けられ、それを踏まえて河野とフルシチョフとの間で交渉が行われた一七日夜であった。ここで提示されたソ連外務省作成の原案には、先に触れた松本・グロムイコ書簡にあった「領土問題をも含む平和条約締結に関する交渉を継続」という文が含まれていた。これはつまり、歯舞・色丹は引き渡し、残りは継続交渉ということを意味する。しかし、翌一八日に河野との第四回交渉に臨んだフルシチョフは、「領土問題をも含む」の文言を削除するよう強硬に要求する。結局、日本側は鳩山の意志を確かめた上で、これを呑んだ。

これまで、この日ソ交渉に関する史料としては、一九九〇年代半ばにソ連側史料が公開され、日本側史料としては公式通訳を務めた野口芳雄メモが二〇〇五年に公開されていた。そして「領土問題をも含む」の文言をめぐる交渉過程については、二〇二〇年になって公開された三木武夫元総理の関連文書の中に含まれていた日本外務省の交渉記録によって、詳細が明らかとなった。その外務省記録を検証した朝日新聞の駒木明義によれば、歯舞・色丹以外の領土問題の存在について、第三回交渉では河野がわざわざ「戦争状態が存在した結果として生じた諸問題」と、領土問題を削った案を示していた。つまりフルシチョフと十分な交渉もしないうちに、すでに「下りて」いたのである［駒木 324］。それが、四回目の交渉でソ連外務省のフェドレンコが提示した案には、「領土問題」という表現が含まれていた。これは、駒木の考えるようにフルシチョフが後で削る予定であらかじめ書き込んだ罠だったのか［同 325］、それとも起草したソ連外務省とフルシチョフとの間の調整の不手際だったのか、定かではない。なお、ソ連党幹部会史料を検証した岡田美保は、東京の駐日公使チフビンスキーから二度にわたりフェドレンコ案の「領土問題」を削除すべきとの電文が入っていたと、削除について別の理由を提示している。チフビンスキーは一九四六年の最高会議決定でこれらの土地はソ連領になったというモロトフ的な強硬派の立場をとっていた。いずれにしても、河野の合意で日ソ共同宣言に歯舞・色丹については書き込まれたが、「領土問題」という文言は消えることとなった。

しかし事態は最後まで動いた。一九日の署名式にはフルシチョフが欠席し、ブルガーニン首相とグロムイコ次官らが出席した。そこで松本全権が、「領土問題をも含む平和条約締結に関する交渉を継続する」という表現のある「松本・グロムイコ」書簡を同時に公表することを求め、この了解をブルガーニン首相らから得た〔松本〕。先に述べたとおり、日本側は首相こそソ連側の最高決定者だと思っていたようである。こうして「領土問題」の存在は皮一枚で繋がった。つまりはそれぞれ都合よく解釈できる曖昧決着となったのである。以後、日本は国連に加盟し、日ソ国交回復の共同宣言は批准をみた。平和条約締結後、二島は引き渡すことが約されたが、その後の条約交渉に進展がないことは、周知のとおりである。

鳩山首相一行とともにモスクワを離れ、経由地のストックホルムに着いた松本は妻に送った手紙の中で、交渉がここまで長引いた理由について「欲」と「泥仕合」、「恫喝」と書いた。この欲とは、押せば四島まで届くと考えた自由民主党決議などであり、二番目の泥仕合とは、四島論だった重光外相がモスクワで二島決着に急旋回した不定見であり、そして恫喝

とは、ソ連の国後・択捉への主権を認めるなら沖縄を返さないという米国のことを指すのであろう。(14)

六　世界共産党の黄昏

世界大会の挫折と分裂

一九五六年秋、ハンガリーとポーランドでの騒乱は、中立と社会主義圏脱却を掲げる民衆革命に発展した。これに対しソ連と中国の共産党最高首脳は、かねてよりの北朝鮮問題を棚上げして、社会主義国相互の同権を謳《うた》うと同時に、一一月までにハンガリーへの軍事介入に踏み切った。また、中国軍の撤兵と相まって、金日成はもはや中ソから自立した主体となりはじめた。

こうした状況を見たソ連共産党は、一九五七年に国際関係部門を再編成、ミハイル・スースロフ、ボリス・ポノマリョフ書記のもとに、資本主義国や第三世界を担当する国際部と、政権を握っている社会主義・共産主義政党を担当する連絡部とに分かれた。後者の担当書記となったのはハンガリー動乱時の大使だったアンドロポフである［四一 29］。

ハンガリー社会主義労働者党書記長で実質的な指導者であるカダルが、一九五六年一〇月三〇日にソ連と他の社会主義国家との対等、内政不干渉といった宣言が守られていないと、世界の共産党会議を開くことを提起し、一九五七年一月にはブダペストで東欧レベルの国際党会議が開催された。そして、より広い世界共産党大会を要求したのが、当時ソ連東欧を歴訪していた周恩来と中国共産党であった。

一九五七年六月には、ソ連共産党内でかねてよりフルシチョフと対立していた保守派モロトフが急遽幹部会を招集し、フルシチョフ解任動議を提起した。これに平和共存派のブルガーニンやマレンコフ幹部会員までが一時同調し、解任動議は可決される。だが、ジューコフ国防相や中央委員の多くがフルシチョフ支持にまわり、その後の中央委員会総会で、逆にモロトフやマレンコフらが追放される顚末となった。反党グループ事件である。

このようにフルシチョフの足元での動揺が見られる中、毛沢東の去就が世界共産党の動向を左右するようになった。一九五七年七月初、党外交の最高責任者であるミコヤンが反党グループ事件の説明目的で北京に急派された［五〇 259］。その結果、毛沢東が七年ぶりに訪ソして、一一月一四―一六日には共産党・労働者党代表者世界大会が開催された。ここにはアルバニアのエンベル・ホッジャ、ブルガリアのトドル・ジフコフ、ハンガリーのヤノシュ・カダル、ベトナムのホー・チ・ミン、ドイツのワルター・ウルブリヒト、中国の毛沢東、北朝鮮の金日成、モンゴルのダシーン・ダンパ、ポーランドのウラジスラフ・ゴムウカ、ルーマニアのキブ・ストイカ、チェコスロバキアのイルジ・ゲンドリフといった政権党の党首がソ連のフルシチョフと顔を並べ、共同宣言に署名した。

この世界大会は、ロシア一〇月革命によって資本主義から社会主義への移行がはじまったという歴史観に立つものであった。同時に、社会主義への平和移行をめぐって、ソ連による大会宣言案が敵の出方に依存するものであると毛沢東に批判されるなど、対立が目立つ大会でもあった。毛沢東は、一九五〇年の訪問時は対等とは名ばかりだったが、今回は平等の雰囲気があると、自信をのぞかせた［同 204］。

対立が深刻化したのは、資本主義国の党をも招いた拡大会議後半、一八日の毛沢東の発言がきっかけであった。そこで彼は、核戦争で全人類が滅ぶという危惧に対し、たとえ二七億人類の半分が資本主義との核戦争で失われても、残りの半分から社会主義が発展すると述べたのである［同 569］。このような最悪シナリオを中国党政治局は数回検討したと述べたことは、ちょうどソ連が核開発の対中協力に本格的に乗り出したばかりのことであり、関係者を驚愕させることとなった［下斗米 2004/107］。また毛沢東は、モロトフら反党分子の除名を肯定しながらも、同時にスターリンも擁護し、誤りは二義的だと述べた［五〇 575］。

こうして世界大に広がった中ソ同盟は、早くも危機的な認識の差異を露呈させた。そもそも、中ソの核認識と平和共存に対する考え方はまったく異なった。中国は「大躍進」で数千万単位の餓死者を出してまで核開発をすすめたのだ。さらに、一九五八年からの台湾危機が認識の差異を広げた。中国からすれば台湾回収は「悲願」であるが、ソ連からすれば、核時代には米国との共存が優先する。

第二の相違点は、対日平和条約交渉である。この時点ではまだ、中ソは共同して日本との平和条約交渉に当たることにコミットしていた。一九五六年一〇月の日ソ交渉ではミコヤンが日中条約促進についても発言したのは、それが理由である。だが、日本と国交を結ぶことの経済的利益は、主として中国にあった。しかし中国承認を急いだ英国の立場からは、日本資本の中国進出は是非とも避けたかったたし、英国の造船業が日本のそれとの競合関係にあったため、日中接近により日本の造船業が優位に立ってしまうことが危惧された［五八 345］。また、平和条約締結の結果、中国の工業化や大国化が実現してしまうことは安全保障上も許し難いことであった。したがって平和共存論から言っても日中提携は阻止したいというのが英国、そして米国の本音であった。

結局のところ、中ソ同盟は脆《もろ》い基盤の上に成立しているものであった。それが一九五〇年代末に暗転し始める。北朝鮮も一九五八年二月までに金日成の権力が固まってから中ソ両国との関係はますます悪化した。やがてソ連もまた五〇年代末までに中国との関係を次第に凍結、六〇年代にはついに激突し、中ソ国境紛争に至る。台湾危機、核認識と対米認識をめぐって、中ソ関係は亀裂を広げる一方となった。

終　章

中ソ対立と日本

一九五五年に起こりはじめた東アジアの国際的変化は、日本に政治的安定とその下での高度経済成長をもたらした。東側諸国の混迷を尻目に、日米関係が質的に強化され、国内政治でも構造変化が進み、五五年体制と呼ばれる自由民主党と社会党が対峙する構図が現れた。

一方で、中ソ、北朝鮮、北ベトナムの「陣営」は、平和共存路線への切り替えにより混迷することになった。スターリン批判や成長モデル、核問題をめぐって隙間が拡大し、一九六〇年代には公然たる中ソ対立に至る。

東アジアでの本当の冷戦は一九五〇年代半をもって出来したといえる。日英米と中ソ、そして北朝鮮という構図は、一見するとヨーロッパでの北大西洋条約機構（NATO）とワルシャワ条約機構（WTO）のような二極的な対立構造のようであった。だが、五〇年代後半の中ソ関係の実態はいわば「冷たい平和」であり、つまりはヨーロッパとアジアでの冷戦の表面的な類似性は実質的な対立構造を隠蔽していたにすぎなかった。その意味において、日本における保守合同と日本共産党の平和路線転換という五五年体制は、あやうい世界的な均衡の中で成立するものであった。そして、東側の「同盟」構造は、一九五六年以降しだいに解体の度合いを深めていった。

ソ連からの自立を要求する毛沢東の態度は、一九五〇年代末までに明らかになっていた。北朝鮮は金日成指導部が一九五六年秋の危機を生き延びると、ますます「主体」的自己主張を強め一族支配の体制を作り上げた。共産主義の前進と米ソ共存とを願うフルシチョフ改革への支持は、アジアでは希薄なものとなっていく。

このような潮流変動を国内でもっともよく体現していたのは、国際派の宮本顕治が新指導者となったはずの日本共産党であった。北京機関から袴田里見、高倉テルなどが帰国した後も、日本共産党は北京に代表部をもうけ、羅明が代表を務めた(1)。そうして日本共産党はますます中国への傾斜を強めた。だが、一九五九年になって第一書記の宮本顕治は帰国事業促進を名目に朝鮮民主主義人民共和国を訪問し、中ソ対立に距離をおくかに見えた。

一九六〇年代の中ソ対立激化は、世界の社会主義勢力に大きな衝撃を与えた。一九六一年にはアルバニア労働党とイタリア共産党とのイデオロギー論争に発展した。これは「修正主義」をめぐるグローバルな中ソ対立に展開していた。そうしたなか一九六三年ごろには日本共産党がいっそう中国共産党に傾き、その傘下に入ることがはっきりしてきた。

この時期にソ連共産党の日本担当デスクであったコビジェンコは更迭され、日本人捕虜収容所向けの『日本新聞』の編集者であったコワレンコが担当になる。一九六三年中央委員会総会では、外国共産党全体の責任者であったアンドロポフが、中国共産党が今や「レーニン主義」の最高法廷となったと不満をぶちまけた。

日本共産党は一九六四年五月、部分的核実験停止条約をめぐって、主流派である親中国派と親ソ派とに明確に分裂した。そして、かつてともに「国際派」の指導者であった志賀義雄と宮本顕治は「歌の別れ」(中野重治)をする。多数派を握る宮本が、志賀をはじめとする親ソ派を除名処分にしたのである。志賀、神山茂夫、中野重治など文化人らの流れから親ソ派である「日本のこえ」派が生まれたが、その支持者はせいぜい党内の一割とみられた［一一三 146］。そして、共産主義運動における国際的権威の多中心化は、中、ソ、イタリアから北朝鮮そして日本に至るまで、党内の「反党活動」と分裂、除名のオンパレードになっていった。

一九六四年一〇月にフルシチョフ第一書記が失脚、かわりにブレジネフ、コスイギンの集団指導体制が成立する。ここで一時は中ソ両党和解の動きも生まれた。しかし、マリノフスキー元帥が、訪ソしていた周恩来に対して、独裁者フルシチョフを追放したように毛沢東も追放すべしと示唆した際、周恩来は即座に帰国し、それを撥ねつけた。そして中国は文化大革命によって、さらに反ソ独自路線を深めることとなる。

こうした流れの中、宮本主流派の親中国路線は永続きしなかった。一九六五年九月三〇日のインドネシア共産党クーデター事件をきっかけに、毛沢東が発動した文化大革命によってアジアの指導者は分裂する。そして六六年四月、日本共産党代表は中国から追放され、両者は六〇年代末には抜き差しならぬ対立を迎えたのである。この間、金日成生誕六〇周年を前に朝鮮労働党は六八年に青瓦台襲撃など武力統一の動きを強め、米国のスパイ船を拿捕《だほ》するなどした。モスクワはこの報をワシントンから得るありさまだった。また、中ソ間での緊張も高まり、一九六九年にダマンスキー島（珍宝島。中華人民共和国とロシア連邦国境のウスリー川にある）で、ついに武力衝突に至った。

一方、保守合同後の自由民主党は、岸信介内閣から六〇年安全保障条約改定危機を経て、吉田茂直系の池田勇人内閣へと政権を握り続け、高度経済成長路線を進み始めた。そして一九六四年に成立した佐藤栄作内閣は、左派的世論や革新政党の内外の混迷をよそに一九六〇年代半ばまでに政治的安定をもたらした。佐藤自身は戦後官僚閥からなる経済成長派の吉田茂の下で育ちながら、自主安保派の岸の実弟でもあったことが、党内各派の安定に寄与した。

対外関係においては、「北方領土」という表現の生みの親である下田武三が、駐ソ大使から佐藤内閣期の外務次官を経て駐米大使まで務め上げて、日本の冷戦外交を仕上げたといえよう。一九六五年に韓国の朴正煕軍事政権との間で日韓基本条約が成立、台湾の国民党との関係も深めた。そして、一九六九年にはついに沖縄返還合意がなされた。

デタントの時代

一九六〇年代の中ソ論争から文化大革命に至る毛沢東の突出、そしてベトナム戦争の激化といった東アジアでの多極化は、社会主義「陣営」が分裂、崩壊する中でさらに強まった。

そうした状況下で、日本外交には新たな試練が待ち構えていた。一九七一年、ベトナム戦争に苦しめられていた米国のニクソン政権は、キッシンジャー補佐官の主導により米中和解にひそかに動いた。共和党内でも反共で知られたニクソンは、ベトナム戦争とは対中ソ問題であるという認識をもっていた。周恩来と会談したキッシンジャーは、米ソの朝鮮戦争への関わりから話をはじめた。両国とも望んではじめた戦争でなく、ともに巻き込まれたという文脈を共有し、言外には戦争をはじめた金日成とそれを許可したスターリンに責任があるという意図である。一九五〇年に英国政府が狙った中ソ離間を、米国も遅まきながら取り入れ、多極外交をはじめたのである。

この米中和解の動きに慌てたソ連のブレジネフの指導部は、一九七二年初にグロムイコ外相を日本に派遣、佐藤政権とのデタントを模索しはじめる。シベリア開発などエネルギー協力により日本の財界資源派との連携を採るものの、佐藤により、反共で一致した自由民主党は揺さぶられた。そうして、佐藤後継と見られていた福田赳夫を破って田中角栄が後継総裁となる。田中と外相大平正芳は米国の先を越す形で、一九七二年に電撃的に中国との国交を結んだ。台湾と断交、反覇権条項でソ連を敵視する日中共同声明の性急さはキッシンジャーをはじめ内外に敵をつくったが［春名 2020］、さらに田中は対ソ外交でも成果を求め、一九七三年一〇月にソ連を訪問する。グロムイコ外相は鳩山時代の「２＋アルファ」を踏まえた妥協策を検討した節があるが、同時に勃発した第四次中東戦争によって平和条約交渉自体は腰砕けとなった。

田中を継いだ三木武夫政権では、椎名悦三郎ら対ソ慎重派が外交を動かした。三木は外交ブレーンとする平沢和重らの意見に従い、二島返還論に踏み込んだ対ソ外交を模索するが、進展は見られなかった。自民党党内は親中派と親台派の対立を背景とした党内対立が激化した。替わった福田赳夫政権では「全方位外交」を呼号、この間キッシンジャー補佐官が日本の対ソ政治和解に釘を刺すことがあったが、財界では永野重雄・今里広記など資源派がシベリア開発を進めれば、その後土光敏夫などは中国市場に乗り出そうとする動きを見せた。

この時期の革新勢力は、社会党は親ソ系と親中国派とに分裂する一方で、共産党は宮本派が財政的基盤を確立、一九六〇年代からの親中派や新日和見派、またユーロコミュニズムに刺激された多元的社会主義を求める政治学者が排除され、民族色を強める宮本体制を構築した。

一九七〇年代のソ連は、ブレジネフ政権がオイルショックもありエネルギー輸出を梃子《てこ》にデタントを進めようとした。また、ブレジネフ自身がカリスマ性に欠けるところ、書記長職の復活などの党官僚支配の制度化を急ぎ、政治局内の外交、安保、軍の代表からなる安全保障小委員会の担当者を正政治局員とした。この結果、対中批判で国内評判の高いアンドロポフKGB議長、グロムイコ外相、グレチコ元帥が政治局入りし、このトリオがキッシンジャーとのデタントを仕切る。一九七五年のヘルシンキ宣言体制で米ソ関係の安定をはじめ、部分的情報公開、短波外国報道への妨害緩和、アングラ劇場やビートルズ、ペプシコーラの解禁といった政策が、アンドロポフ・グループの主導で進められた。

他方、それまで閉鎖体制を続けてきた中国では、一九七六年に毛沢東が死亡して文革派の影響は低下、七八年には国際派主導の鄧小平政権が政治改革以外の四つの近代化路線で改革開放をはじめる。人民公社を解体したことで「白猫でも黒猫でもネズミを捕る」農業政策を目指した鄧小平は、二億トンの穀物生産を倍増させ、農村市場が急拡大することになった。

イデオロギーよりも経済、科学技術とソフトパワーが勝負を決めるようになっていった。そうした時勢の中、一九七九年一二月のアフガニスタン危機で二週間の限定介入を考えたソ連政治局は完全に間違った。一〇年間におよぶ内戦の深みにはまり、米国のカーター民主党政権との新冷戦状況となった。アフガニスタンではイスラム系のアフガン・ゲリラにソ連軍は悩まされ、一万四〇〇〇人の犠牲者を出した。

ブレジンスキーなど東欧出身の戦略家の影響が強まる中、ポーランド出身のローマ法王ヨハネ・パウロ二世が誕生、イデオロギーの空白となっていたソ連・東欧における「第二社会」での宗教的覚醒を刺激し、このもとで一九八〇年八月には自主管理労組「連帯」が生まれる。カトリック信者レフ・ワレサ率いる労働運動が勢力を伸ばした。

一九八二年一一月に停滞の象徴だったブレジネフが死亡すると、アンドロポフのやや改革色を強めた政権が発足する。グロムイコは、本格的な改革者となるゴルバチョフを指名し、一九八五年三月にその政権が誕生する。もともとゴルバチョフは鄧小平と同様に農業担当書記だったが、この分野で成果は得られず、政治改革と対外的新思考外交を目指した。

ペレストロイカという潮流を、日本の外務省主流派と日本共産党主流派とがそろって軽視していたことは、偶然の一致だったのか。ペレストロイカはタイガの嵐、上では風が吹くが下は無風と見くびった。冷戦期に経済成長を謳歌した日本だったが、その終焉を読み違えた結果、バブル崩壊の中でこの歴史的機会を見失う結果となった。

ゴルバチョフの政治改革はブレジネフ時代に硬直していた共産党機構を、共和国や地域と産業分野とに引き裂いた。バルト三国を先頭に、一五共和国の党官僚層は「主権のパレード」の中で自己の管理を所有に転換する「黒い民営化」を正当化した。なかでもウラル古義学派出身のボリス・エリツィンはロシア主義と反共産党を公言、ウクライナの軍需産業など保守派が、一九九一年八月のクーデター失敗を契機に独立に動きだすと、ソ連改革派ゴルバチョフの足元には何もなかった。こうして一九九一年末にはソ連は崩壊、ここに冷戦という世界史的カテゴリーもまた、米ソ間の対立という意味では消滅した。

参考文献

【日本語文献】

秋山良照『中国戦線の反戦兵士――戦争と人間の記録』現代史出版会、一九七八年

新井弘一『モスクワ・ベルリン・東京――一外交官の証言』時事通信社、二〇〇〇年

荒木義修『占領期における共産主義運動』芦書房、一九九三年

安斎庫治追悼集刊行委員会『安斎庫治追悼集』一九九五年

安東仁兵衛『戦後日本共産党私記』文春文庫、一九九五年

五百旗頭真『米国の日本占領政策――戦後日本の設計図（上・下）』中央公論社、一九八五年

五百旗頭真、下斗米伸夫他（編）『日ロ関係史――パラレル・ヒストリーの挑戦』東大出版会、二〇一五年

五十嵐武士『戦後日米関係の形成』講談社学術文庫、一九九五年

池田慎太郎『日米同盟の政治史――アリソン駐日大使と「1955年体制」の成立』国際書院、二〇〇四年

石井明『中ソ関係史の研究――1945―1950』東大出版会、一九九〇年

石井修『1940年代ヨーロッパの政治と冷戦』ミネルヴァ書房、一九九二年

石堂清倫『わが異端の昭和史（上・下）』平凡社ライブラリー、二〇〇一年

一九会『一・九会文集（第一集―第六集）』一九九七―二〇〇三年

伊藤律『伊藤律回想録——北京幽閉二七年』文藝春秋、一九九三年
伊藤律書簡集刊行委員会『生還者の証言——伊藤律書簡集』五月書房、一九九九年
ウェスタッド、O・A、佐々木他（訳）『グローバル冷戦史——第三世界への介入と現代世界の形成』名古屋大学出版会、二〇一〇年
——、益田他（訳）『冷戦——ワールド・ヒストリー（上・下）』岩波書店、二〇二〇年
大塚茂樹『ある歓喜の歌——小松雄一郎 嵐の時代にベートーヴェンを求めて』同時代社、一九九四年
岡田裕之『我らの時代——メモワール 平和・体制・哲学』時潮社、一九九九年
岡田美保「日ソ国交回復交渉の再検討——ヤルタ合意と二つの対日交渉方針」防衛大学校総合安全保障研究科博士号論文、二〇二一年
加藤聖文『海外引揚の研究——忘却された「大日本帝国」』岩波書店、二〇二〇年
神山茂夫『日本共産党戦後重要資料集』三一書房、一九七一年
川口孝夫『流されて蜀の国へ』アテネ書房、一九九八年
菊池嘉晃『北朝鮮帰国事業の研究——冷戦下の「移民的帰還」と日朝・日韓関係』明石書店、二〇二〇年
楠綾子『占領から独立へ——1945〜1952』吉川弘文館、二〇一三年
久保田正明『クレムリンへの使節:北方領土交渉1955〜1983』文藝春秋、一九八三年
黒川伊織『戦争・革命の東アジアと日本のコミュニスト　1920—1970年』有志舎、

二〇二〇年
ケナン、ジョージ・F、清水他（訳）『ジョージ・F・ケナン回顧録（Ⅰ〜Ⅲ）』中公文庫、二〇一七年
――、近藤他（訳）『アメリカ外交50年』岩波書店、一九八六年
小代有希子『1945　予定された敗戦――ソ連進攻と冷戦の到来』人文書院、二〇一五年
小林昭菜『シベリア抑留――米ソ関係の中での変容』岩波書店、二〇一八年
駒木明義『安倍vs.プーチン』筑摩選書、二〇二〇年
坂本義和、ウォード、ロバート・E（編）『日本占領の研究』東大出版会、一九八七年
佐々木卓也『冷戦――アメリカの民主主義的生活様式を守る戦い』有斐閣、二〇一一年
師哲、李海文、劉他（訳）『毛沢東側近回想録』新潮社、一九九五年
柴山太『日本再軍備への道――1945―1954年』ミネルヴァ書房、二〇一〇年
下田武三『戦後日本外交の証言――日本はこうして再生した（上・下）』行政問題研究所出版局、一九八四年
下斗米伸夫『アジア冷戦史』中公新書、二〇〇四年
――『モスクワと金日成――冷戦の中の北朝鮮　1945―1961年』岩波書店、二〇〇六年
――『ソビエト連邦史――1917―1991』講談社学術文庫、二〇一七年a
――『神と革命――ロシア革命の知られざる真実』筑摩選書、二〇一七年b

シャイラー、マイケル、豊島（訳）『マッカーサーの時代』恒文社書、一九九六年
朱建栄『毛沢東の朝鮮戦争――中国が鴨緑江を渡るまで』岩波現代文庫、二〇〇四年
鈴木多聞『「終戦」の政治史――1943―1945』東大出版会、二〇一一年
スラヴィンスキー、ボリス、加藤（訳）『日ソ戦争への道――ノモンハンから千島占領まで』共同通信社、一九九九年
袖井林二郎、竹前栄治『戦後日本の原点――占領史の現在（上）』悠思社、一九九二年
高田万亀子『静かなる楯――米内光政（上・下）』原書房、一九九〇年
竹前栄治、天川晃『日本占領秘史（上）』朝日新聞社、一九七七年
田中孝彦『日ソ国交回復の史的研究――戦後日ソ関係の起点』有斐閣、一九九三年
沈志華、朱建栄（訳）『最後の「天朝」毛沢東・金日成時代の中国と北朝鮮（上・下）』岩波書店、二〇一六年
東郷茂徳『時代の一面――東郷茂徳外交手記』原書房、二〇〇五年
徳田球一『徳田球一全集（第六巻）』五月書房、一九八六年
都倉栄二『外交官の決断』講談社、一九九五年
富田武『日ソ戦争　1945年8月――棄てられた兵士と居留民』みすず書房、二〇二〇年
豊下楢彦『日本占領管理体制の成立――比較占領史序説』岩波書店、一九九二年
トルクノフ、A・V、下斗米、金（訳）『朝鮮戦争の謎と真実』草思社、二〇〇一年
中北浩爾『一九五五年体制の成立』東大出版会、二〇〇二年

中西功『戦後日本革命の性質と日本共産党の綱領・戦略・戦術について―中西功意見書』高田書店、一九五〇年
名越健郎『クレムリン秘密文書は語る――闇の日ソ関係史』中公新書、一九九四年
西野辰吉『首領――ドキュメント徳田球一』ダイヤモンド社、一九七八年
西村熊雄『サンフランシスコ平和条約・日米安保条約』中公文庫、一九九九年
日本共産党中央委員会五〇年問題文献資料編集委員会『日本共産党五〇年問題資料集』新日本出版社、一九五七年
袴田里見『私の戦後史』朝日新聞社、一九七八年
長谷川毅『暗闘――スターリン、トルーマンと日本降伏』中央公論新社、二〇〇六年
春名幹男『秘密のファイル（下）　ＣＩＡの対日工作』共同通信社、二〇〇〇年
――『ロッキード疑獄――角栄ヲ葬リ巨悪ヲ逃ス』角川書店、二〇二〇年
深井英五『枢密院重要議事覚書』岩波書店、一九六七年
藤井冠次『伊藤律と北京・徳田機関』三一書房、一九八〇年
ブラウン、アーチー、下斗米（監訳）『共産主義の興亡』中央公論新社、二〇一二年
不破哲三『日本共産党にたいする干渉と内通の記録（上・下）』新日本出版社、一九九三年
細谷千博『サンフランシスコ講和への道』中央公論社、一九八四年
堀徹男『さようなら、みなさん！　鳩山日ソ交渉五十年目の真相』木本書店、二〇〇七年
ホロウェイ、デーヴィド、川上、松本（訳）『スターリンと原爆（上・下）』大月書店、一九

九七年
升味準之輔『戦後政治　一九四五―五五年（上・下）』東大出版会、一九八三年
マッカーサー、ダグラス、津島一夫（訳）『マッカーサー回想記（上・下）』朝日新聞社、一九六四年
松本俊一『日ソ国交回復秘録――北方領土交渉の真実』朝日選書、二〇一二年
丸谷明彦『GHQと日本共産党』公安調査庁内部資料、二〇〇五年
御厨貴、中村隆英『聞き書　宮沢喜一回顧録』岩波書店、二〇〇五年
水谷尚子『「反日」以前――中国対日工作者たちの回想』文藝春秋、二〇〇六年
宮島義勇『「天皇」と呼ばれた男』愛育社、二〇〇二年
油橋重遠『戦時日ソ交渉小史――1941年―1945年』霞ヶ関出版、一九七四年
吉田茂『回想十年（上・中・下）』中公文庫、二〇一四年
吉見義明、伊香俊哉『七三一部隊と天皇・陸軍中央』岩波書店、一九九五年
ラフィーバー、ウォルター、平田他（訳）『アメリカvsロシア』芦書房、二〇一二年
リックス、アラン（編）、竹前栄治、菊池努（訳）『日本占領の日々――マクマホン・ボール日記』岩波書店、一九九二年
若宮啓文『ドキュメント北方領土問題の内幕――クレムリン・東京・ワシントン』筑摩選書、二〇一六年
若宮小太郎『若宮小太郎二つの日記――日ソ交渉とアメリカ旅行：1956　1961』私

家版、二〇〇七年
脇田憲一『朝鮮戦争と吹田・枚方事件――戦後史の空白を埋める』明石書店、二〇〇四年
渡部富哉『偽りの烙印――伊藤律・スパイ説の崩壊』五月書房、一九九八年
和田春樹『歴史としての野坂参三』平凡社、一九九六年
――『朝鮮戦争全史』岩波書店、二〇〇二年
――『スターリン批判――１９５３〜56年』作品社、二〇一六年
「サン・フランシスコ会議議事録」外務省、一九五一年

【中国語文献】
徐則浩『王稼祥年譜』中央文献出版社、二〇〇一年
沈志華『中蘇同盟与朝鮮戦争研究』広西師範大学出版社、一九九九年
劉建平『戦後中日関係　「不正常」歴史的過程与結構』社会科学文献出版社、二〇一〇年
『周恩来年譜』中央文献出版社、二〇〇七年

【ロシア語・英語文献】
Aleksandrov-Agentov, A.M., *Ot Kollontai do Gorbacheva*, Mezhdunarodye Otnosheniyal (MO), 1994
Atomnyi proekt SSSR, t.1-4, Moskva-Sarov, 1998-2009

三 Berezhkov, V., *Kak ya stal perevodchikom Stalina*, M., 1993
四 Beriya, S., *Moi otets-narkom Beriia*, M., 1994
五 Borisov, O., Koloskov, B., *Sovetsko-Kitaiskie otnosheniia, 1945-1977*, 1977
六 Cherevko, K., Kirichenko A., *Sovetsko-Yaponskaya voina*, BIMPA, 2007
七 Chuev, F., *Sto-sorok besed s Molotovym*, Terra, 1991
八 Danilov, A.A, Pyzhikov, A.V., *Rozhdenie superderzhavy:SSSR v pervieposlevoennie gody*, Rosspen, 2001
九 *Doklad N.S. Khrushchova o kulite lichnosti Stalina na XX sezde KPSS*, Rosspen, 2002
一〇 Fillipov, S.G., *Rukovoditeli tsentralinyikh organov VKP (b) v 1934-1939*, Rosspen, 2018
一一 Fuwa,T., *Vmeshatel'stovo i zagovop*, Tokyo, 1997
一二 Galenovich,Yu., *Pen Dekhuai i Mao Tsedon*, OGNI, 2005
一三 Galitskii, V., *Tsyan Tszhihgo, tragediya i triumf syna Chan Kaishi*, 2002
一四 Golikov, Y., *GKO postanovlyaet*（*1941-1945*）, Olma Press, 2002
一五 *Grif sekretnost snyat*, Voennoe Izdatel stvo 1993
一六 Gureeva, N.P., *Evolyutsiya osnovnykh konstitutsionno-pravovykh institutov KNDR*, MGIMO, 2003

一七 *I primknuvshii k nim Shepilov*, M., 1998
一八 *Istoriya sovetskogo atomnogo proekta*, vyp1, Sankt-peterburg, 1998
一九 Ivanov, M.I., *Yaponiya v gody voiny: zapiski ochevidtsa*, Nauka, 1978
二〇 Kapitsa, M.S., *Na raznykh parallelyakh*, A/O Knigaibiznes, 2002
二一 *Kholodnaya voina 1945-63 gg., istoricheskaya retrospektiva*, M., 2002
二二 Khrushchev, N.S., *Materially nauchinoi konferentsii*, M., Fond Gorbachova, 2003
二三 Kokoshin, A.A., *Armiya i politika*, MO, 1994
二四 Kornienko, G.M., *Kholodnaya voina*, MO, 2001
二五 Kovalenko, I.I., *Kommunisticheskaya partiya Yaponii*, Mysl', 1995
二六 Kulik, B.T., *Sovetsko-Kitaiskii raskol: prichiny i posledstviya*, Institut Dal'nego Vostoka, 2000
二七 Kurbanov, S.O., *Kurs lektsii po istorii Korei*, Sankt-peterburg, 2000
二八 Kurchatov, I.V., *I.V.Kurchatov v vospominaniyakh i dokumentakh*, 2004
二九 Lan'kov, A.N., *Severnyaya Koreya: vchera i segodnya*, Vostochlnaya l'iteratura, 2002
三〇 Latyshev, I., *Yaponiya, yapontsy i yaponovedy*, Algoritum., 2001
三一 *Lavrentii Beriya.1953: stenogramma iyul'skogo plenuma TsK KPSS i drugie dokumenty*, M., FD, 2001

三二 Ledovskii, A.M., *SSSR i Stalin v sud'bakh Kitaya*, Pamyatniki Istoricheskoi Mysl', 1999

三三 Lota, V., *GRU i atomnaya bomba*, Olma Press, 1997

三四 Lur'e, V.M., Kochik, V.Y., *GRU: dela i Lyudi*, Olma Press, 2003

三五 Mikoyan, A., *Tak bylo, razmyshleniya o minuvshem*, Vagrius, 2002

三六 Mlechin, L., *MID: ministry inostrannikh del*, OGIZ, 1948

三七 Molotov, V.M., *Voprosy vneshnei politiki, 1945-1948*, Tsentrpolignaf, 2000

三八 *Molotov, Malenkov, Kaganovich, 1957: stenogramma iyulntskogo plenuma TsK KPSS i drugie dokumenty*, FD, 1998

三九 *Nachalo: organy gosudarstvennoi bezopasnosti SSSR*, Izd.Rus, 2000

四〇 Narinskii, M.M., *Istoriya mezhdunarodnykh otnoshenii, 1945-1975*, Rosspen, 2004

四一 *Nasledniki Kominterna-Dokumenty i materialy vstrechi i soveshchaniia predstavitelei kommunisticheskikh i rabochikh partii v Moskve*（*Noya.,1957*）, Rosspen, 2013

四二 *Ocherki istorii Ministerstva inostrannykh del Rossii, t.2*, Olma Press, 2002

四三 *Otdel TsK KPSS po svyazyam s inostrannymi kompartiyami, 1953-1957*, Rosspen, 2002

四四 *Otnosheniya Rossii*（SSSR）*s Yugoslabiei, 1941-1945 gg.*, Rosspen, 1999

四五 *Otnosheniya Sovetskogo soiuza s narodnoi Koreei, 1945-1980*, 1998

四六 Pechatnov, V., *Stalin, Ruzvelt, Truman: SSSR i SShA v 1940-kh godakh*, Terra, 2006

四七 Pikhoya, R.G., *Sovetskii soiuz, istoriya vlasti, 1945-1991*, RAGS, 1998

四八 *Politbyuro TsK RKP(b)-VKP(b): Povestki dnya zasedanii, 1919-1952, katalog, T.1-3*, M., 1998

四九 *Politbyuro TsK VKP (b) i Sovet Ministrov SSSR 1945-1953*, Rosspen, 2002

五〇 *Prezidium TsK KPSS 1954-1964, t.*, Rosspen, 2003

五一 Rakhmanin, O., *K istorii otnoshenii Rossii-SSSR s kitaem v XX veke*, Nauka, 2003

五二 Ruzheshevskii, O.A., *Stalin i Cherchill, vstrech, besedy, diskussii*, Nauka, 2005

五三 *Russko-Kitaiskie otnosheniya v XX veke, t.5-2*, Pamyatniki Istoricheskoi mysli, 2005

五四 Siplos, V.Y., *Velikaya pobeda i diplomatiya 1941-1945*, Novina, 2000

五五 *Soveshaniya Kominforma: 1947, 1948, 1949*, Rosspen, 2000

五六 *Sovetskii factor v Vostochnoi Europe, 1944-1953, t.1-2*, Rosspen, 1999

五七 *Sovetsko-Amerikanskie otnosheniya 1939-1945*, FD, 2004

五八 *Sovetsko-Amerikanskie otnosheniya 1945-1948*, FD, 2004

五九 *Sovetsko-Amerikanskie otnosheniya 1949-1952*, FD, 2006

六〇 *Sovetsko-Yaponskaya Voina (9 Avgusta-2 Sentyabrya 1945)*, BIMPA, 2006

六一 *Sozdanie pervoi sovetskoi yadernoi bomby*, M., Energoatomizdat, 1995

六二 *Stalin i kholodnaya voina*, M., 1995

六三 *Stalinskoe desyatiletie kholodnoi voiny: fakty i gipotezy*, M., 1998

六四 Stalin, I., *O velikoi otechestvennoi voine Sovetskogo soiuza*, Voennoe Izd., 1949

六五 Stalin, I., *Sochineniya. t.3* (16), Hoover, 1967

六六 Stalin, I., *Sochineniya. t.16*, ITRK, 2011

六七 Slavinskii, B., *Pakt o neitraliitete mezhdu SSSR i Yaponiei*, Novina, 1995

六八 Sudoplatov, P., *Superderzhavy XX veka: strategicheskoe protivoborstvo*, Olma Press, 2001

六九 Sudoplatov, P., *Razvedka i Kreml'*, M., 1999

七〇 Tikhvinskii, S., *Rossiya-yaponiya: Obrecheny na dobrososedstvo*, Pamyatnic istoricheskoi mysl', 1996

七一 Tikhvinskii, S., *Vek Stremitelnykh peremen*, Nauka, 2005

七二 Tkachenko, V., *Koreiskii poluostrov i interesy Rossii*, Vostochnaya literatura, 2001

七三 Torkunov, A.V., *Zagadochnaya voina: koreiskii konflikt, 1950-1953 godov*, Rosspen, 2000

七四 Torkunov i Iokibe, *Rossiisko-yaponskie Otnosheniya v formate Parallel'noi istorii*,

MGIMO, 2015

七五 Troyanovskii, O., *Cherez gody i rasstoyaniya*, Vagrius, 2000

七六 *Vneshnyaya politika Sovetskogo soiuza, 1945*, Politizdat, M., 1949

七七 *Vneshnyaya politika Sovetskogo soiuza, 1946*, Politizdat, M., 1952

七八 *Vneshnyaya politika Sovetskogo soiuza, 1947*, Politizdat, M., 1952

七九 *Vneshnyaya politika Sovetskogo soiuza, 1948*, Politizdat, M., 1950

八〇 *Vneshnyaya politika Sovetskogo soiuza, 1949*, Politizdat, M., 1952

八一 *Vneshnyaya politika Sovetskogo soiuza, 1950*, Politizdat, M., 1953

八二 *Voina v Koree, 1950-1953*, Sankt-peterburg, 2001

八三 *Vokrug Stalina: Istoriko-biograficheskii spravochnik*, S-P. Universitet, M., 2000

八四 Volokitina,T.V., *Moskva i Vostochnaya Evropa, 1949-1953 ocherki istorii*, M., 2002., FD, 2005

八五 Zazerskaya, T.G., *Sovetskie spetsialisty i formirovanie voenno-promyshlennogo kompleksa Kitaya*, Sankt-Peterburg skii Universitet, 2000

八六 A. Vol'nets, *zhdanov*, Molodaya gvardiya. 2013

八七 Zima,V.F., *Golod v SSSR, 1946-47 godov*, Nauka, 2000

八八 *G.Zhukov, stenogramma oktyabrskogo （1957） plenuma*, FD, 2001

八九 *Novaya i noveishaya istoriya-istoricheskii* zhurnal

九〇 Acheson, D., *Present at the Creation: My Years in the State Department*, W.W.Norton, 1987
九一 Ambrose, S.E., *Eisenhower vol.1*, Simon and Schuster, 1983
九二 Banac, I., *The Diary of Georgi Dimitrov, 1933-1949*, Yale University, 2003
九三 Beisner, R.L., *Dean Acheson: A Life in the Cold War*, Oxford, 2006
九四 Brown, A., *The Rise and Fall of Communism*, HarperCollins, 2009（下斗米伸夫監訳『共産主義の興亡』中央公論新社、二〇一二年）
九五 Gaddis, J.L., *We Now Know: Rethinking Cold War History*, Oxford, 1997
九六 Gaddis, J.L., *The Cold War: A New History*, Penguin, 2005
九七 Goncharov, S.N., and others, *Uncertain Partners: Stalin, Mao, and the Korean War*, Stanford, 1997
九八 Holloway, D., *Stalin and the Bomb: the Soviet Union and Atomic Energy, 1939-1956*, Yale University, 1994（川上洸、松本幸重訳『スターリンと原爆（上・下）』大月書店、一九九七年）
九九 Harriman, W. and Abel, E., *Special Envoy to Churchill and Stalin, 1941-1946*, Random House, 1975
一〇〇 Hasegawa, T., *Racing the Enemy: Stalin, Truman, and the Surrender of Japan*, Harvard University Press, 2006

一〇一 Hasegawa, T. (ed.), *The End of the Pacific War: Reappraisals*, Stanford, 2007

一〇二 Hasegawa, T. (ed.), *The Cold War in East Asia, 1945-1991*, Stanford, 2011

一〇三 Haslam, J., *Russia's Cold War: from the October Revolution to the fall of the wall*, Yale University, 2011

一〇四 Jensen, K.M. (ed.), *Origins of the Cold War: The Novikov, Kennan, and Roberts 'Long Telegrams' of 1946*, Inst. of Peace, 1991

一〇五 Kennan, G.F., *Memoirs: 1925-1950*, Little, Brown & Co., 1967（清水俊雄、奥畑稔訳『ジョージ・F・ケナン回顧録（I〜III）』中公文庫、二〇一六―一七年）

一〇六 LaFeber, W., *America, Russia, and The Cold War*, McGraw-Hill Humanities Social, 1967（平田他訳『アメリカvsロシア』芦書房、二〇一二年）

一〇七 Levering, R.B., and others, *Debating the Origins of the Cold War*, Rowman and Littlefield, 2002

一〇八 Lyon, P., *Eisenhower, Portrait of the Hero*, Little, Brown & Co., 1974

一〇九 McCagg, Jr., W.O., *Stalin Embattled, 1943-1948*, Wayne Univ., 1978

一一〇 Miscamble, W.D., *George F. Kennan and the Making of American Foreign Policy, 1947-1950*, Princeton Univ., 1992

一一一 Miscamble, W.D., *From Roosevelt to Truman: Potsdam, Hiroshima, and the Cold War*, Cambridge, 2007

一二二 Rozman, G. (ed.), *Japan and Russia: The Tortuous Path to Normalization, 1949-1999*, St. Martin's, 2000

一二三 Scalapino, R.A., *The Japanese Communist Movement, 1920-1966*, California, 1967

一二四 Shulman, M., *Stalin's Foreign Policy Reappraised*, Westview, 1985

一二五 Tudda, C., *The Truth Is Our Weapon: The Rhetorical Diplomacy of Dwight D. Eisenhower and John Foster Dulles*, LSU Press, 2006

一二六 Westad, O.A., *Decisive Encounters: The Chinese Civil War, 1946-1950*, Stanford, 2003

一二七 Westad, O.A., *The Global Cold War: Third World Interventions and the Making of Our Times*, Cambridge, 2005（佐々木雄太監訳『グローバル冷戦史』名古屋大学出版会、二〇一〇年）

一二八 Westad, O.A., *The Cold War: A World History*, Basic Books, 2017（益田実監訳『冷戦――ワールド・ヒストリー（上・下）』岩波書店、二〇二〇年）

一二九 Zubok, V. and Pleshakov, C., *Inside the Kremlin's Cold War: From Stalin to Khrushcherv*, Harvard, 1996

註

序章

（1）AVPRF,f.0146,op.29,papka,269,delo.3.　ロシア語では Архив Внешней Политики Российской Федерации

（2）Mezhdunarodnaya zhizni, No.3, 2007, 65. 当時大使の部下であったサフロノフ大使の回想。

（3）AVPRF, f.0146, op.29, papka, 269, delo.3, l.123. 以下、［A29/269/3/…］と表記。

（4）Vremya Novostei, No.93, 30 May, 2005.

（5）Narody Azii i Afliki Segodnya, No.5, 2000, 60.

（6）東郷はこの「ソ連の友人」という表現を二回使っているが、ロシア外務省蔵のモロトフ文書の記録には下線が付してある。マリク日誌はモロトフ外相とロゾフスキー次官のみが見た［A06/7/54/895/189,190］。

（7）実際モロトフは、五月半ばにはアラスカ―シベリア経由で帰ったことを佐藤大使に明かしている［A06/7/54/895/26］。

（8）［A29/269/6/1/36］ちなみに佐藤大使はこのことに興奮したのか、モロトフ会見を次官に督促するのをわすれ、会見後日本側が追加議題とした。その後大使とモロトフ外相とが会うことはなかった。

（9）RGASPI, f.82. op.2, delo.1386, l.130（以下、［R82/2/1386/…］と表記）. ソ連側の東久邇宮との占領期の会見記録。この時東久邇宮は公職追放中であったが、ソ連代表部の政治顧問代理のA・コテリニコフ大佐らと一九五〇年三月一〇日と五月一一日に会っている。ソ連側は、会見を偶然なものとは見ず、東久邇宮が「現在の政府の方針の支持者ではなく」、アメリカの占領状況に、宮中の一部で不満がある証拠と読んだ。東久邇宮は戦前フランス留学しリベラル派といわれたが、ソ連側には「荒木・真崎」ら若手将校の支持者という説もあった。彼はスターリンとの平和共存を支持、ソ連との友好を求めたという。報告はモロトフには直ちに伝えられず、東久邇宮の公職追放解除後の一九五二年八月に報告された。

（10）ここでは無条件降伏を英米が求めたのでやむをえず戦争となったが、平和を願うという昭和天皇メッセージが露訳されている。

（11）平井友義「ソ連の初期対日占領構想」『日本占領の多角的研究』（『国際政治85』一九八七年五月）、横手慎二「戦後ソ連の対日政策」（『冷戦史の再検討――21世紀世界秩序の模索のために』）、和田春樹「ソ連の極東政策」（『社会科学研究』一九八三年、第四号）。

（12）ちなみに一九四三年、スターリンがコミンテルンを解散したときその日本支部である日本共産党は、最高指導者が獄中にあり解散声明に加わっていなかった。

第一章

（1）外務省調査局第三課編「ソ連の対日政策資料［一九四七年度執務報告　第五部］」、日本国外務省、一九四八年、一一九頁（『外交記録――第一八回公開　A'-428』所収、二〇〇三年、日ソ外交関係雑件ソ連関係執務報告、〇一三、〇一四）。

（2）同右、三一九頁。

（3）ロゾフスキーは、本名ドリドゾ、ユダヤ系の労働組合活動家で革命前後までは社会民主労働党メンシェビキ派であった。メンシェビキ系外務次官は、一九三〇年代後半独ソ関係好転の折、マイスキー、リトビノフらが遠ざけられていたが、一九四一年六月の独ソ戦の開始とともに再度スターリン外交のなかで活躍するようになる。しかしロゾフスキーは一九四八年のイスラエル建国後立場が悪くなり、反ユダヤ主義の傾向が高まる一九五二年粛清された。

（4）Istochnik, No.4, 1995, 4-95.

（5）Narody Azii i Afliki Segodnya, No.3, 2000, 60; M. I. Ivanov, *Yaponiya v gody voiny:zapiaski ochevidtsa*, M., 1978, 229. ミハイル・イワノフ（一九一二―二〇一四）は、一九三二年入党、スペイン内戦に参加、四〇年から参謀本部、四一年から東京で赤軍駐在武官として勤務、ゾルゲ課報団も統

制、一九四五年八月二三日初めて広島訪問が許された。その後、一九六〇―六三年には日本で大使館参事官。[三四 247]

(6) Narody Azii i Afliki Segodnya, No.1, 2000.

(7) 事実スターリンは、帝国ロシアの拡張主義的な対外政策を痛烈に批判したエンゲルスの著名な論文への反論を一九三四年に書いた。愛国的なジダーノフが党書記となる頃である。これは戦時下に公表された。

(8) A. Harriman, Peace with Russia?, London, 1960, p.4.

(9) 国務長官ジェイムズ・バーンズ(一八七九―一九七二)は法律家であって職業外交官を軽蔑し、アベレル・ハリマンやソ連専門家ジョージ・ケナンとは相談することもまれであった。

(10) Transsilivanskii vopros Vengero-Rumynskii territorial'nye spor i USSR 1940-1946, Documenty, M., 2000, 339-340.

(11) 日本問題での遅延は、中国に有利なソ連軍の撤兵を遅らせると、ハリマンはバーンズへのメモで伝えた(九月二七日)。

第二章

(1) ミロバン・ジラス(新庄哲夫訳)『クレムリンとのわが闘争』学習研究社、一九八〇年、一一二頁。

(2) デレビャンコについては、[三四 149]。彼は一九四五年一一月になって初めてスターリンに会っている。一九四六年二月九日に再来日、五〇年五月朝鮮戦争直前に引き揚げるまで対日理事会ソ連代表をつとめた。

(3) イワノフにいわせれば、アメリカ側は日本の「アメリカ化」をねらっており、マッカーサーは「王冠のない天皇」であった。

(4) 英米政府は第二次世界大戦中の一九四四年にウラン、トリウムなどの独占をはかる措置を講じたため、一九四五年一二月段階で世界のウランの九七パーセントを独占した、と米国のウラン鉱の責任者グローブス将軍は豪語した。ソ連側でも四六年時点で国内では豊かなウラン鉱は発見されていない、と物理学者クールチャトフは報告している［二八 572］。ちなみに、一九五三年、責任者の一人A・ザベニャーギンは、ソ連のウランのかなりの部分が東欧で入手されているといっていた（David Holloway, *Stalin and the Bomb: The Soviet Union and Atomic Energy, 1939-1956*, Yale, 1994, pp.175-177［ホロウェイ 上 254］)。

（5）ソ連が利用できたのは特にチェコスロバキアのそれであった。ミコヤンはソ連との関係を強めることでブルガリアと欧米との通商関係は押さえることができると述べた。チェコスロバキアのヤヒモフスキイ鉱山では一九四九年に一二〇トン、五〇年に一四〇トン、そして五一年に一六〇トンものウランの製造を決めていた。戦後ソ連のウラン確保量からみて実にほとんど三分の二にあたった。ブルガリアでのウラン採掘の財政支出はコスイギン財相が担当していた。つまりソ連の財政支出である。東ドイツのビスムート会社については、ソ連国家保安相のアバクーモフが担当していた。決定六二また決定六六は、チェコスロバキアでの問題という副題を持つ決定だが、一九四九—五一年のヤヒモフ企業でのウラン採掘計画を四二〇トンとするようチェコ側と協議を指示している［二 2/4/197］。ちなみに少し後の資料だが、一九五〇—五四年の原子力産業に関する決定では、一九五〇年のウラン鉱産出量は一六八五トンと想定されたが、そのうち、東ドイツのビスムート社一〇〇〇トン、ソビエト・チェコスロバキア委員会二〇〇トン、ソビエト・ブルガリア鉱業協会二五トン、そして、ソビエト・ポーランド委員会六〇トン、であったので、ウランのほぼ三分の二が東欧産であったことになる［同 350］。もっともこのリストから次第にソ連の国内での生産が増えていることが出ている。一九四八年のソ連核開発資料では、国内五ヵ所（フェルガナ、クリボイログ、キルギス、極東、バイカル以東）で計二三四四トンが予定され、これに対し、ドイツのサクソン一一〇〇トン、チェコ四〇〇トン、ブルガリア三〇トン、ポーランド二五トン、となっていた。

（6）ちなみに一九四六年秋にブルガリア首相となったディミトロフに対して外務次官デカノゾフは外相会議でソ連が提案した「妥協案」への意見をあらかじめ徴した［九二 392］。

（7）［九八 162: ホロウェイ 上 232］ちなみにモロトフが一九六〇年代左遷されて、国連原子力委員会のソ連代表に就く。

（8）なお彼を古儀式派系と書いた筆者の『ソビエト連邦史』の記述は取り消す［下斗米 2017a/171］。

第三章

（1）黒木重徳は書記就任直後なくなり、神山茂夫がかわった［A30/283/36/150］。

（2）［P83806］英国大使館ブリガジエール・ファーガソン報告。彼は一九五〇年一月末には大使館（正式にはまだ日本が独立していない以上、連合国対日理事会代表部であるが、便宜的に英国大使館とする）のガスコイン卿からベビン外相宛資料で日本共産党問題に論及し始めた。ファーガソンは大使館の軍事アドバイザーで、とくに米国の軍関係者と親しく、とりわけ参謀第二部（G２）の資料が提供されていた。

（3）なお国務長官となるディーン・アチソン（D.G.Acheson）とは別人。

（4）ペシコフは弟などとともに革命運動中の一九〇五年前後ニジニ・ノブゴロド生まれの左派の作家マクシム・ゴーリキーの当時の建神派という左派的宗教の影響をうけキリスト教に改宗し、ゴーリキーと養子縁組をおこなって、ゴーリキーの本名であったペシコフをなのる。革命運動をやめて以降やがて第一次大戦時にフランスに入り、その後やがてドゴール派フランス軍に関与、一九四六—四九年東京の対日理事会フランス政府代表、つまりフランス大使だった。

（5）その後朝日賞などを受けた著名な統計学者増山元三郎に共産党活動への関与の経歴はみあたらない（由井格氏とのインタビュー、二〇一〇年三月二一日、三鷹）。

（6）http://www.ndl.go.jp/constitution/e/shiryo/03/064shoshi.html 事実、これには前史があった。本国のアイゼンハワーは一九四五年一一月二九日、マッカーサーに昭和天皇の戦争責任問題についての意見を問うた。これに対しマッカーサーは四六年一月二五日に戦争責任の証拠は見いだせなかったと回答していた。さらに天皇の責任を問えば、政治的混乱が生じるとも付記した。

（7）一九五三年八月に東京駐在のソ連軍Ａ・ゾーリン少佐が準備した吉田茂関連のファイルでは、彼が戦争中も三井の関係でアメリカ・エアー会社の株式という「お守り」を保持していたことを伝えた。一九三〇年のロンドン海軍軍縮交渉でも、米国に有利な「商業情報」を伝えていたことで、戦争末期、日本の対外諜報機関に拘束されたが、これを戦後は民主化への免罪符としたと記した［RGANI41/21］。

（8）袴田里見はソ連側資料では、一九二五—二八年にソ連の極東関係革命学校クートベに入学、二六年にソ連の青年組織コムソモールのメンバー、二七年にソ連共産党員となり、二八年から日本共産党に入党していた。ソ連側コメントでは「共産主義運動の理念に忠実な」人物とあった［MI390/75］。

（9）一九四〇年代末からのソ連の日本学界内での雰囲気についてのI・ラティシェフの回想。この人物はソ連共産党の日本課での保守的潮流（イワン・コワレンコ、ジューコフ）の代表格であるが、マッカーサー改革の中に進歩的側面があることを認めている。改革の進歩的側面をもっとも評価していたのはコビジェンコであった。

（10）朴憲永は、南部出身の古くからの党活動家であって、ゲリラ活動からソ連軍大尉をへた金日成のライバルだった。I・クラフツォフというソ連の作家が『朝鮮におけるアメリカの侵略１９４５−５１』という本を書いた時、この両者を対比させ、あまつさえ朴に「朝鮮労働者階級の愛される指導者」という表現を使ったことは一九五一年はじめ、朝鮮人幹部の間で軋轢を生じさせた。もっともこの本は資料的価値があると、マレンコフやスースロフを巻き込んでこの本を改訂することをソ連党中央は指示していた［MI273/35］。一九五三年の粛清裁判と五五年一二月の死刑判決にもかかわらずKGBは朴の救命をねがった。しかしやがて競技場で公開銃殺された。

第四章

（1）もっともスターリンはここに「非」と書き込んだ［三二 102］。

（2）広東から瀋陽総領事に移ったレドフスキーとの下斗米のインタビュー、二〇〇四年四月一六日。三五〇〇両の車両を始めソ連が提供した旧日本軍のものを含む兵器が、林彪率いる東北野戦軍の国民党との内戦と北京入城に有効だったと指摘した。一般にソ連側論者はソ連がアジア解放に果たした役割を誇張しがちであるが、日中ソ関係の接点として東北部の役割を再考することは必要であろう。

(3) 伊藤律は一九四七年一二月二日の『朝日新聞』で「極東コミンフォルム問題」に触れて、「日本共産党とは全く関係がない」と言いきった。

(4) この点一九四九年七月の劉少奇代表団は、国民党が結んだ協定や条約は基本的に破棄するものの、中国国民の利益、世界の平和と民主主義に役立つ、四五年の中ソ旧条約はカイロ宣言や国連憲章同様、墨守するということを伝えていた経緯があった［五三 160］。

(5) ちなみに毛のモスクワ訪問に同行したコワリョフは、その直前にスターリン宛に人民中国の実情に関する詳細な報告を準備した。一九四九年一二月二四日付の彼の覚書では、中国共産党の政策と実践に関する若干の問題について、きわめて厳しい内容であった。とくに民族ブルジョワジーのもとにある産業を含めての工業復活は、旧満洲をのぞくならば本質的には成果を上げておらず、国は経済的苦境にある。生産高は大きく劣っている。石炭の産出は、一九四二年の水準と比較して五七パーセントにとどまっている。満洲の冶金工業は中国の冶金業の基本であるが、一九四二年の水準の七パーセント、鋼鉄の産出も可能性の一一パーセントにすぎない。電力生産の半分を占める満洲でも、一九四九年は一九四四年のピークの三一パーセントにとどまっていた［八九 2004/1/125-139］。

(6) 一九五〇年五月九日、ベビン外相ら英国外務省とディーン・アチソン米国国務長官らとの英米協議が開かれ、意見の分かれた中国情勢も重要協議項目となった。この中で、英国のデニングは、中国が、①ソ連の衛星国となる、②毛沢東がチトー的独立を果たす、③中国の中央政権が瓦解する、④中国が独立した共産大国となる、という四つのシナリオがあると指摘した。アチソンは、②か③があり得るとみたが、ベビンは、統一中国にメリットがあるとみた。いずれにしてもベビンは、英米の違いは容易になくならないが、その差異をなくす必要を説いた（Documents on British Policy Overseas, The London Conferences: Anglo-American Relations and Cold War Strategy January–June 1950, Series 2, vol. 2, 1987, 277-279）。

(7) このアチソン演説をめぐる毛沢東とモロトフ間の記録は興味深い。というのもアチソン発言は、アメリカの防衛線を引いた中で朝鮮半島が除外されていたところから朝鮮戦争の引き金になったと推測されてきた。けれども中ソ首脳部での認識は、この演説での中ソ関係への論及にのみ焦点があたっていたことが示された。逆を言えば、朝鮮半島をめぐる中ソの方針転換はアチソン演説以前になされていたといえる。アチソンもこの演説で以前の方針を踏襲したにすぎなかったし、朝鮮半島は国連が関与すべき地域として描いたにすぎなかった［九三 328］。

（8）第二次大戦によってソ連経済は西部国境からウラルまで荒廃した。ソ連の軍事支援が香港と台湾の解放に向かえば米国との対立は避けられず、世界大戦の口実となる、ロシア国民はこれを許さないだろう、とスターリンは消極的に答えていた［二〇 44］。

（9）もっとも、毛沢東はユージン駐中国大使にこの時の首脳会談について、この条約交渉への不満を口にしている（一九五六年三月末日）。毛自身は最初の交渉から新条約締結に賛成であったが、スターリンは消極的であり自分との会見を避けた、新同盟条約のため周恩来の訪ソを毛沢東は要請したがスターリンは乗り気でなかった、と毛は大使に語っていた。双方の間には相当のコミュニケーション・ギャップが存在したと見るべきだろう。

（10）『中蘇関係：俄国档案館原件汇編』第一一巻、華東師範大学国際冷戦史研究中心、〇二五九〇頁。「毛沢東同志との会議記録」ユージン大使日誌より。もっともこの会見ではスターリン批判の内容として旅順港のソ連軍駐留をあげているが、これは国民党の反撃への備えとして中国側が要請したことを毛は忘れたのか、これを過小評価の罪状にあげているのは事実と異なる。

（11）ちなみにこの時毛沢東はスターリンに、極東への二〇〇〇万人の中国人移住を求めたが、スターリンは我々の二〇〇〇万人でいっぱいだと断ったとモロトフは回想している。もっともこの記述は公式の中ソ間の外交記録にも、チューエフの当初版『モロトフとの一四〇の会話』［七］にもなく、増補版が出典F. Chuev, Molotov: poluderzhavnyi vlastiteli, M., Olma Press, 2002, 143)。

（12）『中蘇関係：俄国档案館原件汇編』第八巻、華東師範大学国際冷戦史研究中心、〇一八七六―〇一八八〇頁。グロムイコ日誌。

第五章

（1）三二年テーゼで「君主制」という箇所を「天皇制」と意訳したのは経済学者の河上肇であるが、それ以来、国内の共産主義理論家は「天皇制」と軍とは切り離せないという理解につながった。他方一九三一年にモスクワに逃れた野坂達には、その後の人民戦線論や、戦後人民民主主義論を通じて君主制としての天皇制のプラグマチックな理解があった。しかしその呪縛はついに共産党内やシベリア抑留者帰国運動での様々な「天皇」を生み、ついには大井広介の『左翼天皇制』（一九五六年）という批判まで受けることになる。

（2）F・クズネツォフ（一九〇四―七九）軍参謀本部情報部長は一九三〇年代、党活動から赤軍での政治教育を経て情報関係に入る。後国防相人事局長。

（3）もっとも実際には、この会議で平和革命路線に対する懐疑から、平和革命路線の野坂参三ぬきで秘密会議が直前に開かれ、徳田書記長が非合法活動の必要に触れたことは、三二年テーゼに代表された戦前からの急進主義から容易に脱却できなかったことを示していた［伊藤 1999/221］。

（4）日本共産党の書記局にいた宮島義勇らが京都の石亭で行われた書記局会議で朝鮮人日本共産党員の南朝鮮労働党への帰属替えの決定を進めたという（一九八三年四月一七日椎野悦朗『聞き書き』一八五頁）。だが実際は、南北朝鮮労働党は一九四九年六月末に会議も開かずに連席中央委員会で、事実上南の党の吸収を決定していた［下斗米 2006/66］。したがって南北労働党を区別する意味はなくなっていた。この決定はすでにその前年の四八年四月にスターリンやモロトフ、ジダーノフ、そしてシュトイコフ大将（初代北朝鮮大使）の了解を得ていた。四八年九月にはモスクワ郊外に南北両労働党の幹部学校ができていた。カリキュラムなども北京学校の先輩格であろう。ちなみに金天海の名は、一九七〇年に朝鮮労働党中央委員名から消えた。死亡年不明。

（5）徳田と野坂は、中西グループが一九四九年に活発化した理由として、勤労者の生活水準が悪化したこと、国際的危機のために日本を軍事基地化する必要が（米国に）あったこと、一九四九年春からレッド・パージが行われたこと、こうしたもとで党内に極端な左派が現れたこと、などを指摘した。コミンフォルム批判を中西は自己の主張への支持と考えたが、一九五〇年一月一〇日に党から除名された。

（6）もっともこの対立について野坂は、ソ連大使館と親しかった志賀に、モスクワには伝えるなと釘を刺したという。野坂はこの後、一九五一年一月に日本を出国、北京に滞在し、五五年の六全協前後に帰国、そこで党第一書記、五八年の第七回党大会で議長に就任する。ソ連崩壊後党籍を剝奪された。

（7）政治局の中で徳田は一種のスパイ網をもち、人事と資金とを握っていること、彼に従っている伊藤律は動揺分子だが、野坂と志賀とは党の教育機関に招かれていないことなどをデレビャンコは伝えた。

（8）ソ連大使館には当時たしかにセーシキン（K.Ses'kin）なる情報将校なら存在した。ちなみにロシア語版で言うK・スリーヴィンなる人物もA・スヴィーリンの間違い。この人物は戦争前に在バイカルの情報将校であったことがある［三四 180, 298：一一 537］。不破の記述には整合性を欠くところが見うけられるが、当時は「国際派」であった宮本顕治が、徳田への批判者であり、このこともあってコミンフォルムの野坂（徳田）批判の積極的支持者であった。これは当時の宮本顕治が「国際派」として、コミンフォルム批判のいわば先導役を果たしたことを正当化するためであろうが、そうだとするとむしろ徳田ら主流派（「所感」派）の方が「大国の干渉」に抵抗したことになる。
なお、K・セーシキンは、一九四〇年末から赤軍参謀本部派遣で東京勤務［三四 298］。党関係も担当し、一九四九年三月には日本共産党の財政や北海道組織に関してポノマリョフ書記に報告を書いている［RI7/128/699/8-31］。彼が伝えた一九四八年当時の日本共産党の報告は、党の予算毎月約六〇万、人件費二〇万、活動費二〇万、そして宣伝費一五万円とあった。本部に専従は一四〇―一五〇名おり、彼らは一五〇〇円の給与でやっていたが、暮らしていけなくてやめるものがいると書いていた。「金で良かったら出そうという素封家や重役」の大口寄付が月四〇万円あったという。徳田や志賀などの印税収入も多かった［同 26-31］。

（9）安斎庫治は東亜同文書院出身で、同学院からは尾崎庄太郎、中西功《つとむ》、西里竜夫らが党員となった［安斎 20］。ここでは王学文やゾルゲ事件の尾崎秀実が教えていた。安斎は、北京の徳田機関のもとでも国際派の宮本顕治を支持し、彼を中国共産党に推薦したという［同75］。文化大革命に際して宮本主流派と決別、日本共産党山口県委員会左派など毛沢東支持派に参加した。

(10) 当時毛沢東がモスクワに行っていたことは公知の事実であって、劉少奇テーゼとともに中国共産党が背景にいると徳田らは直感した。この事情を、当時党員で徳田の支持者岩田英一は、徳田が「北京の山猿めが」と憤懣やるかたない様子だったと証言した（英一の子息でユーゴスラビア研究者の岩田昌征教授からの聞き取り。二〇一一年六月二二日、七月一三日）。

(11) ［五〇969］もっとも、実は日本問題で新たな権限が与えられた中国共産党と毛沢東だが、コミンフォルム批判の内容までは知らされていなかった。このため後になって一九五六年一〇月二四日のソ連共産党幹部会に出席した劉少奇は、スターリンが日本共産党資料を送らなかったから内容を知らなかったし、このために日本共産党は分裂したのだと、スターリン批判の文脈で指摘している。しかしこれは言い逃れで、本章が示すように、劉少奇こそ日本共産党分裂の内情を熟知していた。

(12) G2の資料で主流派に投じた七名というのは徳田、野坂、志田、伊藤、紺野、長谷川、そして春日（正一）であったかもしれない。ちなみに反対派が五名としたら志賀、宮本、神山、春日（庄次郎）、袴田であろう［升味下392］。

(13) 『一・九会文集』第五集、二〇〇一年、一二頁。会報は、旧制東大日本共産党細胞の関係者OBの会誌。犬丸義一が年譜を書いている。国際派の勘違いや国際追従主義にも触れているのが興味深い。

(14) 実は、この論点は、ソ連側の議論でもあった可能性がある。ソ連でも日本の農地改革を高く評価するコビジェンコらの流れがあった。これに対し中国やこれに影響された日本側がスローガンで判断したのではないか（I. Latishev, Yaponiya i yaponets, 2001.）。

(15) ちなみに、そのころソ連外交当局は日本の中立化の可能性、その運動をよく調べていた。「外務省第二極東部一九五一年九月二二日、グリゴリヤン宛、日本の中立運動について報告する　極東第二部次長代理　日本の中立運動、作成者A・セルジューク」［R17/134/736/210］。

(16) ちなみにソ連共産党は、五年前に金日成を育てた日本専門家コビジェンコを三月に東京に派遣、宮本派の佐藤経明、当時宮本派でのちの親中派となる原田長司（国鉄）らと四月か五月に会っている。下斗米『アジア冷戦史』の六一頁でT・Sと書いた人物、当時全学連出身で、宮本の国際秘書役だったロシア・東欧経済の専門家佐藤経明（一九二五―二〇一四）の証言。佐藤は当時東大経済学部の学生活動家で、後に横浜市大名誉教授。彼の周辺の上田耕一郎、不破哲三、堤清二、安東仁兵衛ら東大の全学連系学生たちは、徳田ら中央指導部への反発という角度からのみコミンフォルム批判をみた。このため朝鮮戦争などへの中ソの準備、それへの後方攪乱といった国際的文脈を読み違えたと佐藤はのちに筆者に語った（二〇〇九年三月一九日）。佐藤によればコビジェンコは比較的改革寄りであったが、スターリン体制のもとでその要素がいきる可能性もなかった。国際共産主義体制、スターリン主義への認識が日本で乏しかった要因として、ソ連東欧からの亡命者の不在を佐藤はあげた。なお全学連をめぐる多彩な人脈については安東『戦後日本共産党私記』が必読。日本戦後史は実は共産党問題がわからないと解明できない。旧（元）共産党系活動家や知識人が論壇からマスコミ、学会、そして与野党を問わず関与して五五年体制ができていたことに注意したい。

（17）安斎庫治は満鉄調査部での軍部とのつながり等から中国共産党政治局には信用されず、かわりに宮島が北京に派遣されたとある。この時徳田球一は「国際的事件に日本共産党が関与」することには消極的で、志田重男の提案した宮島の北京派遣には乗り気でなかったという［宮島 414］。宮島義勇は八月に帰国後、徳田と野坂とに直接中国事情を報告し、これが指導部の北京亡命につながった。日本共産党の中では、一九四〇年代に中国共産党の軍事方針をも見ていた野坂が軍事路線に積極的であった。これが五〇年一〇月以降の野坂の軍事方針、そして四全協の路線に結びつく。野坂には平和革命論にも軍事路線にも対応する融通性、悪く言えば無節操があった［椎野『聞き書き』一九二頁］。

（18）この後五〇年八月初旬、東京柿の木坂のもと連合艦隊司令長官吉田善吾の家で政治局会議が開かれ、徳田の北京亡命方針が決まった。その後も政治方針は北京で徳田書記長が立てることになり、これを国内の椎野、志田、伊藤が実施する体制が決まったという［渡部 326］。

（19）ちなみに中南海にあったこの屋敷の隣は、中国共産党東北ビューローの高崗の屋敷であり、周辺にはソ連関係者が集まり、その中には野坂の秘書李初梨など中国共産党中央対外連絡部（中連部）の関係者が多かったと伊藤律はいう。安斎庫治なども東北部との関係があり、徳田球一との関係は悪く、かわって野坂を指導者と仰いだという［伊藤 1999/282］。中国共産党のなかにおける旧満洲地域、とくにソ連との関係の利害が日本の運動の中でも微妙にリサイクルされたことになる。

(20) 組織情報をそれまで握っていた伊藤が五全協後に政治局員をおりて農業担当として北京機関に行った事情は、長谷川の証言［椎野『聞き書き』二八三頁］。日本共産党の独自路線を徳田とともに追求した伊藤律は、東方コミンフォルムなど中ソの圧力にもっとも反対していた。伊藤は北京で徳田の「書記役」をやり、自由日本放送を担当するが、野坂参三、西沢隆二らとは関係が良くなく、ゾルゲ・スパイ説を出されていた。このことも理由となって一九五二年一二月二四日に野坂らによって隔離され、徳田が亡くなる五三年の九月党を除名、一〇月に「日本共産党」の委託で中国側によって逮捕され、以後二七年を北京の獄中で送る。北京からは一九五三年「国際連帯の正常な活動を妨害」したという罪状がついたという［渡部 32］。一九八〇年釈放後日本で回想録を執筆し、一九八九年死去。

(21) Poseshcheli Kabineta Stalina の一九五三年一月一三日参照。それだけでなく郭は、スターリンに接見を許されるなど、当時政治的にも活動していた。一九五一年には国際スターリン章を大山郁夫などとともに受賞した［R82/2/13/1406/1］。

(22) ［P92523/56-60］ ちなみに当時日本共産党北海道委員会の副委員長は荒井英二で、エイイチではない。

(23) この申請には珍しくソ連側のコメントが、党対外委員会委員長グリゴリヤン宛についており、「この手紙はソ連党への入党申請である。前中央委員袴田里見の弟である。日本文は北京を通じて日本に送るのが相当である。日本文の入党志願書は党管理下に置く。合意を求める。一九五一年六月二七日」とあった［R17/134/735/113-120］。コメントは無署名だが、収容所で抑留者対策に当たったたコワレンコのものであろう。なお、陸奥男の子息でロシア研究者袴田茂樹による母八重子への回想『世のおきてに叛いて』桜美林大学北東アジア総合研究所、二〇一四年、参照。陸奥男は、ロシア大統領候補にもなったイリーナ・袴田の父でもある。

(24) もっともこの「徳田自己批判書」は、これが椎野自己批判として公表されたという説がある。当時北海道の非合法部門にいた活動家吉田四郎は「徳田自己批判書は、モスクワ、北京の国際関係に出されて、日本では椎野自己批判書の形式で出たと聞いています。徳田名で出すことに中共も反対したそうです」と語った（吉田四郎インタビュー、『運動史研究8』運動史研究会編、三一書房、一九八一年）。たしかに椎野自己批判は「党の理論的武装のために――私の自己批判」というかたちで一九五一年の『前衛』六一号に発表されたが、双方を比較すると、理論水準の低さという指摘はほぼ同じであるが、長さも内容も形式もかなり異なっている。

(25) RGANI, Kollektsiya, f.89, pere.50, dok.3. 六月一三日の政治局決定。対外政策委員会（日本）[四八3／787]。日本関係と書いた政治局決定の中身は一〇万ドルの日本共産党支援であった。九月七日付でゾーリンより、中国の同志に託した金が日本共産党代表にわたったと報告があった。武装方針への支援であろう。その後一九五二年二月一〇日にも国際労組組織を経由して三〇万ドルが払われ、九月に同党のキムラ・エイノスケ名義の領収書が出された（dok.5）。ちなみに一九四八―四九年に野坂がデレビャンコを通じて日本共産党中央のために五〇万ドルの支給を要求したとき、一一月二三日付でザハロフは拒否している（dok.2）。

(26) ちなみにその後日本共産党の武装闘争方針について、実は中国共産党は一貫して反対していたが毛沢東はスターリンに押し切られた、と北京機関担当であった中連部の劉遅が中ソ対立期に回想したという。もっともこれは後知恵で、武装闘争重視は一九四九年一一月以来中国の党が主張してきたことであった[石堂　上411]。

(27) 『極東の諸問題』（日本語版）一九九〇年八月、一五五頁。ただし滞在期間が一ヵ月半という記録は明らかに袴田の記録とは違っているが、ロシア語原文も同様である。

(28) 彼らのために特別列車が仕立てられたが、二派の対立が激しかったため、シベリア鉄道では別の車両にそれぞれ乗ったという[袴田 89]。

(29) 日本革命は「つぎのような国際的意義がある」というものである。第一に、日本革命は、第三次世界大戦の防止、つまり「アメリカの帝国主義者」が「日本を基地として利用すること」とか「その経済的人的資源を利用する」ことへの決定的打撃となる。彼らが「アジアでの侵略を展開する」ことに打撃をもたらす。そのことで第三次世界大戦のもっともあり得る発生源を一掃する。第二に、こうしてアメリカの極東における侵略政策が損なわれることによりアジア人民の解放運動への多大な貢献となる。第三に、日本革命は政治、経済、精神面で東方諸民族の恒久平和の基礎を作る、といった点が日本側から補足された。日本革命によってもっとも困難なアメリカ帝国主義を追放するという課題が遂行できる。もっとも分派は、外国の進歩勢力からの援助、協力をそもそも拒否したと批判した［MI392/156］。この補足がいつ付加されたか不明である。

(30) Voprosy Dal'nego Vostoka, No. 1990, 140-144.

(31) 当時九州で国際派系の活動家であった哲学者廣松渉も、当時は、北京の指示だろうと決定を当然視していたという。コミンテルンとの区別すらついていなかった地方での急進主義者の真情を物語る。ちなみに彼も朝鮮戦争は、米国側が仕掛けたとばかり思っていた（熊野純彦『戦後思想の一断面――哲学者廣松渉の軌跡』ナカニシヤ出版、二〇〇四年）。

(32) David Wolff, *Stalin's Northeast Asia and the Lost Peace of 1951*, paper presented to the Slavic Center in June, 2008.

(33) 椎野『聞き書き』一九五頁。これは当時『球根栽培法』第二巻第一二号に発表された（一一月八日）。ちなみに椎野は当初、武装の準備をせよという方針を出したが、宮本反対派の説得のためにも、志田重男は「すぐ行動を開始せよ」と直したという。

(34) 政治学者の石田雄はこの会場にいて、共産党のこの活動が深刻な亀裂を革新層に及ぼしたとのちに回想した（『みすず』一九九七年三月号）。

(35) ちなみにロシア専門家であってプリンストン大学に戻った外交官G・ケナンは一九五一年末にソ連大使に任命された［五九 488］。しかしソ連政府は、彼の一連の発言をとらえて反ソ的、戦争への呼びかけであるとして彼を一九五二年九月にペルソナ・ノン・グラータ（「好ましからざる人物」として外交官や使節の入国・滞在を拒否する）対象とした。これを聞いたアイゼンハワーなどは米ソ外交関係断絶まで主張したが、結局ケナンは解任され、ボーレン新大使の任命で決着した［五九 609］。

（36）ちなみに一九五八年九月、中国大使館参事官のS・アントノフと北京ビューロー連絡員羅明は、ソ連共産党日本課長コビジェンコ宛に、日本共産党員として北京に滞在している高倉テルの日本帰国のため、彼の北京での滞在を公然化することをもとめたが、日本共産党中央委員会はこれに九日に同意した［RGANI, Kollektsiya, f.89, pere.65, dok.4］。

（37）当時国際派系歴史家犬丸義一とのインタビュー、二〇一〇年七月三〇日（東京・上石神井）。

（38）中国に着いた川口は、中連部が管理する北京市内の「招待所」に収容されたが、そこでは間もなく、日本共産党の査問が始まった。査問は今や主流である袴田里見の部下の羅明（日共党員の中国人）によって二ヵ月半行われたが、その一つは「白鳥事件」関係で、「同事件に対する私の関与の程度を追及された。もう一つは私と志田派との関係である」、と指摘した［川口 6］。つまりはこの学校は一九五六年には旧主流であった反対派への査問の役割まで担った。

第六章

（1）アレクセイ・キスレンコ（一九〇一―八一）は、ウクライナ人で一九一九年から赤軍に入り、一九三六年から参謀本部付き、日本陸軍にも研修に入る。戦後軍情報部で一九四五―五〇年までイタリア勤務、五〇年一二月から対日理事会勤務。ちなみにソ連共産党政治局は一九五一年一二月一五日付で、対日理事会ソ連代表部についての決定を行っている。日本共産党の武装綱領採択もあって、そのパイプでもあった代表部の活動を替える必要があったものと思われる［四八 31・856］。

（2）旧著では松本回想に基づいてこれを七日のこととしたが、その日首相は別荘におり不在だったため、二五日にあらためて書簡を持参した。この経緯は［若宮 97］に詳しい。

（3）ちなみに高野実総評事務局長について、ソ連側にも彼の党籍を事実上肯定する資料が存在している。それは、モロトフ文書内にある資料であって、アジアの党関係者が、国外で高野実と左派社会党の勝間田清一に接触することにつきソ連共産党の許可を問い合わせたところ、ソ連側は「志賀義雄」に問い合わせて、彼らから人物保障をえていた。興味深い資料である［MI395/10］。

（4）冷戦関連資料、「鳩山訪ソに関するソ連資料」（『法学志林』第一〇四巻第一号、二〇〇六年一〇月）一七九頁［RGANI 414］。

（5）児玉と吉田派増田甲子七との会見に立ち会った海軍嘱託時代の児玉の上司、のち立教大総長となる尾形典男（一九一五―九〇）とのインタビュー（一九七七年八月三〇日、軽井沢）。尾形は東大南原ゼミ出で海軍主計将校として中曾根康弘や児玉とも親しかった。戦後北大教授として猪木正道京大教授とともにスラブ研究センター設立に尽力。

（6）ちなみにこの一九五五年一月一三日、日本共産党中央委員会北京機関は、紺野、河田、袴田、西沢名義で、中国共産党から二〇万ドルを受け取った時に、ソ連共産党からも三〇万ドル支出を要請している［RGANI, Kollektsiya, f.89, pere.50, dok.7］。

（7）一九八〇年八月の伊藤律の生存情報とその後の帰国は世界を驚かせた。伊藤律をスパイとして幽囚するという決定は、野坂の提起でソ連共産党の指令により彼を隔離審問することが北京機関で決議されていたという。その結果二七年間監禁された。帰国後最も激しい伊藤批判を行ったのは宮本顕治委員長と野坂議長とであったという（伊藤淳）。

（8）RGANI, Kollektsiya, f.89, pere.65, dok.1.

（9）『中蘇関係：俄国档案館原件汇編』第一二巻、華東師範大学国際冷戦史研究中心、〇二八五四―〇二八五七頁。

（10）同上、〇二八八七頁。

（11）https://www.nhk.or.jp/politics/articles/statement/13994.html

（12）サンフランシスコ条約第二六条は「日本国が、いずれかの国との間で、この条約で定めるところよりも大きな利益をその国に与える平和処理又は戦争請求権処理を行つたときは、これと同一の利益は、この条約の当事国にも及ぼさなければならない」と規定する。

（13）「鳩山訪ソに関するソ連資料」（『法学志林』第一〇四巻、第一号二〇〇六年一〇月）一六三―一八三頁。

（14）https://moto-tomin2sei.hatenablog.com/entry/2019/01/19/144614 これは二〇一九年一月一九日TBSで書簡について放送。書簡自体は出版とともに外務省史料館に収蔵予定。

終章

（1）RGANI, Kollektsiya, f.89, pere.65, dok.6. 北京の外交官V・A・サンフィロフの日誌には、一九六一年二月、北京駐在の日本電波ニュース代表がソ連訪問をすることの許可を「日本共産党北京代表羅明」から求められたが、この件では「袴田同志がソ連共産党とすでに話し合っている」とあった。日中関係に日本政府が厳しいこともあって旅費の補助も求めた。

あとがき

冷戦下の戦後日本と北東アジアを考えるという本書の主題は、一〇年ほど前、当時早稲田大学の毛里和子教授を中心とした文科省科研費の基盤研究「冷戦史の再検討」にお誘いを受けた頃からあった。筆者はその後A・トルクノフ教授らの朝鮮戦争史料集の紹介や『アジア冷戦史』（中公新書）、さらには『モスクワと金日成』（岩波書店）など、いくつかの論文、著作を、英文を含め書いてきたが、とくにソ連終焉前後から戦後日本、日ソ関係との脈絡で、この地域への冷戦の衝撃を研究してみたいと漠然と考えてきた。

幸い二〇〇八―〇九年にロシア連邦と英国に留学する機会が与えられ、久しぶりにモスクワとロンドンでの史料館通いの生活を送って史料収集につとめてきたが、その後仕事は遅々として進まなかった。それでもソ連崩壊二〇周年に当たる本年、本書の出版の運びとなったのは望外の幸せである。

戦後日本の選択とその帰結が、本年三月一一日の東日本大震災をきっかけに改めて問い直されるようになった。戦後五五年体制は政党政治レベルでは最終的には二〇〇九年に崩壊したが、外交全般や経済政策を含む生き方のレベルでの問い直しを模索する段階にいたったといえるかもしれない。だがそれは歴史認識に基づくものでなければならない。そのためには戦後冷戦期の日本を振り返る必要があろう。

戦後日本については、「はじめに」でも多少触れたが、日米安保を基盤とした「高度成長」を是認する立場も、それに懐疑的な認識も、多くは日本一国か、もしくはせいぜい日米関係の枠内で記述されるものでしかなかった。我々はそれを冷戦として理解してきたが、同時に日本本土での認識は、総じて言えば経済成長の利益を裨益《ひえき》しながら、他方で安全保障のコストについてそれほど意識しなくてもすむという状況の所産でもあった。何より歴史認識は国内の自由民主党の政治過程と経済成長という物語に多くは収斂《しゅうれん》してきた。国際政治学者は日本政治に多くは無関心であったが、国内政治の専門家も日本の政治が対米関係を除くと国際環境とは無縁のプロセスであるかのような幻想を振りまいてきた。

だがしかし日本を囲繞《いにょう》するそのような東アジアの政治環境は、冷戦崩壊後、いくつかの試練により挑戦にさらされてきた。なかでも二〇〇八年秋のリーマン・ショックと中国の超大国としての台頭により、根本的な変動期に入ってきたと考えられる。二〇一一年三月までには、このような政治と経済、国際と国内のデバイドを前提とした政策も認識も崩壊してきていた。とくに東日本大震災後、原発とは米ソ核時代の「民需転換」の所産であり、その下支えを行ったのが五五年体制であった、ということもようやく認識の俎上に乗り始めてきた。

冷戦期の日本についての歴史研究は、国内外、そして一九九一年前後までは主として欧米諸国の史料館が提供する公開史料に依拠してきた。しかしその後旧ソ連の歴史史料が開かれ出し、東アジアに関しても、公開の度合いは不均等で総じて対欧米より遅れているとしても、出てきた。これによって「もう一つの」戦後の可能性とその限界とがぼんやりとではあるが見え始めた。あるいは「もう一つの」真の物語を吟味することが可能となり始めた。

　石堂清倫の『わが異端の昭和史』や中野重治の『甲乙丙丁』などの言説に、ある種の戦後の「もう一つの」可能性を窺うことができたかに見える。しかしそれは単なる幻影であったのか、それとも現実であったのか。国内体制が国際環境と無縁であることはあり得ない。戦後五五年体制のなか、中ソ対立はそのまま「戦後革新」の挫折へ連動した。自由民主党の一党優位が固定化、高度成長期の利益配分体系の細密なシステムを構築した政治とは国内の利益配分を政治的支持調達と交換することの謂《い》いとなった。さらには六〇年代末からの中ソ対立と米中接近や近代化とは多くは所与となり問い直すこともなかった。

　ソ連のペレストロイカと崩壊という大変動が起きたことは大きな転換の契機とはなったが、朝鮮半島の分断がある限り東アジアでは冷戦からの解放は中途半端なまま終わった。しかし中国の台頭と、不鮮明ではあるが多極化に動く東アジアの国際環境が、そのような構図の見直しを迫っている。このような北東アジアでの変動を冷戦の東アジア的文脈の帰結として考えることができるのではないかという思いが、この地域での冷戦の起源を考える契機となった。

　その際、以下の点に留意した。第一に冷戦を日本国内の動態のみに、あるいは欧米中心の冷戦観を前提とするのではなく、むしろ帝国日本の崩壊と分割のなかに冷戦へと向かう動態があるのではないか。とくにスターリン時代のソ連と戦中・戦後日本との関係を見直す必要があるのではないか、ということである。第二に、西側＝英米と社会主義陣営といった二項対立のステロタイプは、とくに人民中国成立後のソ連との関係を含めたこの地域での冷戦の文脈の理解にはたして妥当か。第三に、そのような政治的磁場が、戦後日本の国内政治で構造化されたのはいわゆる五五年体制であるが、その際「もう一つの」日本はどのような変容を経たのか？

こういったことを考えるとき、戦後日本の形成に及ぼした一九四〇年代末の東アジアの激動、とりわけ一九四九年一〇月の人民中国の誕生と、一九五〇年六月に始まった朝鮮戦争の衝撃、を考えざるを得ない。日本が戦後主権を回復したのは後者のさなかであったが、そこではどのような国際政治的要因が働いていたのか？　ちょうどこの「あとがき」を書いている六〇年前に調印されたサンフランシスコ条約のはらむ問題を、我々は二〇一〇年の「領土紛争」等を通じて再認識させられたが、そのとき日本をめぐる国際政治の変動は「もう一つの」世界を含め何を日本の課題としたのか。

しかし朝鮮戦争がスターリンの死後休戦となると、平和共存が唱道され、新たな時代がこの地域にも来るかに思われた。辻井喬（堤清二）の『茜色の空』（文藝春秋）は、五五年体制の形成を、後に首相となる大平正芳をモデルとして描いた小説だが、しかし単に保守再編にとどまらず政界再編成ともなった五五年体制とは、国際政治全般、そして東アジアの政治変動なくしてあり得なかったであろう。その場合、日本の変動を促す要因となったのは、ソ連の政治変動、具体的にはスターリン死後、それまでのスターリン外交を支えたモロトフ外交の一九五五年半ばの退潮であり、その後のフルシチョフ路線の台頭と変容である。

一九五五年体制とはこのようなモスクワ発の変動が、ワシントン、ロンドンだけでなく、中東から、「極東」まで世界大で乱反射し、そのエネルギーが動と反動の激動をもたらす中での日本の反応であったという角度から分析し得る。それは一九五六年末までに東欧から、中東を経て、朝鮮半島にいたるまで大きな変化をもたらした。この過程で起きたのが日本の政界再編成であったが、この過程では看過されてきた、戦後革新の成立にいたる、中日ソ関係、とくに日本共産党と中ソ共産党との関係という半ばタブーとされてきた事態に触れざるを得ない。両者の関係は正確にはタブーというわけではなかったし、ソ連が崩壊したとき、日本共産党から一応の解説は出されていたが、その歴史的経緯を含めた研究は十分明らかにされてこなかった。

本書第五章では、朝鮮戦争下のソ連の、日本共産党に対する政策転換とこれをめぐる国際観関係を扱っているが、スターリンにとってこのような局面は実は初めてではない。一九三一年秋の満洲事変、そして翌年の「満洲国」建国は、スターリンに重大な脅威を与えていた。当時は、国内での農業集団化の混乱と、その後の六〇〇万―七〇〇〇万人前後の飢饉という形でスターリンの政策が危機に直面した時期にあたる（なお筆者は旧著『スターリンと都市モスクワ』岩波書店、一九九四年、などでこの問題に触れている）。そのような時期に極東で新たな軍事的脅威が出現したことを受けてスターリンは対日本共産党政策を転換、いわゆる三二年テーゼを採択し、日本共産党による反軍闘争を強調した。極東の軍事化への時間稼ぎのために日本共産党をいわば国境警備隊として利用したのである。その結果が、日本共産党の解体と転向現象の続出であった。ほぼ二〇年後の朝鮮戦争での「後方攪乱《かくらん》」への日本共産党の動員も似たような枠組で捉えられたと考えられる。違っていたのは中国革命と朝鮮戦争というこの地域における新しい変動であった。

本書はこのような角度から戦後日本の冷戦との関係をより史料に即して問い直すことで、東アジアでの冷戦の起源と展開について、解明することを目指したものである。今ようやく欧米の学界でも東アジアの冷戦に関する研究が注目され、長谷川毅教授らによる論集が出され、また中国では沈志華教授らの中国冷戦研究が動き出している。そしてモスクワでもこれに応じて体系的ではないがアジア冷戦の新しい研究が出始めているなか、日本でもこのような研究が一層展開されることを目指して、いわば試論の域を出ないかもしれないが、少なくともそのような企図を持って本書は出される。

本書を上梓するにあたって、多くの海外の研究者にもお世話になった。まずロシアの学術関係者、とくに国際関係大学長A・トルクノフ氏には、その『朝鮮戦争の謎と真実』という、朝鮮戦争に関するエリツィン文書を要約した著作を翻訳することが、この方向で仕事をするきっかけとなったという意味でお礼申し上げたい。トルクノフ氏らとはこれから日ロのパラレル・ヒストリーを三年計画で行うことで現代史対話を進めたいと考える。また同じくロシアの東洋学研究所のエリゲーナ・モロジャコワ副所長をはじめとする皆さん、それから文書館の皆さんにもお礼申し上げたい。またロンドンのＬＳＥ冷戦史研究所オッド・ウェスタッド教授などの皆さん、米国カリフォルニア大学サンタバーバラ校の長谷川毅教授をはじめとする米国の冷戦史研究者、中国上海の華東師範大学の冷戦研究所の沈志華教授にはとくにお世話になった。日本では早稲田大学の毛里和子教授、北海道大学スラブ研究センターのデイビッド・ウルフ教授らの皆さんに負うものが少なくない。またインタビュー等を通じて貴重なお話をうかがった方として、犬丸義一、岩田昌征、大塚茂樹、佐々木武、佐藤経明、堤清二、由井格、渡部富哉、野沢協、東京新聞の故永野利雄、中国の劉遅、劉建平、ロシア連邦の元外交官レドフスキー、トカチェンコ、モロトフ外相の孫ビャチェスラフ・ニコノフの各氏にお礼を申し上げたい。もちろん解釈とありうべき誤解の責任は筆者にある。また岩波書店の山崎貫、馬場公彦の両氏、そして直接ご担当いただいた吉田浩一氏にはとくに感謝申し上げたい。

二〇一一年八月一八日（ソ連崩壊のきっかけとなったクーデター二〇周年の日に）

下斗米伸夫

講談社学術文庫版へのあとがき

本書は二〇一一年、岩波書店から出版された『日本冷戦史』を講談社学術文庫版用に修正、加筆したものである。原著はソ連崩壊二〇周年、二〇〇九年の日本での民主党への政権移行、つまり五五年体制の崩壊、そして三月一一日の東日本大震災直後の情況の中で執筆された。この一〇年前の著作は日本政治を冷戦史の角度から読み直すと同時に、二〇〇八―〇九年に英国とロシアの史料館史料を利用した研究であったが、このたび、紙幅の許す範囲でその後の新史料や研究を付加した。

一九四五年八月の日本を終戦秘話としてでなく、よりグローバルな視点から見ることが冷戦史で注目される中、本書を書くきっかけとなった、ひとつの映画作品について触れることは意味があろう。それは二〇〇六年に日本でも公開されたロシアの映画監督ソクーロフの『太陽』のことである。日本政治の中枢で一九四五年八月に起きたことを、とくにイッセー尾形が演じる昭和天皇が神から人間になるという象徴的転換での細やかな脚本により描写することをロシア人が行ったことにおどろいた。それにしても、なぜこのような映画をロシア人監督が撮ることができたのだろうか。

一九四一年から四五年まで、東京とモスクワとは不思議な共棲関係にあった。枢軸国日本が連合国ソ連と敵対する同盟関係にあったにもかかわらず、二都の間にはある種の中立以上の関係があった。四一年一二月八日に日本海軍が真珠湾を攻撃した際、この情報を東京からのゾルゲ情報で得ていたスターリンは、モスクワ周辺まで侵攻してきたナチスと国防軍に反撃に出た。このとき根こそぎ動員されたのはシベリアの兵士であったが、イデオロギーの虚飾を剝ぐと、その内実は古儀式派などモスクワを聖都とみる農民たちであった。「モスクワは第三のローマ」と伝統的正教信仰を信じたウラルやシベリアの将兵は聖都防衛を信じて戦った。「大祖国戦争」のこの古層を理解しないと、なぜスターリンがコミンテルンを解散し、代わりにロシア正教会を解禁したのかの意味が分からないだろう。

『日本のいちばん長い日』で描かれたことなどでよく知られるとおり、日本国内の和平派を支えたのは、近衛など宮中グループや海軍・外務省を中心とする「親ソ」、正確にいえば好意的中立ロビーであった。だが、一九四五年八月九日をもって、それまでソ連との関係をいかに繫ぐかをめぐって腐心した最高首脳の意識は、アメリカとの関係をいかに築くかに集中されるようになる。最高戦争指導会議をめぐる政策対立、スターリン仲介外交などは、親ソ的意図ではまったくなく、陸軍など主戦派を説得して戦争を終えるためのフィクションでもあった。米国の外交官ジョージ・アチソンは鋭敏にも、いかに日本人がソ連を嫌っているかを感知した。ソ連参戦、そして抑留、領土問題などの展開が、原著のあとがきで触れた「もう一つの可能性」を奪っていった。

ポスト日本帝国空間をめぐるサンフランシスコ講和会議での処理過程は、周知のように日本が放棄したまま帰属の明確でない「領域」という問題をそのまま放置した。外務省ＯＢで吉田と鳩山のブレーンであった松本俊一は、サンフランシスコの会議から帰国したばかりの責任者西村熊雄に「いったい平和条約と安全保障条約とはどっちが先にできたんだい。返事はいらんよ」と声をかけたという［西村 147］。北方領土問題の起源もまた、その西村条約局長とソ連帰りの下田武三課長が準備したサンフランシスコ条約をめぐる解釈の対立にある。だがさらに根源的には、吉田茂がガスコインに語った「二島」論にあるというのが本書の発見の一つである。そのガスコインこそ、マッカーサーの朝鮮戦争での核兵器投下論にもっとも批判的な人物であった。

朝鮮戦争さなかの日本共産党の軍事化をめぐる冷戦的対立は、対極にあったカウンター・エリートたちの分裂と論争、そしてむなしい犠牲を強いた。小説家柴田翔が『されどわれらが日々――』で描いた主題である。その背景に、朝鮮戦争と和平、中ソの核から「階級闘争」と平和共存の論争とがあったことはまだ知られていない。

本書では、近衛も東久邇宮も広田も米内も吉田や鳩山も、東郷や松本も、そしてイデオロギー的にはその対極に位置する徳田、野坂、宮本、志賀、袴田も、主たるプレーヤーとしては登場しない。いわば客体として、主として外国の外交文書として現れた限りでのみ扱われる。回想もその確認のための補助線となったにすぎない。それは彼らの心情や信条が重要でないからではない。国際政治の舞台において、彼らを動かす巨大な力＝冷戦という運命のなかで、個人の意志とは無関係に動かされる姿をとらえようとしたのである。

モスクワや北京はなぜ日本冷戦史にかかわったのか、なぜ東欧の運命と日本のそれが交錯したのか。冷戦という角度から北東アジアの戦後政治史を見てみたい。ソ連崩壊後、とくに二一世紀に入ってソ連・ロシア研究者が英米外交史や北朝鮮史まで Overstretch して冷戦史に関心を広げた理由である。日本国内でも、冷戦とはヨーロッパの分断だとのみ見ることから脱却せぬかぎり、アジアをまともに正視できない政治的知的状況が続くだろう。

二〇二一年二月

下斗米伸夫

ヤ

ラ

ワ

ハ

サ

人名索引

中国名、朝鮮名は日本語の読みで排列した。

ア

カ

KODANSHA

本書の原本『日本冷戦史　帝国の崩壊から55年体制へ』は、二〇一一年に岩波書店から刊行されました。学術文庫に収録するにあたって全面的に増補改訂し、タイトルを改めました。

下斗米伸夫（しもとまい　のぶお）
1948年札幌市生まれ。東京大学法学部卒業，同大学院法学政治学研究科修士課程修了，同大学院法学政治学研究科博士課程修了。法学博士。専門は，ロシア・CIS政治，ソ連政治史。成蹊大学教授を経て，法政大学名誉教授。『ソビエト連邦史』『アジア冷戦史』『ゴルバチョフの時代』『モスクワと金日成』『ロシアとソ連　歴史に消された者たち』『プーチンはアジアをめざす 激変する国際政治』など、著書多数。

講談社学術文庫

定価はカバーに表示してあります。

日《に》本《ほん》冷《れい》戦《せん》史《し》 1945–1956

下《しも》斗《と》米《まい》伸《のぶ》夫《お》

2021年6月8日　第1刷発行

発行者　鈴木章一
発行所　株式会社講談社
東京都文京区音羽2-12-21 〒112-8001
電話　編集（03）5395-3512
販売（03）5395-4415
業務（03）5395-3615
装　幀　蟹江征治
印　刷　豊国印刷株式会社
製　本　株式会社国宝社
本文データ制作　講談社デジタル製作

ISBN978-4-06-523978-0

「講談社学術文庫」の刊行に当たって

これは、学術をポケットに入れることをモットーとして生まれた文庫である。学術は少年の心を養い、成年の心を満たす。その学術がポケットにはいる形で、万人のものになることは、生涯教育をうたう現代の理想である。

こうした考え方は、学術を巨大な城のように見る世間の常識に反するかもしれない。また、一部の人たちからは、学術の権威をおとすものと非難されるかもしれない。しかし、それはいずれも学術の新しい在り方を解しないものといわざるをえない。

学術は、まず魔術への挑戦から始まった。やがて、いわゆる常識をつぎつぎに改めていった。学術の権威は、幾百年、幾千年にわたる、苦しい戦いの成果である。こうしてきずきあげられた城が、一見して近づきがたいものにうつるのは、そのためである。しかし、学術の権威を、その形の上だけで判断してはならない。その生成のあとをかえりみれば、その根は常に人々の生活の中にあった。学術が大きな力たりうるのはそのためであって、生活をはなれた学術は、どこにもない。

開かれた社会といわれる現代にとって、これはまったく自明である。生活と学術との間に、もし距離があるとすれば、何をおいてもこれを埋めねばならない。もしこの距離が形の上の迷信からきているとすれば、その迷信をうち破らねばならぬ。

学術文庫は、内外の迷信を打破し、学術のために新しい天地をひらく意図をもって生まれた。文庫という小さい形と、学術という壮大な城とが、完全に両立するためには、なおいくらかの時を必要とするであろう。しかし、学術をポケットにした社会が、人間の生活にとってより豊かな社会であることは、たしかである。そうした社会の実現のために、文庫の世界に新しいジャンルを加えることができれば幸いである。

一九七六年六月

野間省一

ブルジョワ　近代経済人の精神史
ヴェルナー・ゾンバルト著／金森誠也訳

中世の遠征、海賊、荘園経営。近代の投機、賭博、発明。そして宗教、戦争。歴史上のあらゆる事象から、企業活動の側面は見出される。資本主義は、どこから始まり、どう発展してきたのか？　異端の碩学が解く。

2403

犬と鬼　知られざる日本の肖像
アレックス・カー著

日本は一九九〇年代、バブル崩壊を引き金に本質的に失敗した。経済、環境、人口、教育……。慢性的かつ長期的な問題を抱えるこの国の行き先は？　日本をこよなく愛するＶＩＳＩＴ　ＪＡＰＡＮ大使が警告する。

2405

革命論集
アントニオ・グラムシ著／上村忠男編・訳

イタリア共産党創設の立役者アントニオ・グラムシの、本邦初訳を数多く含む待望の論集。国家防衛法違反の容疑で一九二六年に逮捕されるまでに残した文章を精選した。ムッソリーニに挑んだ男の壮絶な姿が甦る。

2407

ソビエト連邦史　１９１７－１９９１
下斗米《しもとまい》伸夫《のぶお》著

共産党が所有する国家＝ソビエト連邦の誕生と崩壊は二十世紀最大の政治事件であった。革命、権力闘争、陰謀、粛清、虐殺。新出の史資料を読み解き、社会主義国家建設という未曾有の実験の栄光と悲惨を描く。

2415

新しい中世　相互依存の世界システム
田中明彦著

冷戦の終焉、覇権の衰退、経済相互依存の進展。激動する世界はどこに向かうのか――。歴史的な転換期にあるポスト近代の世界システムを、独自の視点により理論と実証で読み解いた、サントリー学芸賞受賞作。

2441

皇后考
原　武史著（解説・安藤礼二）

神功皇后や光明皇后と感応しつつ、ナカツスメラミコトたらんと激動の近代日本に時空を超えた「皇后」像を現出させた貞明皇后とは？　天皇制の本質に斬新な切り口で迫り、秘められた扉を開いた記念碑的著作！

2473

政治・経済・社会

経済学の歴史
根井雅弘著

スミス以降、経済学を築いた人と思想の全貌。創始者のケネー、スミスからマルクスを経てケインズ、シュンペーター、ガルブレイスに至る十二人の経済学者の生涯と理論を解説。珠玉の思想と哲学を発掘する力作。

1700

比較制度分析序説　経済システムの進化と多元性
青木昌彦著

普遍的な経済システムはありえない。アメリカ型モデルはどう進化していくか。日本はどう「変革」すべきか。制度や企業組織の多元性から経済利益を生み出すための「多様性の経済学」を、第一人者が解説する。

1930

世界大恐慌　1929年に何がおこったか
秋元英一著（解説・林　敏彦）

一九二九年、ニューヨーク株式市場の大暴落から始まった世界的大恐慌。株価は七分の一に下落、銀行倒産六千件、失業者一千万人。難解な専門用語や数式を用いず、庶民の目に映った米国の経済破綻と混乱を再現。

1935

タテ社会の力学
中根千枝著

不朽の日本人論『タテ社会の人間関係』で「タテ社会」というモデルを提示した著者が、全人格的参加、無差別平等主義、儀礼的序列、とりまきの構造等の事例から日本社会のネットワークを描き出した社会学の名著。

1956

シチリア・マフィアの世界
藤澤房俊著（解説・武谷なおみ）

名誉、沈黙、民衆運動、ファシズム……。大土地所有制下、十八世紀に台頭した農村ブルジョア層は、暴力と脅迫でイタリア近・現代政治を支配した。過酷な風土と圧政が育んだ謎の組織の誕生と発展の歴史を辿る。

1965

戦争と資本主義
ヴェルナー・ゾンバルト著／金森誠也訳

軍需による財政拡大は資本形成を促し、武器の近代化は産業の成長をもたらす。戦争なくして資本主義はなかった――。近代軍隊の発生から十八世紀末にかけて、戦争が育んだ資本主義経済の実像を鋭く論究する。

1997

政治・経済・社会

マハン海上権力論集
麻田貞雄編・訳

国家の繁栄にはシーレーン確保や海軍力増強が重要になる――。二十世紀初頭、列強海軍に多大な影響を与えた「海上権力論」。海の可能性が再び注目される今、大きな示唆に富む独創的海上戦略構想を読みなおす！

2027

国家と革命
レーニン著／角田安正訳（解説・白井 聡）

世界を震撼させたロシア十月革命の指導者による革命権力マニフェスト。代議制の欺瞞を暴き立て、直接民主主義の徹底を訴えてあらゆる妥協論を弾劾する。原則を忘れたい我々をおびやかす、歴史的挑発の書。

2090

権力と支配
マックス・ウェーバー著／濱嶋 朗訳（解説・橋本 努）

希望はカリスマを生む。だがそれは日常化する――。支配する側よりも、服従する側の動機、正当性のタイプから「支配」の本質に迫るスリリングな論考。官僚制化の必然を感じ取らせる、社会科学の必読入門書。

2091

雇用、利子、お金の一般理論
ジョン・メイナード・ケインズ著／山形浩生訳

なぜ市場は機能しなくなることがあるのか。この問いに正面から挑み、ついにマクロ経済学を誕生させた、この社会科学史上の偉業を正確かつ明快な訳文で。クルーグマンの序文とヒックスの関連重要論文も収録。

2100

政治の教室
橋爪大三郎著

日本人に民主主義は可能なのか？　民主主義を手づくりするには、何からはじめればいいのか？　「民主主義は最高の政治制度である」と唱える社会学者の手による、実践に向けた〈政治〉の教科書、決定版！

2116

よみがえる古代思想 「哲学と政治」講義Ｉ
佐々木 毅著

古代ギリシア最大の悪徳「ヒュブリス」とは。ローマの政治家はなぜ哲学を嫌ったのか。「政治と人生」について根源的に考える時、人は古代の思想に立ち戻らざるを得ない。政治学の泰斗が語る「政治の本質」。

2138

名将言行録 現代語訳
岡谷繁実著／北小路 健・中澤惠子訳

幕末の館林藩士・岡谷繁実によって編まれた、武将たちの逸話集。千二百をこえる膨大な諸書を渉猟して編纂された大著から戦国期の名将二十二人を抜粋、戦乱の世の雄たちの姿を、平易な現代語で読み解いてゆく。

2177

日本その日その日
エドワード・S・モース著／石川欣一訳

大森貝塚の発見者として知られるモースの日本滞在見聞録。科学者の鋭敏な眼差しを通して見た、近代最初期の日本の何気ない日常の営みや風俗を、異文化に触れる驚きや楽しさに満ちたスケッチと日記で伝える。

2178

東京裁判への道
粟屋憲太郎著

A級戦犯被告二十八人はいかに選ばれたのか？　昭和天皇不訴追の背景は？　無視された証言と証拠、近衛の自殺、木戸の大弁明……アメリカの膨大な尋問調書が明かす真実。第一人者による東京裁判研究の金字塔！

2179

富士山の自然史
貝塚爽平著

三つのプレートが出会う場所に、日本一の名峰は、そびえ立っている。日本・東京の地形の成り立ちと風景と足下に隠された自然史の読み方を平易に解説する。ロングセラー『東京の自然史』の入門・姉妹編登場。

2212

幻の東京オリンピック １９４０年大会 招致から返上まで
橋本一夫著

関東大震災からの復興をアピールし、ヒトラーやムソリーニとの取引で招致に成功しながら、日中戦争勃発で返上を余儀なくされた一九四〇年の東京オリンピック。戦争と政治に翻弄された人々の苦闘と悲劇を描く。

2213

鎌倉と京 武家政権と庶民世界
五味文彦著

中世とは地方武士と都市庶民の時代だった。武家政権の誕生前夜から鎌倉幕府の終焉にかけての、生活の場とその場での営為を通して、自我がめざめた「個」の時代の相貌を探究。中世日本の実像が鮮やかに甦る。

2214

外国の歴史・地理

青柳正規著
興亡の世界史　人類文明の黎明と暮れ方

「文明」とは何か。なぜ必ず滅ぶのか。いくつもの絶滅を克服し、多様な文明を生みだしてきた人類。その誕生と拡散、農耕の発明、古代地中海文明までを通観する。衰亡の原因は、いつも繁栄の中に隠れている。

2511

石澤良昭著
興亡の世界史　東南アジア　多文明世界の発見

東南アジアの歴史は、人にやさしい生活史である。アンコール遺跡群の研究と修復に半生を捧げ、マグサイサイ賞を受賞した著者が、巨大遺跡に刻み込まれた人々の声を聞き、諸文明の興亡を描き出す渾身の作。

2512

陣内秀信著
興亡の世界史　イタリア海洋都市の精神

東方への窓口・ヴェネツィア、断崖の立体迷宮・アマルフィ。そして、ジェノヴァ、ピサ。生活空間に積み重なった争いと交流の歴史を、都市史の視点で解読する。海からのアプローチで、中世が見えてくる。

2513

網野徹哉著
興亡の世界史　インカとスペイン　帝国の交錯

最後の王の処刑後も、インカは命脈を保っていた。二つの帝国の衝突が生んだ植民地空間に生きるスペイン人、インカの末裔、混血集団、ユダヤ人。共生と混交、服従と抵抗の果てに、新たな社会が誕生する。

2514

生井英考著
興亡の世界史　空の帝国　アメリカの20世紀

ついに人類は「飛行の夢」を実現し、「空の覇権」を争い始めた。ライト兄弟やリンドバーグが浴びた喝采。空爆と原爆、ヴェトナム、9・11の悲劇。補章としてドローンが飛び交う「二一世紀の空」を大幅加筆。

2515

福井憲彦／杉山正明／大塚柳太郎／応地利明／森本公誠／松田素二／朝尾直弘／青柳正規／陣内秀信／ロナルド・トビ著
興亡の世界史　人類はどこへ行くのか

新たな世界史像は、日本からこそ発信できる。人口と資源、海と人類の移動、宗教がもたらす対立と共生、人類誕生の地・アフリカ、世界史の中の日本。人類史の視座から多角的に論じる。全21巻シリーズ最終巻。

2516